JENNIFER HAUWEHDE & MILENA ZWERENZ

GREAT GREEN THINKING

ÜBER DIE AUTORINNEN

Jennifer Hauwehde hat Germanistik und Philosophie in Münster studiert und nebenbei den Nachhaltigkeitsblog *Mehr als Grünzeug* gegründet. Sie schreibt dort und auf Instagram und veröffentlicht Texte bei den *Fashion Changers*, der Plattform für Modeaktivismus.

Milena Zwerenz, geboren in Gießen, ist Redakteurin bei *ZEIT ONLINE* und freie Journalistin in Berlin. Am liebsten schreibt sie über gutes Essen, nachhaltige Ideen und kreative Menschen, unter anderem für *Mit Vergnügen*, *FAZ* und *ze.tt*.

JENNIFER HAUWEHDE & MILENA ZWERENZ

GREAT GREEN THINKING

VIELFÄLTIGE PERSPEKTIVEN AUF EIN NACHHALTIGES LEBEN

&Töchter

1. Auflage 2021

Lektorat: Laura Nerbel u. Sarah Zechel, &Töchter
Design u. Satz: Sigl Affairs, München
Druck u. Bindung: Gugler GmbH, Melk

Printed in Austria
ISBN 978-3-948819-01-9
Auch als E-Book erhältlich.

www.und-toechter.de

CRADLE TO CRADLE CERTIFIED™

Dieses Buch ist nach dem Cradle to Cradle Certified™ Pureprint-Druckverfahren produziert. Das steht für ein konsequentes und klimapositives Wirtschaften, bei dem alle Produkte in den ökologischen Kreislauf zurückgeführt werden können, und heißt konkret:

- Keine schädlichen Substanzen
- Kein Abfall
- Kein Gesundheitsrisiko

Dabei entstehen Bücher mit den höchsten Ansprüchen an Material, Design und Druck. Unser Druckpartner gugler* ist zertifiziert und trägt das Cradle to Cradle Certified™-Siegel.
Weitere Informationen unter: www.gugler.at.

CERTIFIED cradletocradle SILVER

Umschlag und Bindung ausgenommen.
www.gugler.at

greenprint* klimapositiv gedruckt

FSC www.fsc.org MIX Papier aus verantwortungsvollen Quellen FSC® C005108

Für alle

INHALT

VORWORT

Februar 2020, bei zwei Frauen in Berlin und im Münsterland geht etwa zeitgleich die gleiche E-Mail ein: »Wir - der &Töchter Verlag - sind auf der Suche nach einer jungen Autorin, die Lust hat, ein populäres Sachbuch über Nachhaltigkeit mit uns zu veröffentlichen!« Zweimal Aufregung, doppelt Ja.

Obwohl wir, Jenni und Milena, uns bis zu diesem Zeitpunkt nicht kannten, obwohl uns unterschiedliche Lebensumfelder umgaben, eine eher Stadt, eine eher Land, obwohl uns verschiedene Geschichten prägten, gab es doch etwas, das uns schon damals verband. Seit einigen Jahren diskutieren wir persönlich und medial das Thema Nachhaltigkeit - Jenni vor allem mit ihrem Kanal @mehralsgruenzeug, Milena als Journalistin. Unabhängig voneinander quälte uns dabei dieselbe Frage: Warum fühlt sich dieses grüne Leben und Streben - allem Wissen zum Trotz - so schwierig an? Und wenn es uns beiden schon so geht, wie viele Menschen fühlen wohl ebenso?

Schnell waren wir uns einig, dass sich dieses Buch genau damit auseinandersetzen sollte. Wir wollten weg von der individuellen Frage, welche Konsumentscheidung denn nun die ökologischste ist, und stattdessen auf die systemische Ebene blicken: Welche Nachhaltigkeitsbehauptungen sind eigentlich wahr - und welche nur PR-Gewäsch? Wer kommt im Diskurs über Nachhaltigkeit gar nicht vor und warum? Und nicht zuletzt: Was ist eigentlich *wirklich* effektiv, wenn wir die Klimakrise aufhalten, den Planeten nicht weiter zerstören und vermüllen wollen?

Sprung ins Jahr 2021. Mehrere intensive Monate, in denen viel gelesen, geschrieben, gesprochen wurde, liegen hinter uns. Dieses Buch hätte niemals entstehen können, wenn sich wunderbare Menschen (inmitten einer Pandemie!) nicht die Zeit genommen hätten, ihre Expertise mit uns zu teilen. Es ist eine Untertreibung zu sagen, dass wir allen, die an diesen Seiten mitgewirkt haben, sehr dankbar sind. *Great Green Thinking* ist nicht das Projekt zweier Autorinnen, es ist ein Gemeinschaftsprojekt.

Uns war von Anfang an klar, dass wir die Seiten mit vielen verschiedenen Stimmen

füllen und einen Inhalt schaffen wollten, der eine Brücke zwischen Diskursen, die sich häufig in einer kleinen Ecke des Internets oder in Seminarräumen abspielen, und dem Medium Buch schlägt. Wir hatten den Eindruck, dass Nachhaltigkeit in vielen Büchern immer noch in einem eher engen Korridor stattfand und zu selten die systemische Ebene berührte, die komplizierteren Fragen und die vielen Stimmen aussparte. Wir möchten nicht den Anspruch erheben, allein diese Brücke gebaut zu haben. Wir haben höchstens einen Stein beigesteuert - aber das reicht uns schon.

Auf knappen 270 Seiten können wir nicht alles beleuchten, was beleuchtet werden muss. Wir mussten unsere Schwerpunkte rigoros auswählen und den komplexen Inhalt zwischen zwei Buchdeckel bekommen - beides hinterlässt naturgemäß Leerstellen. Wir fragen uns daher auf den folgenden Seiten vor allem, wie weit von dem:der Einzelnen Verantwortung in Bezug auf eine nachhaltige Lebensführung übernommen werden kann und wie ein Klimaschutz funktioniert, der von allen und für alle gestaltet wird. Dabei ist unser Anspruch nicht die Perfektion, sondern die Inspiration zu vielen kleinen Denkanstößen. Wenn Menschen das Buch nach der Lektüre mit ein paar Antworten und vielen neuen Fragen, vor allem aber mit dem unbedingten Drang, etwas zu verändern, zuklappen, ist unsere Arbeit getan.

Jennifer Hauwehde & Milena Zwerenz

NACHHALTIG KONSUMIEREN – EIN WIDERSPRUCH IN SICH?

KAPITEL 1

»Do the best you can until you know better. Then when you know better, do better.«

Maya Angelou

EIGENTLICH KÖNNEN WIR ES NUR FALSCH MACHEN, ODER?

Von Milena Zwerenz

Die Tomaten in der Gemüseabteilung lächeln mich an. Leider ist es ein trauriges Lächeln, denn sie liegen eingeschweißt in einer Plastikverpackung. »Regional« lese ich auf dem Schild darüber - und verspüre eine gewisse Erleichterung. Das ist doch eigentlich nicht schlecht, oder? Aber wie regional heißt regional? Und ist gerade überhaupt Tomatensaison, oder kommen die aus dem Gewächshaus? Wie sah das da noch mal mit der Ökobilanz aus? Hilfe!

So oder so ähnlich läuft wahrscheinlich bei vielen, die sich bereits mit nachhaltigem Konsum auseinandergesetzt haben, der ständige Abwägungsprozess ab (ja, ich gucke auch in deine Richtung, Hafermilch im Tetrapack). Ist die eingeschweißte regionale Tomate denn nun ökologisch vertretbarer als die unverpackte aus den Niederlanden, wo und unter welchen Bedingungen wurden meine Sneaker produziert, und nicht zuletzt: Brauche ich dieses Produkt wirklich? Das sind nur ein paar wenige Beispiele von vielen, doch solche oder ähnliche Überlegungen treiben uns und alle, die nachhaltig leben wollen, immer wieder um. Kleidung kaufen wir bereits secondhand, aber darf es dann trotzdem auch Fast Fashion sein? Wir wollen die Welt sehen, aber inwiefern helfen Flugkompensationen beim umweltfreundlichen Reisen wirklich? Sollten wir dieses Buch hier überhaupt drucken lassen, oder dürfte es nur digital verfügbar sein?

Ein bisschen fühlt es sich an, als könnten wir es gar nicht richtig machen, denn obwohl wir bereits möglichst viel Plastik vermeiden, weitestgehend auf tierische Produkte verzichten und, so oft es geht, den Zug nehmen, weisen wir uns innerlich ständig darauf hin, was wir nicht schaffen, was noch besser laufen könnte, wo wir an unsere Grenzen stoßen. Selbst-*Whataboutism* vom Feinsten. Fest steht nur: Nachhaltig leben zu wollen ist eine Herausforderung - und stark an die persönlichen Umstände gekoppelt, an soziale genauso wie an ökonomische. Dass ihr und wir, die Autorinnen, uns über das ganze Thema überhaupt Gedanken machen können - und das sollten wir an keiner Stelle vergessen -, ist ein Privileg.

Warum ich das alles erzähle? Weil auch Jenni und ich uns immer wieder fragen, wie wir möglichst ökologisch und sozial-

verträglich handeln können. Ständig (!) stoßen wir dabei an unsere ganz persönlichen Grenzen. Aber warum ist das eigentlich so? Offensichtlich liegt es nicht allein am Bewusstsein für Umweltthemen, wie ökologisch wir letztlich wirklich handeln - oder etwa doch?

Wenn mich jemand gefragt hat, worum es in diesem Buch gehen soll, antwortete ich als Erstes meist ganz platt: »Um Nachhaltigkeit.« Doch noch während ich das Wort aussprach, merkte ich bereits, was für einen allumfassenden und gleichzeitig leeren Begriff ich da in den Raum geworfen hatte. Hello, Buzzword! Schließlich durchzieht dieses grün schillernde Wort mittlerweile all unsere Lebensbereiche. Der Kaffeeladen um die Ecke wirbt genauso mit »Green Coffee« (was auch immer das sein soll) wie Autohersteller:innen mit grüner Technik. Dementsprechend schob ich immer noch eine Erklärung hinterher, die in dem Moment galt und genauso jetzt noch zutrifft: Uns geht es mit diesem Buch weder darum, einen Ratgeber zur Plastikvermeidung, noch, hochwissenschaftliche Analysen von Klimadaten zu liefern. Uns interessiert im Zusammenhang mit Nachhaltigkeit vor allem das Spannungsfeld zwischen individueller und politischer Verantwortung. Wo stehen wir selbst auf diesem Planeten? Wie viel können wir als Einzelpersonen nachhaltig beeinflussen, und wo kommen wir an unsere Grenzen? Welche Rolle spielen wir innerhalb eines größeren Systems und welche Rolle das System? Wollen wir wirklich die Umwelt schützen oder nicht vielmehr uns selbst? Oder ist das am Ende sowieso dasselbe? Da wir das nicht allein beantworten können, wollen wir uns dem Fragenkomplex auf unterschiedlichen Ebenen und aus verschiedenen Perspektiven nähern.

Wir wissen, dass wir mit diesem Buch keine simplen Antworten oder Handlungsanleitungen für die perfekte Transformation hin zu einer idealen Weltgemeinschaft liefern können - wenn es so einfach wäre, dann hätte das wohl schon jemand vor uns übernommen. Was wir aber versuchen, ist Nachhaltigkeit gesamtgesellschaftlicher zu betrachten, als es unserer Meinung nach oft geschieht. Wenn wir mit diesem Buch dazu beitragen, dass sich der Diskurs über Nachhaltigkeit verändert - im Kleinen wie im Großen -, dann ist aus unserer Sicht schon viel erreicht.

Die Zukunft können wir am besten voraussagen, indem wir sie selbst gestalten, heißt es. Auch wenn das etwas pathetisch klingen mag, stimmt es wohl: Die Gegenwart bedingt unausweichlich unsere Zukunft. Wir wollen herausfinden, was das für jede:n Einzelne:n von uns bedeutet.

IMMER WIEDER DAS INDIVIDUUM

Für viele mag der Winter 2018/2019 als der Winter von Fridays for Future in Erinnerung bleiben. Für mich war die Zeit vor allem von der Geburt meines Sohnes geprägt. Ganz in unsere eigene kleine Welt versunken, beobachtete ich aus den Augenwinkeln, wie sich draußen auf den Straßen eine neue Bewegung formierte. »Na endlich!«, dachte ich. Endlich bekommt die Frage, wie wir mit dem Planeten umgehen, auf dem wir leben, mehr Aufmerksamkeit. Endlich reflektieren mehr Leute, wie sie nachhaltiger leben können. Endlich passiert etwas! Egal, wie diese Bewegung nun, mit etwas zeitlichem Abstand, inhaltlich und personell zu bewerten ist - Stichworte: elitär, urban, zerstreut, unkonkret -, so versprühte sie eine Hoffnung auf Veränderung. Mich beeindruckte, mit welcher Beharrlichkeit sich die Demos etablierten, mit welcher Wucht sie wuchsen. Beim globalen Streik im September 2019 nahmen laut Organisator:innen mehr als vier Million Menschen weltweit teil.[1] Plötzlich kam niemand mehr so leicht um das Thema Nachhaltigkeit herum, die Proteste dominierten die mediale Berichterstattung. Auch Umfragen des Umweltbundesamtes zeigen, dass 2019 mehr Menschen in Deutschland den Umwelt- und Klimaschutz als wichtige, sogar die wichtigste gesellschaftliche Herausforderung ansahen (fast 70 Prozent der Befragten) als noch in den Jahren zuvor.[2]

Gleichzeitig änderte sich wenig an der Art, wie über Nachhaltigkeit gesprochen wurde. Diverse Ratgeber - die durchaus ihre Berechtigung haben, I know, ich habe selbst genügend von ihnen geschrieben - fluteten die Online-Blogs, Magazine und Zeitungen. So kannst du Plastik sparen, so machst du dir dein Shampoo selbst, kauf dir hier noch eine Bambuszahnbürste. Zum einen störte mich, dass viele dieser Artikel jetzt erst kamen - als ob es ein Gespräch darüber vorher nicht gebraucht hätte. Ein ähnliches Verhalten war auch bei der Black-Lives-Matter-Bewegung zu beobachten, als von heute auf morgen alle Medien ihre antirassistische und superdiverse Haltung betonten. So unfassbar wichtig diese Aufmerksamkeit war und ist, im Hintergrund schwang immer die Frage mit: Geht es hier wirklich darum, nachhaltig den Diskurs zu verändern, oder nur um Clicktivism und Imageerhalt?

Zum anderen hatte ich das Gefühl, dass sich alles immer wieder um die gleichen Inhalte drehte, mit dem:der gebildeten, gut situierten Konsument:in im Mittelpunkt. Selbst das wohl bekannteste Gesicht der deutschen Fridays-for-Future-Bewegung Luisa Neubauer beschwert sich in ihrem Buch *Vom Ende der Klimakrise* darüber, in Interviews oder Talkshows am Ende immer das gleiche gefragt zu werden, nämlich, was jede:r Einzelne im Alltag tun könne: »Da sitzen wir fast zwei Stunden und besprechen die größte und wohl komplexeste Krise der Menschheitsgeschichte. Wir betonen, wie wichtig es ist, an den großen Stellschrauben zu drehen, systemische Fragen zu stellen, einen strukturellen Wandel einzuleiten, weil wir nur noch so wenig Zeit haben, den ganzen Laden zu dekarbonisieren. Womit die Menschen aber aus Diskussionen wie dieser entlassen werden, ist die völlig erwartbare Antwort auf die Klimaschutz-im-Alltag-Frage.«[3]

Als ob sich mit der richtigen Einkaufstaktik alles lösen ließe. Als ob mit all diesen Produkten rund ums vermeintlich nachhaltige Leben nicht wieder alte Konsummuster reproduziert würden. Vielleicht frustrierte mich auch einfach nur, wie schwer ich es selbst fand, die richtige Taktik zu finden. Woran das liegt, nämlich an den - wie ich mittlerweile besser weiß - nötigen strukturellen Veränderungen, ließen die meisten Artikel unerwähnt. Auch die Komplexität des Lebens, wie das Privileg, sich überhaupt mit Nachhaltigkeitsfragen beschäftigen zu

können, blendeten sie aus. Was würde es bringen, wenn sich plötzlich alle fürs gute Gewissen Haarseifen kauften, aber Flugreisen trotzdem so wenig kosteten? Was nützte das Wissen über die schlechten Produktionsbedingungen von Kleidung, wenn sie weiter billig in den Läden hing? Und wo blieben die Ratgeber für Unternehmen und Politiker:innen?

DIE IDEE IST JA GANZ NETT, ABER …

Wenn wir heute über Nachhaltigkeit sprechen, dann geht es gefühlt nur um den Gegensatz Konsum versus Verzicht (generell und auf bestimmte Produkte), um nachhaltige Produkte oder Dienstleistungen, um Müllvermeidung, CO_2-Einsparung. Jede:r fängt erst mal bei sich selbst an. Klar, das ist auf den ersten Blick auch greifbarer und leichter umsetzbar, als über große politische Veränderungen nachzudenken. Auf den Klappentexten von Ökoratgebern heißt es schließlich auch gern: »Wie sich Nachhaltigkeit mit spielerischer Leichtigkeit in den Alltag integrieren lässt«.[4] Als wäre ein nachhaltiges Leben pipieinfach. Und ja, anfangs fühlt sich nachhaltiger zu leben auch leicht an. Einweg-Coffee-to-go-Becher durch wiederverwendbare zu ersetzen, angebrochene Lebensmittel in Bienenwachspapier zu hüllen oder den Urlaub nach Brandenburg statt an die Costa Brava zu planen stärkt erst mal das ökologische Selbstbewusstsein. Wenn sich andere Menschen davon mitreißen lassen, noch besser. In meiner Mittagspause habe ich mir Essen zum Mit-

nahkauf

nehmen immer in eine Brotdose packen lassen, um den Verpackungsmüll zu sparen. Mittlerweile stehe ich längst nicht mehr allein mit Tupperdose in der Schlange vorm Suppenladen. So ein Effekt lässt sich nicht ausblenden. Doch nach einiger Zeit hat auch mich die Realität eingeholt. Leider steht im Supermarkt nicht nur Unverpacktes, leider habe ich nicht immer die Zeit, erst nach der absolut fairsten Variante für neue Schuhe zu suchen, leider weiß ich bei vielem nicht mehr, was nun tatsächlich die bessere Lösung ist. Ein Beispiel: Während wir dieses Buch schreiben, hat Oatly, eine der weltweit führenden Haferdrink-Marken, einen Deal mit Blackstone abgeschlossen. Ein Investor, der durch andere Geschäfte unter anderem dafür verantwortlich ist, dass Regenwald abgeholzt wird, und deren CEO zudem den ehemaligen US-Präsidenten Donald Trump unterstützt. Für die einen ist das Anlass, die schwedische Marke zu boykottieren. Schließlich steht der Deal in einem krassen Widerspruch zu dem, was das Unternehmen eigentlich verkauft, nämlich Gesundheit und Nachhaltigkeit.[5] Andere wiederum - auch die Marke selbst - argumentieren, dass eben leider so das kapitalistische System funktioniere. Und wenn auf diese Weise Investor:innen dazu gebracht würden, nachhaltige Unternehmen zu unterstützen, sei das doch ein Erfolg. So die verkürzte Version. Die ganze Debatte spiegelt aber ein grundsätzliches Problem wider: Insbesondere wenn es um Nachhaltigkeit geht, gibt es nicht nur Schwarz und Weiß, Grün kann in mehreren Abstufungen daherkommen. Häufig werden verschiedene Faktoren gegeneinander aufgewogen oder ausgespielt. Wiegt der ökologische Vorteil von Hafermilch mehr als die moralischen Bedenken? Oder sollten derart wirtschaftende Unternehmen systematisch boykottiert werden? Letztlich muss das jede:r für sich selbst entscheiden. Diese Undurchsichtigkeit verlangt uns Konsument:innen ganz schön viel ab. Dann zu sehen, wie in derselben Welt mehr als offensichtlich umweltschädliche SUVs an mir vorbeifahren, macht die ganzen mühevollen Abwägungen aber gefühlt zunichte.

DAS SCHLECHTE GEWISSEN KAUFT MIT EIN

Je mehr wir über bestimmte Branchen und Produkte wissen, desto schwieriger wird es, sich »richtig« zu entscheiden. Vor ein paar Jahren habe ich (why not?) ein Buch über Zucker gelesen, das mich erst mal ziemlich ratlos zurückgelassen hat. Plötzlich erschien mir jedes Produkt im Supermarkt wie ein Produkt aus der Hölle, alles nur Verarsche, überall steckte deutlich mehr Süßzeug drin als vermutet. Zunächst wusste ich nicht so richtig damit umzugehen, lief frustriert durch die Gänge und genoss selbst das Essen im Restaurant kaum noch. Eine Freundin, der ich davon erzählte, schien sich nicht so sehr an den Fakten zu stören oder konnte sie ausblenden. Der Anspruch an mich selbst lag hier offensichtlich deutlich höher, obwohl wir uns beide in derselben Welt bewegten. Dabei konnte ich ihr Verhalten gut nachvollziehen: Sich in einer nicht zuckerfreien Welt zuckerfrei ernähren zu wollen ist nahezu utopisch. Warum sich also damit stressen? (An dieser Stelle: Respekt an alle, die es trotzdem schaffen!)

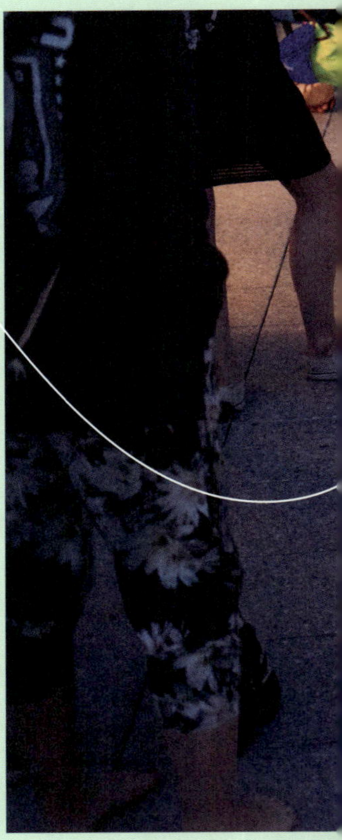

Ein Bewusstsein für das Zucker-Problem ist gut, aber Askese auch nicht die Lösung. Ganz ausblenden kann ich die Tatsache im Alltag trotzdem nicht, das Bewusstsein verschwindet schließlich nicht. Eben dieses Gefühl lässt sich auf Konsumentscheidungen im Zusammenhang mit Nachhaltigkeit übertragen - wobei es sich hier nicht nur so anfühlt, als würde ich mir selbst schaden, wenn ich das Falsche kaufe, sondern gleich der ganzen Welt.

Umso beunruhigender, dass es anderen auch so schwerfällt, stets die nachhaltigste Entscheidung zu treffen. In einer Studie zum Umweltbewusstsein der Deutschen, die das Umweltbundesamt alle zwei Jahre durchführt, gaben 2018 zwar 64 Prozent an, Umwelt- und Klimaschutz als eine der wichtigsten gesellschaftlichen Herausforderungen anzusehen, und schätzten ihren Umweltaffekt und ihre Umweltkognition, also die emotionale Betroffenheit und die rationale Einschätzung, recht hoch ein (7,2 und 7,9 von zehn möglichen Punkten). Beim umweltbewussten Verhalten lag der Wert jedoch bei gerade einmal 4,6 Punkten.[6]

Wenn wir dann letztlich doch etwas kaufen, von dem wir definitiv wissen, dass es nicht die richtige Entscheidung ist (von manchen Medien verspielt »Öko-Fails« genannt[7]), meldet sich schnell das schlechte Gewissen. Mittlerweile ist dieses Gefühl offensichtlich so weitverbreitet, dass es gar einen eigenen Begriff wert ist: *Eco Guilt* oder *Green Guilt*, grüne Schuld. Sie spüren wir, wenn der Versuch, alles richtig machen zu wollen, scheitert - also eigentlich ständig. Selbst wenn wir uns aus unserer Sicht schon wirklich viel Mühe geben. Wenn wir wieder einmal merken, dass es einfach unfassbar schwer ist, als Einzelperson tatsächlich etwas zu bewirken, weil die konsumfreundliche Realität eben komplexer als unsere ökologischen Absichten ist. Wir verspüren dieses Gefühl, obwohl wir wissen, dass wahrscheinlich niemand alles richtig macht. Wie oft bin ich in Gesprächen über ethischen Konsum bei »Um wirklich nachhaltig zu leben, müssten wir irgendwo in einer Hütte im Wald leben und uns selbst versorgen« gelandet.[8]

Warum aber schaffen wir es trotz starker Absicht nicht, uns auch entsprechend dieser zu verhalten? In dem Zusammenhang sprechen unter anderem auch David

Scholz und Leonie Kott von Psychologists for Future, angelehnt an die Arbeiten der beiden Psychologen Paschal Sheerans und Thomas L. Webbs[9], von der sogenannten Intentions-Verhaltens-Lücke. Sie geht oft mit Rechtfertigungen einher, mit denen die getroffenen Entscheidungen schöngeredet werden. Etwa, wenn man einen Flug bucht und sich einredet, dass es ja nur das eine Mal sei. Oder wenn man sich neue Kleidung kauft, die unnötig, aber angesagt ist, weil man sich ausnahmsweise auch mal etwas gönnen will. Ähnliches Verhalten kennen auch viele Menschen, wenn die Neujahrsvorsätze schon nach wenigen Tagen gescheitert sind: Sorry, es fehlt mir einfach die Zeit für Sport.

Weshalb Menschen entgegen ihrer Überzeugungen handeln, hängt von mehreren Faktoren ab. Zunächst ist die Qualität der Intention entscheidend. Ist das Ziel klar definiert und tatsächlich erreichbar? Ist der Wunsch nach Veränderung intrinsisch, also kommt er von der Person selbst, oder basiert er auf den Erwartungen anderer? Hinzukommen selbstregulatorische Schwierigkeiten, also Hürden bei der Umsetzung, entweder weil man nie anfängt, nicht dranbleibt (etwa weil kein Fortschritt beobachtet wird) oder weil man nicht zum Ende kommt. Die Psychologists for Future empfehlen deshalb auch, kleine Ziele zu stecken und Kompromisse einzugehen, also etwa erst mal nur unverpacktes Obst und Gemüse zu kaufen, statt direkt Zero Waste als Megaziel zu verfolgen, sowie die eigene tatsächliche Motivation zu hinterfragen.[10]

Aber genau in diesen (durchaus auch hilfreichen) Tipps versteckt sich das Grundproblem, mit dem wir alle kämpfen: Wie sollen wir in einer nicht nachhaltigen Welt nachhaltige Entscheidungen treffen? Hinzu kommt, wie das Oatly-Beispiel zeigt, dass manchmal gar nicht ersichtlich ist, wie nun die sinnvollste Lösung aussähe.

WER DIE WAHL HAT, HAT DIE WAHL, HAT DIE WAHL

Während meiner Elternzeit habe ich mir fast gar keine neuen Kleidungsstücke gekauft. Fürs Büro musste ich mich nicht herrichten, das Kind hat sich sowieso nur für meine Brüste interessiert, und mir blieb generell nicht viel Zeit, über mein Aussehen nachzudenken. Nach einiger Zeit merkte ich aber, dass mir meine Hosen nicht mehr gut passten. Gleichzeitig sträubte sich in mir alles gegen Neuanschaffungen. Ich habe meinen Kleiderschrank schon häufiger ausgemistet und fand es jedes Mal wieder erschreckend, wie schnell sich so ein Müllsack füllte. Da wollte ich nicht noch mal hinkommen. Wie also eine neue Hose besorgen? In mir startete sofort die Abwägungsmaschine. Schließlich soll das Gekaufte bestenfalls auch direkt das Richtige sein. Aber mir fehlte schlichtweg die Zeit, das gesamte Internet nach Secondhandware oder möglichst nachhaltig produzierten Jeans zu durchforsten. Zwanzig Päckchen nach Hause bestellen wollte ich auch

nicht (kleiner Spoiler: Zu dem Thema, wer sich Nachhaltigkeit leisten kann, schreibt Jenni im nächsten Kapitel mehr). Trotzdem quälte ich mich durch diesen Prozess und harrte solange in schlecht sitzenden Hosen aus. Gleichzeitig fühlte sich das auch absurd an. Was wog nun schwerer? Das schlechte Gewissen, das ich nach einem nicht hundertprozentig nachhaltigen Kauf haben würde, oder der Unmut darüber, dass die Kleidungsstücke so schlackerten? Obwohl ich wusste, dass ich dringend eine neue Hose brauchte, konnte ich kaum eine Entscheidung treffen. Mich persönlich lähmte diese gefühlte Ausweglosigkeit extrem.

Dass wir uns so blockiert fühlen, oft nicht wissen, wie wir uns nun richtig verhalten, gilt übrigens nicht nur in Bezug auf nachhaltigen Konsum. Barry Schwartz, Professor für Psychologie am Swarthmore College in Pennsylvania und Autor des Buches *Paradox of Choice*, erklärt den Widerspruch der vermeintlichen Wahlfreiheit in einem gleichnamigen TED-Talk ausführlich. Das offizielle Dogma von westlichen Industriegesellschaften sei, so Schwartz, dass mehr Wahlmöglichkeiten die Menschen freier machten. Freiheit wiederum steigere das Gemeinwohl: »Wenn Menschen Freiheit haben, dann handelt jeder von uns eigenständig, um die Dinge zu tun, die unser Wohlergehen maximieren, und niemand muss in unserem Namen entscheiden. Der Weg zur Maximierung der Freiheit ist die Maximierung der Wahlmöglichkeiten.«[11] Obwohl es im ersten Moment gut klingt, dass es – nicht nur in Bezug auf Konsum, sondern auch zum Beispiel bei der Wahl der richtigen Arztpraxis – eine Art Bürger:in-

OLIVER
KOLETZKI

nenautonomie gibt, wird so die Verantwortung für Entscheidungen auf das Individuum abgewälzt. Das führt laut Schwartz zu zwei Effekten: »Ein Effekt, paradoxerweise, ist, dass er lähmt, statt zu befreien.« Mit so vielen Optionen, aus denen man wählen könne, fiele es Menschen sehr schwer, sich überhaupt festzulegen. Der andere Effekt: »Selbst wenn wir die Lähmung überwinden und eine Entscheidung treffen, sind wir am Ende mit dem Ergebnis der Wahl weniger zufrieden, als wir wären, wenn wir weniger Optionen zur Auswahl gehabt hätten.« Es sei einfach, sich vorzustellen, dass man eine andere Wahl hätte treffen können, die besser gewesen wäre. Dieses Bereuen mache unzufrieden. Zusätzliche Möglichkeiten erhöhten außerdem unsere Erwartungen daran, wie zufrieden wir mit unseren Entscheidungen sein würden. Deshalb seien wir auch unzufrieden, wenn das Ergebnis eigentlich gut ist. »Das Beste, auf das Sie jemals hoffen können, ist, dass Dinge so gut sind, wie Sie es erwarten. Sie werden nie angenehm überrascht sein, wenn Ihre Erwartungen, meine Erwartungen, haushoch sind. Das Geheimnis des Glücks ist: niedrige Erwartungen.«

Bei hundert verschiedenen Optionen, etwa beim Jeanskauf, sieht man automatisch sich selbst in der Verantwortung, die richtige Entscheidung zu treffen. Das heißt im Umkehrschluss, dass wir uns bei einer schlechten Wahl selbst beschuldigen: »Man hätte besser entscheiden können.« Eine genaue Zahl für die optimale Menge an Möglichkeiten kann Schwartz aber nicht nennen: »Es steht außer Frage, dass eine gewisse Auswahl besser ist als keine. Aber das bedeutet nicht, dass mehr Auswahl besser ist als etwas Auswahl. Es gibt eine magische Menge.« Das bestätigen Studien anderer Forscher:innen wie die der spanischen Ökonom:innen Elena Reutskaja und Robin Hogarth. Für ein Experiment sollten sich Proband:innen zwischen fünf, zehn, 15 oder 30 Geschenkverpackungen entscheiden. Ergebnis: Bei zehn Optionen waren die Versuchspersonen mit ihrer Wahl zufriedener als bei fünf. 15 Alternativen überforderten sie dagegen schon etwas. 30 Optionen machten so unglücklich wie fünf. Die Zufriedenheitskurve beschrieb ein umgekehrtes U. Wir wägen also vermutlich unbewusst zwischen Kosten und Nutzen ab.[12]

Letztlich kommt Schwartz zu dem Schluss, dass Unzufriedenheit aufgrund zu vieler Entscheidungsmöglichkeiten vor allem ein (Luxus-)Problem der industrialisierten Welt sei, während andere Gesellschaften zu wenig Auswahl hätten. Deshalb schlägt er vor: »Wenn etwas von dem, was den Menschen in unserer Gesellschaft Entscheidungen ermöglicht, in Gesellschaften verlagert würde, in denen Menschen zu wenige Optionen haben, würde nicht nur das Leben dieser Menschen verbessert werden, sondern auch unseres.«

WIR KONSUMIEREN, WEIL WIR ES ~~MÜSSEN KÖNNEN~~ SOLLEN

Schwartz hat es ganz treffend beobachtet: Wir leben in einer Konsumgesellschaft. Dadurch stellt sich aber nicht nur die Frage, was wir konsumieren, sondern auch, warum wir nicht aufhören können zu konsumieren. Jede Person in Deutschland besitzt schon jetzt durchschnittlich 10.000 Gegenstände[13], von denen sie weit weniger als die Hälfte nutzt. Ein Grund: Wir leben in einem Land, in dem alles im Überfluss existiert, innerhalb einer Wirtschaft, die vom Verbrauch abhängt (mehr dazu in Kapitel 3) und in der der Markt ständig neue Bedürfnisse erzeugt.

Auch in der Greenpeace-Studie mit dem treffenden Titel *After the Binge, the Hangover* fand man 2017 heraus, dass die Menschen in Europa und Asien mehr Kleidung kaufen, als sie brauchen oder nutzen. Sie konsumieren vor allem, weil sie sich nach Erfüllung sehnen, befeuert durch Social Media und das leicht verfügbare Onlineshopping. Tatsächlich hält die Glückseligkeit über neue Produkte aber nicht lange an. Bei einem Drittel der in Deutschland Befragten verflog die Freude bereits nach einem Tag, über die Hälfte fühlte sich nach dem Shopping müde und erschöpft. Ein Drittel der Befragten in China, Hongkong, Taiwan fühlte sich danach sogar noch leerer als zuvor.[14] Ein Kaufrausch kann also tatsächlich eine Art Kater nach sich ziehen und negative körperliche und psychische Folgen haben.

Wolltet ihr in den 90ern auch unbedingt Schuhe mit Leuchteffekten haben? Habt ihr euch an einem besonders miesen Tag schon mal etwas besonders Schönes gekauft? Kein Wunder, Shopping ist häufig eher emotional als rational bedingt. Etwa, weil wir uns etwas als Belohnung gönnen, oder auch, weil wir gesellschaftlich dazugehören wollen. Das kann gut und schlecht zugleich sein. Einerseits glauben wir eben deshalb, bestimmte Produkte zu brauchen – die eigentlich unnötig sind. Andererseits

können wir aber aus demselben Grund andere Menschen leicht beeinflussen – auch im positiven Sinne. Bestenfalls können wir sie genau deswegen durch unser umweltfreundlicheres Verhalten zum Nachahmen anregen. Oder, wie es Karl Marx einst formulierte: »Es ist nicht das Bewußtsein der Menschen, das ihr Sein, sondern umgekehrt ihr gesellschaftliches Sein, das ihr Bewusstsein bestimmt.«[15]

Davon, dass wir automatisch weniger konsumieren, je glücklicher wir sind, schreibt auch Manfred Folkers im Buch *All you need is less*, eine Mischung aus buddhistischen Beobachtungen und Denkanstößen für die Wirtschaft: »Wer sich [...] dem Mehrungs- und Vergleichungsdruck entzieht, öffnet das Tor zur Zufriedenheit.«[16] Obwohl viele Formulierungen in dem Werk sehr pathetisch rüberkommen, steckt in ihnen viel Wahres: Nur wer mit sich selbst im Reinen ist, wird keine Bestätigung durch Konsum suchen. Minimalist:innen werden an dieser Stelle vermutlich heftig nicken.

Dass weniger statt mehr für unser Wohlbefinden durchaus ausreicht, bestätigt auch eine Umfrage der *ZEIT* während der einschränkenden Coronamaßnahmen im Frühjahr 2020. Auf die Frage, was sie wirklich brauchen würden, um diese Zeit gut zu überstehen, antwortete eine Mehrheit: Sie hätten gemerkt, dass es ihnen auch gut geht, wenn sie nicht immerzu konsumieren.[17]

INTERVIEW MIT DER JOURNALISTIN KATHRIN HARTMANN

KAUF DICH FREI

Von Milena Zwerenz

Dein Kassenzettel ist ein Stimmzettel, heißt es trotzdem immer wieder. Die Idee der Konsumenten:innendemokratie ist ebenfalls dafür verantwortlich, dass wir am vermeintlich nachhaltigen Konsum festhalten. Doch wie viel hat unser Kaufverhalten tatsächlich mit ökologischer Wirksamkeit zu tun? Die Journalistin Kathrin Hartmann hat sich bereits in zahlreichen Büchern *(Grüne Lüge, Grüner wird's nicht)* und zuvor im gleichnamigen Film *The Green Lie* (mit Regisseur Werner Boote) intensiv mit dieser Frage auseinandergesetzt. Wer bisher dachte, dass »ethischer Konsum« eine konventionelle Lösung sein könnte, wer Mode aus Ozeanplastik für eine geniale Idee hielt, der:die fühlt sich durch ihre Aussagen schnell ernüchtert. Auch wir haben uns beim Lesen mancher ihrer Interviews ertappt gefühlt. Sie zerstört die Illusion, dass wir durch »richtigen Konsum« die Welt verändern könnten, endgültig.

Vor dem Gespräch mit ihr bin ich ungewöhnlich aufgeregt, schließlich kennt sie sich hinter den Kulissen des Ökovorhangs bestens aus. Am Telefon spricht sie schnell und springt oft von einem Gedanken zum nächsten. Wie gut, dass ich mitschreibe.

Kathrin, für unser Buch versuchen wir herauszufinden, wie wir – entsprechend unserer Situation – nachhaltiger leben können.

Dabei fühlt sich der Begriff »Nachhaltigkeit« mittlerweile wie eine leere Hülle an. Was ist deiner Meinung nach das größte Missverständnis, wenn wir über »Nachhaltigkeit« sprechen?
Das stimmt, Nachhaltigkeit ist ein furchtbar schwammiger Begriff, der nichts Verbindliches bedeutet. Das ist vor allem problematisch, wenn es um die Industrie oder um Nachhaltigkeitsziele geht. Bei vielen Initiativen, bei denen Klima- oder Umweltschutz im Vordergrund steht, fällt der soziale Aspekt völlig hinten runter. Dabei sind gerade arme Menschen, auch in reichen Ländern, als Erstes von Umweltschäden, schlechter Luft und dem Klimawandel betroffen. Deswegen spreche ich lieber von ökologischer und sozialer Gerechtigkeit. Nachhaltigkeit ist außerdem zu einem Begriff verkommen, der einfach nur das hübschere Wort für Systemerhalt ist. Also dass wir alles so weitermachen wie bisher, aber in Grün. Das wird so nicht funktionieren.

Was heißt das konkret?
In der Klima- und Umweltdebatte werden das Soziale und Ökologische oft getrennt voneinander betrachtet, oder das Soziale wird gar nicht erst thematisiert. Selbst NGOs stellen das individuelle Handeln in den Mittelpunkt. Man soll CO_2 reduzieren, bestimmte Dinge nicht mehr tun oder

»Beim Einkaufen sollte niemand mehr darüber nachdenken müssen, wie etwas produziert wurde, weil unsere Waren sowieso ökologisch und sozial gerecht hergestellt werden.«

andere Sachen kaufen. Dadurch fühlen sich viele Leute von der Bewegung ausgeschlossen. Zu sagen, dass alle Leute Biolebensmittel kaufen sollen, ist für eine bestimmte Gesellschaftsschicht schlicht nicht möglich. Deshalb sollte es ein Ziel sein, dass niemand mehr beim Einkaufen darüber nachdenken muss, wie etwas produziert wurde, weil unsere Waren sowieso ökologisch und sozial gerecht hergestellt werden. Der finanzielle Aspekt darf keine Rolle spielen.

Gerade hält sich aber noch der Gedanke, dass wir durch die Wahl bestimmter Produkte zu Veränderung beitragen können. Warum fallen wir immer wieder auf die Idee der »Konsument:innendemokratie« rein?

Ein Grund ist, dass wir alle ständig ein schlechtes Gewissen beim Einkaufen haben. Denn wir wissen mehr und mehr, unter welchen Umständen die Produkte hergestellt werden, mit denen wir uns im Alltag umgeben. Wenn uns Firmen also sagen – denen natürlich klar ist, dass ihre Kund:innen mehr wissen als je zuvor –, wir könnten einfach so weiterkaufen, dann ist das sehr attraktiv. Es ist aber auch für die Politik ein einfacher Ausweg, die Schuld auf die Verbraucher:innen zu verlagern. Dann muss sie nichts regulieren. Das ist auch für die Unternehmen praktisch und profitabel. Sie verkaufen einen neuen Mehrwert, nennen wir es Nachhaltigkeit, CO_2-neutral oder was auch immer. Auf der anderen Seite gibt es noch die Menschen, die sich dem Konsum bestimmter Produkte ganz entziehen. Aber auch bei dieser Form des Verzichts sind die Verantwortlichen letztlich fein raus. Als Konsument:in stellt man keine Forderungen. Nur Konsument:in zu sein, das ist eine wirtschaftliche Kategorie. Aber als Konsument:in besitzt man nur einen mehr oder weniger dicken Geldbeutel. Bürger:in dagegen ist eine gesellschaftliche Kategorie, als Bürger:in hat man Rechte und kann sich politisch engagieren.

Was würde also stattdessen etwas bewirken?

Zunächst darf man nicht unterschätzen, dass auch durch diese Konsumaufforderungen eine Menge von Wissen vermittelt wird: was Palmöl oder Sojaanbau anrichten, wo es Kinderarbeit gibt, wie Klamotten hergestellt werden. Aber ich bin der Meinung, dass man dieses Wissen noch viel mehr dazu nutzen muss, um Druck auf die Politik auszuüben. Wenn zum Beispiel, wie kürzlich in einer Umfrage, mehr als die Hälfte der Deutschen ein Lieferkettengesetz befürwortet, das Unternehmen menschenrechtliche Sorgfaltspflichten auferlegen würde, dann kann die Regierung das nicht mehr ignorieren.[18] Das ist der Punkt: Forderungen kann man besser stellen, wenn man sich zusammenschließt, als wenn man sich

»Green Economy ist die politische Variante des Greenwashings.«

auf die individuelle Ebene zurückzieht und meint, man könne sich da irgendwie rauskaufen.

Wenn es eigentlich mehr gemeinschaftlichen Protest braucht, warum wird im Nachhaltigkeitsdiskurs das individuelle Verhalten so in den Mittelpunkt gerückt?
Das hat einerseits mit den vielen Jahren der neoliberalen Politik Ende der 1990er-Jahre zu tun: Jede:r ist für sich selbst verantwortlich, jede:r ist seines:ihres Glückes Schmied. Die Wirkungsmacht des:der Einzelnen ist dabei so betont worden, dass diese Selbstüberschätzung jetzt auch bei der Klimadebatte durchschlägt. Gleichzeitig passt das zu einem Rückzug der Politik, die ebenfalls immer wieder an die Verantwortung jedes:r Bürger:in appelliert hat. Moralismus hat auch eine große Rolle gespielt: Der:die Einzelne kauft das ja, dann ist er:sie auch schuld daran, wie es hergestellt wird. Das blendet natürlich völlig aus, dass es um Machtverhältnisse geht und darum, wer politisch etwas durchsetzen kann und wer von den Bedingungen profitiert. »Nachhaltiges« Einkaufen lässt sich aber natürlich gut vermarkten. Mit dem Zusatz »umweltfreundlich« kann man schließlich auch Geld verdienen.

Mittlerweile bedienen sich allerlei Unternehmen Wörtern wie »grün« und »nachhaltig«. Wie lässt sich noch differenzieren, wer wirklich etwas verändern will oder wem es nur um Profit geht? Oder läuft es letztlich auf dasselbe hinaus?
Man muss die Frage mal umdrehen. Wenn Unternehmen wirklich mit einer ökologischen und sozial korrekten Produktion Profite machen, warum sollten sie irgendwas anderes machen? Sie machen aber keinen Profit mit einer sozial korrekten Produktion. Sie machen Profite, weil Arbeitskräfte in anderen Ländern billig, weil Rohstoffe billig sind. Seit der Kolonialzeit bedienen sich Unternehmen und die kapitalistische Gesellschaft überproportional stark an Ressourcen anderer Länder und schieben den Dreck dahin ab. Und das ist genau das, was zu Zerstörung führt. Blickt man in die Nachhaltigkeitsprogramme der Unternehmen, betreffen sie nie das Kerngeschäft. Es gibt ja Gründe, warum Unternehmen in Länder ausweichen, in denen Arbeiter:innen nicht oder wenig geschützt sind und es nur unzureichende Umweltschutzgesetze gibt. Sobald beispielsweise ein Land die Löhne in der Textilindustrie erhöht, wandern Unternehmen in ein billigeres Land ab. Die Lohnkosten an einem Turnschuh machen aktuell nämlich gerade mal zwei Prozent des Gesamtpreises aus.[19]

Dabei ist immer wieder die Rede von einer »Green Economy«.
Green Economy ist die politische Variante des Greenwashings, nämlich das Versprechen, dass durch grüne Technologien alles so bleiben kann, wie es ist. Man verlässt sich auf eine Technologie, rührt nicht an den Ursachen und richtet am Ende eher mehr Schäden an. Ich würde beispielsweise sagen, dass Elektromobilität durchaus ihre Berechtigung hat, aber es macht keinen Sinn, dass jedes Auto durch ein Elektroauto ersetzt wird. Elektro-SUVs, die mit einer 800-Kilo-Lithium-Batterie ausgestattet sind, verschärfen die Probleme sogar, weil noch mehr Rohstoffe gebraucht wer-

den. Etwa Lithium, dessen Abbau für Umweltzerstörung und Landraub sorgt.

Wenn der Kapitalismus die Ursache für die Krise ist: Wie müsste sich das System ändern?
Dafür müsste man noch nicht mal die totale Revolution starten, es gibt auch innerhalb des herrschenden Systems immer Möglichkeiten, Dinge so anders zu machen, dass sie eine Transformation vorantreiben. Zum Beispiel bei der Verkehrswende: Laut einer aktuellen Untersuchung vom BUND Naturschutz können zwölf von 14 Regionalflughäfen nur überleben, weil sie so hoch subventioniert sind. Sonst würden sie rote Zahlen schreiben.[20] Die braucht niemand. Die könnte man schließen und Windräder hinbauen, ohne dass Wälder abgeholzt werden müssten. Sowieso müssen solche umweltschädlichen Subventionen abgeschafft werden. Das wäre möglich, aber es fehlt der politische Wille. Genauso braucht es nicht viel Geld, um eine Stadt fahrrad- oder fußgängerfreundlich umzubauen. Die Alternativen sind also da. Eher müssen wir uns fragen: Wer verhindert sie? Wer hat Interesse daran, dass es bleibt, wie es ist?

Nach dem Interview mit Kathrin Hartmann bin ich einmal mehr erschlagen von all den Informationen und den komplexen Zusammenhängen von Armut, Gesellschaft, Klimawandel. Vielleicht, so Hartmann, mache es das aber auch ein bisschen einfacher: »Zu wissen, dass alles miteinander zusammenhängt und dass es möglich wäre, mit Veränderungen so vieles zu lösen, finde ich eher ermutigend.«

»Zu wissen, dass alles miteinander zusammenhängt und dass es möglich wäre, mit Veränderungen so vieles zu lösen, finde ich ermutigend.«

KATHRIN HARTMANN
Kathrin Hartmann, geboren 1972, studierte in Frankfurt am Main Kunstgeschichte, Philosophie und Skandinavistik. Sie war Redakteurin bei der *Frankfurter Rundschau* und bei *Neon*. Ihre Bücher, darunter *Wir müssen leider draußen bleiben* und *Die grüne Lüge*, erregten große Aufmerksamkeit. Sie lebt und arbeitet in München.

WER IST NACHHALTIGKEIT – UND WER NICHT?

KAPITEL 2

»There is no shame
in poverty,
but there is guilt
in wealth.«

Moshtari Hilal/@moshtarimoshtari

DAS MUSS MAN SICH ERST MAL LEISTEN KÖNNEN

Von Jennifer Hauwehde

Bis zu meinem 20. Lebensjahr habe ich - ohne es zu wissen - ausgesprochen nachhaltig gelebt, wenn man den Kriterien für einen individuell nachhaltigen Lebensstil folgt: Ich aß seit meinem 16. Lebensjahr vegetarisch, besaß nur wenige Kleidungsstücke, die sehr alt waren (und auch so aussahen, aber nicht auf die gute Art), kaufte mir wenige Dinge, lieh Bücher konsequent aus der Stadtbücherei aus, reiste so gut wie nie und flog genau ein einziges Mal. Trotzdem war ich nicht glücklich.

Wie kann das sein?

Mein erster Zugang zu Nachhaltigkeit als einem erstrebenswerten Lebenskonzept für mich und die Welt, die mich umgibt, fand unter anderem durch Bücher über Nachhaltigkeit statt, in denen saubere, weiße und aufgeräumte Welten in Wort und Bild dargestellt wurden: hohe Decken mit Stuck, Balkone mit geschmackvoll platziertem Grün, dezente Kingsize-Betten mit Leinenbettwäsche. Ich habe, trotz meiner Leistungsbesessenheit und meines Fleißes, bereits Erfahrung mit den menschenunwürdig mahlenden Mühlen des Sozialhilfesystems machen müssen und schrammte permanent gerade so an der Armutsgrenze vorbei (ohne Sicherheitsnetz). Ich fand mich in diesen Büchern nicht wieder.

Ich wusste, wie sich das Gefühl in der Schlange vor dem Schalter auf dem Arbeitsamt anfühlte, was es bedeutete, weder eine Waschmaschine noch das Geld für Waschsalons zu besitzen, hatte bisher nie in einem Taxi gesessen und fühlte mich ein paar Jahre zuvor wie eine Königin, als ich mir mit meinem ersten selbst verdienten Geld einen Trenchcoat für 40 Euro in einem Discount-Fashion-Store kaufte.

Besagtes Geld verdiente ich in einem Dönerimbiss, in dem ich Salat, Tomaten und Zwiebeln schnitt, Tische und Böden putzte. In den Pausen lernte ich für mein Abitur, auf meinen Unterlagen über Messenger-RNA sind Fettflecken. Den einzigen Lehrer, der irgendwann in einer Zwischennotenbesprechung meine Leistungen lobte und in demselben Atemzug fragte, was ich so trieb und wie es mir ging, werde ich nie vergessen. Er sagte, es mache ja schon einen Unterschied, vor welchem Hintergrund Dinge passierten.

WAS MAN SICH LEISTEN KÖNNEN MUSS

Die Botschaften der ästhetikfokussierten Nachhaltigkeitsbücher internalisierte ich trotzdem - und gab sie unreflektiert weiter: Im Maß liegt die Tugend, *less is more*, nachhaltiges Leben ist einfach und günstig, und wenn dir das nicht so vorkommt, willst du es einfach nicht stark genug. Die Angebote sind da, du musst dich nur richtig informieren - und dann konsequente Entscheidungen treffen, die schmerzhaft sein können (und sollen). Ich entwickelte eine Abneigung gegen Menschen, die bei Primark einkauften, Billiglebensmittel beim Discounter in den Einkaufskorb luden oder ihre Wohnung mit - aus meiner neu erlernten Perspektive - nutzlosem Krimskrams vollstellten. Und fühlte mich gut und besser, weil ich entsagte. Ich hatte erfolgreich eine neue Ebene des Klassismus erklommen.

KLASSISMUS
Diskriminierung oder Vorurteile gegenüber einer Person oder Personen aufgrund einer [vermuteten] Zugehörigkeit zu oder Herkunft aus einer bestimmten [niedrigeren] sozialen Klasse.[21]

Dabei verdrängte ich eine unbequeme Wahrheit: Sofort als ein bisschen mehr Geld da war, verfiel ich in einen Konsumrausch. Ich wollte alles, was ich mir vorher nicht leisten konnte: viele Kleider, mit denen ich nicht mehr auffiel, eine Einrichtung, die nichts vermissen ließ, viel Kosme-

tik und generellen Überfluss - weil ich es jetzt zum ersten Mal in einem (immer noch vergleichsweise bescheidenen) Rahmen *konnte*. Ich verschwendete keinen einzigen Gedanken an Ressourcen, unfaire Produktionsbedingungen und die Zukunft meiner potenziellen Kinder.

Eine Zeit lang schämte ich mich rückblickend für diesen kurzfristigen Exzess - mittlerweile habe ich begriffen, dass das Gefühl der Scham gewollt und das Ergebnis einer sehr effizienten Verantwortungsverlagerung ist: Das eigentliche Problem war nicht ich als Einzelperson, die verzweifelt versuchte, den gesellschaftlich erwarteten und doch selten erreichten Lebensstil einer gehobenen Mittelklasse zu leben und dadurch *gesehen* zu werden. Das Problem ist zum einen ebenjene gesellschaftliche Definition des *guten Lebens* im globalen Norden, die im Wesentlichen auf unbegrenztem Konsum materieller wie immaterieller Dinge beruht.

Zum anderen ist eine würdevolle Teilhabe an der Gesellschaft längst nicht für alle Menschen möglich. Zwar ist die Einkommensungleichheit in den vergangenen Jahren etwas zurückgegangen - was unter anderem mit der Anhebung des Mindestlohns zusammenhängt.[22] Die Vermögensungleichheit hingegen steigt kontinuierlich - immer mehr Vermögen konzentriert sich auf immer weniger Menschen.[23] Und auch der Mindestlohn reicht angesichts steigender Mieten und Lebenshaltungskosten längst nicht immer zum Leben, höchstens zum *Über*leben: Wer Vollzeit auf Mindestlohnbasis arbeitet, erhält am Ende des Monats 1.621 Euro[24] – nicht genug, um als alleinerziehende Person über die Runden zu kommen. Im Mai 2020 stockten rund 113.000 Menschen, die in Vollzeit arbeiteten, ihren Lohn durch Hartz IV auf.[25] Gleichzeitig wird immer noch das Narrativ hochgehalten, das Wirtschaftswachstum sei ausschließlich vom Konsum der Bevölkerung abhängig. Der individuelle Konsum gilt als »patriotische Aufgabe«.[26]

ZUR ERINNERUNG

Ein Prozent der Erwachsenen in Deutschland besitzen rund 35 Prozent des Gesamtvermögens, weitere neun Prozent besitzen weitere 32 Prozent. Die »oberen zehn Prozent« vereinen also 67 Prozent des Vermögens auf sich. Und die restlichen 90 Prozent der Bevölkerung besitzen gemeinsam gerade einmal 33 Prozent des Gesamtvermögens.[27]

Scham und Wut gegen mich selbst zu richten ist nur bedingt angebracht und konstruktiv, dafür allerdings gewollt, weil systemerhaltend (wir gehen darauf in Kapitel 3 genauer ein). Um diesen Aspekt – den viele Texte, die Nachhaltigkeit als Schwerpunktthema setzen, leider nicht oder nur sehr oberflächlich behandeln – auf den Punkt zu bringen: Nachhaltigkeit muss man sich leisten können.

FINANZIELL

Natürlich spart man durch wenige Neukäufe und bedachtes Auswählen hochwertiger Produkte langfristig. Doch die zunächst höhere Anfangsinvestition muss erst einmal möglich sein – und bei etwas Basalem wie Lebensmitteln oder einem dringend notwendigem Kleiderkauf ist monatelanges Sparen mitunter schlicht eine utopische Idealvorstellung.[28]

PER HABITUS

Secondhand ist fancy und unmittelbar mit einem leichten Gefühl des Weltrettens verbunden – aber nur für jene, die sich bewusst dafür entscheiden können, für Vintagekleidung mehr Geld als für Neuware auszugeben. Für diejenigen, für die Secondhand zeit ihres Lebens keine Crème-Ware-Auswahl, sondern das Günstigste vom Günstigen bedeutet, die Vintageschätze nicht mit neuen Key Pieces kombinieren können und nicht die Zeit haben, zehn Preloved-Stores nach Kleidung abzugrasen, die ihnen gefällt, ist diese von der Mittelklasse neu entdeckte Alternative mitunter vor allem eines: würdelos.

MENTAL

Für Menschen, die täglich Stigmatisierungen, Diskriminierungen und/oder offenen Anfeindungen aufgrund von nach wie vor omnipräsentem Rassismus/Ableismus[29]/Sexismus/Antisemitismus/Klassismus und anderem -ismus ausgesetzt sind, stellt sich am Ende des Tages vor allem die Frage nach dem Erhalt des eigenen psychischen Wohlergehens. Nicht immer bleibt Kraft für intensive Recherche von (komplexen) nachhaltigen Kaufentscheidungen.

ZEITLICH
Wie viel Zeit haben Menschen, die ganztägig in prekären Beschäftigungsverhältnissen arbeiten, womöglich mehrere Jobs gleichzeitig stemmen müssen und in der wenigen freien Zeit unbezahlter Care-Arbeit (Sorge- und Pflegearbeit wie Kinderbetreuung, Pflege von älteren Angehörigen, Arbeiten im Haushalt) nachgehen, um unterschiedliche nachhaltige Produktvarianten gegeneinander abzuwägen? Wie viel Zeit, auf den Markt zu gehen, frisch einzukaufen und ein Abendessen für die ganze Familie zu kochen?

PER VERFÜGBARKEIT
Für die konsequente Umsetzung eines nachhaltigen Lebensstils kann es eine große Rolle spielen, ob jemand zentral in einer Großstadt wohnt, den Unverpacktladen, einen Secondhandladen und Fair-Fashion-Geschäfte um die Ecke sowie Zugang zu Flohmärkten, öffentlichen Verkehrsmitteln und schnellem Internet für die Informationsbeschaffung hat - oder auf dem Land auf ein Auto angewiesen ist, es in der Umgebung nur einen Supermarkt mit begrenztem nachhaltigem Angebot gibt, Transportwege daher lang und umständlich sind.[30]

Wenn ich davon spreche, dass man sich Nachhaltigkeit leisten können muss, meine ich damit jene Form von Nachhaltigkeit, die den freien und regelmäßigen Konsum grüner und fairer Alternativprodukte genauso einschließt wie die gewählte und bewusste Form des reduktiven Verzichts. Dieser Lebensstil - deren Vertreter:innen seit ein paar Jahren mit dem Kürzel LOHAS[31] bezeichnet werden - ist eine privilegierte Entscheidung, die vor allem vor dem Hintergrund getroffen werden kann, das Zuviel bereits zu kennen und ausgeschöpft zu haben. Jedes Privileg basiert auf Macht und trägt durch sein Ausleben wiederum dazu bei, dass Macht verfestigt wird.

WER IST ARM?
In Deutschland gilt als arm, wer weniger als 60 Prozent des mittleren Einkommens (Median) zur Verfügung hat. Für eine allein lebende Person bedeutete das im Jahr 2019 ein Leben mit weniger als 1.074 Euro im Monat.[32] Armut und Arbeitslosigkeit gehen sehr oft Hand in Hand: 2019 lag die Armutsgefährdungsquote bei Arbeitslosen bei fast 57,9 Prozent - wohingegen sie bei Erwerbstätigen bei ungefähr acht Prozent lag.[33] Unterschieden von armen werden außerdem materiell deprivierte Menschen. Materiell depriviert bedeutet, sich grundlegende Güter und Aktivitäten des alltäglichen Lebens nicht leisten zu können, zum Beispiel eine Waschmaschine, angemessenes Heizen oder ein Mal im Jahr eine Woche Urlaub außerhalb der eigenen Wohnung. Oft gehen Armut, Arbeitslosigkeit und materielle Deprivation miteinander einher: 23,5 Prozent der Arbeitslosen beschreiben sich selbst als materiell depriviert, während das nur auf 1,8 Prozent der Erwerbstätigen zutrifft (2018).[34] Von Armut oder sozialer Ausgrenzung waren im Jahr 2018 rund 19 Prozent der Bevölkerung in Deutschland betroffen.[35]

10 JAHRE
ANTIFA LINKE MÜNSTER
CHLPT
Volt
MEIN KÖRPER! MEINE ENTSCHEIDUNG!
KUNDGEBUNG
What do you fear more freedom or security?
WIR FÜR
Kohleausstieg
LOOPS.EINS

Solidarisch
gegen
Klassismus
organisieren, intervenieren, umverteilen
LESUNG
mit Herausgeberin und Autor*innen
Mo, 26. Oktober, 20 Uhr; im F24
Mit Voranmeldung unter asta.fikus@uni-muenster.de
MIGRANTIFA
#totallove
KEIN ORT FÜR NEONAZIS
Ich bin eine Brandgefahr!
STOP HOMO PHOBIA
FCK AFD
BLACK LIVES MATTER
GRUPPO
LORES
HOT
ÜBERALL POLIZEI
PARAT
PARAT
#blutleer
Brot
Die PARTEI

In unserer Gesellschaft wird Armen die Möglichkeit genommen, sich über den Konsum von Dingen und Dienstleistungen eine Identität zu erwerben. Wie wir uns kleiden, was, wie viel und wann wir essen, in welchen Wohnungen wir mit welchen Gegenständen leben - all das sind Konsumentscheidungen, die wesentlich dazu beitragen, unsere Identität in Kommunikation mit der Außenwelt (mein Auto, meine Wohnung, meine vegane Sushi-Bowl) zusammenzupuzzeln und sich ihrer immer wieder neu zu vergewissern. Arme Menschen haben diese Möglichkeiten nicht oder nur sehr eingeschränkt: Sie definieren und identifizieren sich weniger selbst - sie

werden vor allem definiert. Von dem, an dem sie überall nicht teilhaben können, und von denen, die genau darüber (moralische) Werturteile fällen.[36]

Dabei lebt keine andere Menschengruppe so nachhaltig wie Arme. Aus dem schlichten Grund, dass sie aufgrund mangelnder finanzieller Mittel wenig (neu) konsumieren können. Hingegen steigen mit dem Einkommen auch die Ausgabenanteile - nicht für die Bedürfnisse wie Ernährung oder Kleidung. Sondern für Bereiche wie Wohnen oder Verkehr: Für Letzteren wenden Haushalte der höchsten Einkommensklasse (ab 5.000 Euro Nettoeinkommen pro Monat) durchschnittlich mehr als achtmal so viel Geld auf als Haushalte mit niedrigerem Einkommen (1.500 Euro Nettoeinkommen pro Monat).[37]

DER PLATZ AN DER SONNE IST SCHON BELEGT

Viele Menschen haben kein ausgeprägtes Gespür dafür, wo sie selbst sozial stehen (sie schätzen sich zum Beispiel der Mittelklasse zugehörig ein, obwohl sie faktisch an der Armutsgrenze leben, oder betrachten sich als deutlich weniger wohlhabend, als es tatsächlich der Fall ist). Sie haben dafür eine umso genauere Vorstellung davon, wo sie nicht stehen wollen: nämlich unten. 2018 gaben rund 47 Prozent der Deutschen an, dass die Aussage »Ich befürchte, meinen Lebensstandard nicht dauerhaft halten zu können«, auf sie zutrifft.[38] Das Problem mit Ressourcen ist aber nun, dass sie nicht unbegrenzt zur Verfügung stehen. Das gilt auch und gerade für Geld im kapitalistischen System: Wenn immer mehr Einzelpersonen immer weniger globalen Reichtum auf sich vereinen, wird der Kampf um die sich reduzierenden Plätze an der Sonne rauer.

NOCH EINE ERINNERUNG

Im Jahr 2019 besaßen 0,9 Prozent der Weltbevölkerung 43,9 Prozent des globalen Vermögens. Über die Hälfte der Menschheit (56,6 Prozent) besaß nur 1,8 Prozent davon.[39] Der reichste Mensch der Welt war am 20. September 2020 der Amazon-Gründer Jeff Bezos mit einem geschätzten Vermögen von 175 Milliarden US-Dollar. Drei Tage später wuchs es auf 182,5 Milliarden US-Dollar an.[40]

Anna Mayr beschreibt in *Die Elenden* die Funktion, die »Verelendete«, also perspektivlose und arme Menschen, innerhalb der Gesellschaft übernehmen: Man hält sie »den Arbeitern als verzerrenden Spiegel« vor, »um ihnen zu zeigen, wie sie enden, wenn sie sich nicht anstrengen«[41]. Die Armen und Abgehängten der Gesellschaft halten als unsichtbare Kraft die Arbeitenden in Schach – damit die wiederum arbeiten und arbeiten und arbeiten und sich für diese Schufterei zwischendurch mit spontanen Flugreisen für 15 Euro, der neuen Küchenmaschine oder Tüten voller Billigmode belohnen. Um danach vielleicht noch effizienter oder überhaupt weiterzufunktionieren.

Global betrachtet, gehört jemand die:der in Deutschland einen Medianlohn von 2.500 Euro brutto verdient, allein lebt und netto davon 1.700 Euro übrig hat, zu den zehn Prozent der reichsten Menschen auf dem Planeten: Nur 5,7 Prozent der Menschen, die gerade leben, sind reicher.[42] Im globalen Vergleich könnten wir uns also eine Menge leisten – haben aber vor allem angesichts steigender Mieten und allgemein hohen Lebenshaltungskosten nicht nur das Gefühl, dass unsere Kaufkraft immer weiter zurückgeht: Wir können von demselben Gehalt abzüglich Miete, Strom und anderen Fixkosten auch faktisch immer weniger erwerben.

Tatsächlich nimmt die durchschnittliche Kaufkraft pro Einwohner:in in Deutschland stetig zu: Im Jahr 2019 lag sie bei knapp 24.000 Euro. Jetzt kommt das große Aber: Davon müssen noch die Ausgaben für Lebenshaltungskosten, Versicherungen, Miete und Nebenkosten sowie Heizung, Strom, Bekleidung oder Sparen abgezogen werden. Gleichzeitig zeigt ein Blick auf die langfristige Entwicklung von Haushaltsausgaben, dass seit den 1980er-Jahren ein immer größerer Anteil des Einkommens für Miete, Wasser, Strom und Gas aufgewendet werden muss: 1993 gaben die 20 Prozent der Bevölkerung mit dem niedrigsten Einkommen noch 27 Prozent ihres Nettohaushaltseinkommens fürs Wohnen aus – im Jahr 2013 waren es bereits 39 Prozent.

Bei allen Bevölkerungsgruppen, außer den oberen 20 Prozent, lässt sich in diesem Zeitraum ein Zuwachs der Wohnkosten feststellen. Die Einkommen der unteren 40 Prozent der Bevölkerung konnten nicht mit diesem Anstieg mithalten – in der Folge gingen die Ausgaben für sonstigen Konsum zurück: Bei den einkommensschwächsten 20 Prozent der Bevölkerung betrug der Anteil am Nettohaushaltseinkommen im Jahr 1993 72 Prozent und sank auf 63 Prozent im Jahr 2013.

Das bedeutet auch, dass die Möglichkeit zum Sparen abgenommen hat: Immer mehr Menschen müssen sich verschulden, um

PAMOJA PAMOJA PAMOJA

ihren Lebensstandard zu halten, insbesondere in den unteren Schichten. Die einkommensstärksten Haushalte hingegen geben weniger für Wohnen aus und behalten ihren sonstigen Konsum weitgehend bei, konnten ihn sogar geringfügig steigern.[43] Das hängt auch mit der Verfügbarkeit von Wohneigentum zusammen: Seit 1990 sind die Preise für Immobilien um über 112 Prozent angestiegen - und dieser Trend setzt sich fort. Die Konsequenz: Die unteren 50 Prozent besitzen nur 2,7 Prozent des Wohneigentums in Deutschland, den oberen zehn Prozent gehören fast 60 Prozent.[44]

Die Angst vor dem sozialen Abstieg ist für viele Menschen nicht erst seit der Coronapandemie erschreckend real - und Angst verleitet zu pessimistischen Verhaltensweisen.[45] Sie sorgt dafür, dass wir vor allem an eines denken (müssen): uns selbst und unser Überleben. Nun bedeutet *Überleben* im sicheren Deutschland des 21. Jahrhunderts nicht mehr, vor dem metaphorisch nun schon etwas strapazierten Säbelzahntiger wegzurennen. *Überleben* meint hier: würdevoll innerhalb einer Gesellschaft zu bestehen. Und das wird für immer mehr Menschen zu einer Herausforderung.

»Angst lässt uns die Menschlichkeit der anderen vergessen, sie lässt uns in ihnen Feinde sehen. Genau deshalb ist sie so ein guter Motor für den Kapitalismus: Angst treibt Menschen an, immer mehr zu leisten, immer mehr zu kämpfen. Angst verhindert, dass wir Mitgefühl empfinden für diejenigen, die den Kampf verlieren.«[46]

LET'S CHANGE THE NARRATIVE

Zwischen den Jahren 1990 und 2015 haben sich die global ausgestoßenen klimaschädlichen Emissionen verdoppelt. Gerade als ich diese Zeilen tippe, erscheint der neue Oxfam-Bericht,[47] der sich mit dieser Zeitspanne beschäftigt und fragt: Welche Einkommensgruppen stoßen wie viele CO_2-Emissionen aus? Das Ergebnis ist nur unwesentlich überraschend.

»In Deutschland waren die reichsten zehn Prozent (8,3 Millionen Menschen) im Jahr 2015 für mehr CO_2-Ausstoß verantwortlich als die gesamte ärmere Hälfte der Bevölkerung (41,3 Millionen Menschen). Von den Gesamtemissionen seit 1990, für die die deutsche Bevölkerung verantwortlich ist, gehen 26 Prozent auf das Konto der reichsten zehn Prozent; die gesamte ärmere Hälfte der deutschen Bevölkerung ist nur für wenig mehr verantwortlich.«[48]

Ähnliche Werte finden sich im globalen Verhältnis: Die reichsten zehn Prozent (630 Millionen Menschen) der Weltbevölkerung sind für 52 Prozent der Emissionen verantwortlich - und davon wiederum müssten die reichsten ein Prozent *alleine* bereits für 15 Prozent der Emissionen geradestehen. Auf der anderen Seite befindet sich die ärmere Hälfte der Menschheit - sie produziert insgesamt nur rund sieben Prozent der globalen Emissionen. Dazwischen steht die Mittelklasse mit einem Emissionsanteil von 41 Prozent. Wenige Reiche tragen also global betrachtet doppelt so viel zur Klimaerhitzung bei wie die ärmere Hälfte der Weltbevölkerung.

Auch bei der Verteilung der Emissionszunahme zwischen den Jahren 1990 und 2015 zeigt sich ein eindeutiges Bild: Obwohl viele Menschen in Indien und China den Sprung aus extremer Armut geschafft haben, ist ihr CO_2-Ausstoß über die Jahre im Vergleich nur unwesentlich angestiegen: Hier stehen acht Prozent Anstieg (wieder der ärmeren Hälfte der Menschheit) dem Anstieg von 46 Prozent den reichsten zehn Prozent gegenüber - die zwar schon viel besitzen und konsumieren, allerdings trotzdem immer mehr CO_2 ausstoßen. Und obwohl alle Welt von Konsumverzicht spricht und der #minimalismus trendet, liegen die wirklich problematischen Sektoren dieser Bevölkerungsgruppe nicht in dem ständigen Erwerb neuer Waren, sondern vor allem im Bereich Mobilität (Flug- und Landverkehr) und Wohnen.

Oxfam resümiert: Die Armen dieser Welt sind auf gar keinen Fall das Problem, wenn es darum geht, wem wir die aktuelle Entwicklung der Klimakrise zu verdanken haben. Aber: Die globale Mittelklasse ebenfalls nicht - jedenfalls nicht so gravierend, wie andauernd gepredigt wird. Anders gesagt: Wir können über plastikfreie Zahnbürsten, ökologisch produzierte Mode und #flygskam (Flugscham) diskutieren, bis uns die Köpfe rauchen, und uns gegenseitig erfolgreich des mangelnden Aktionismus bezichtigen - aber wir verfehlen dabei das Thema. Es geht nicht darum, ob Familie Meier jetzt erfolgreich einen Monat lang Konsum gefastet hat oder Henrik drei Häuser weiter beim vorletzten Mittagessen doch nicht so vegan gegessen hat, wie er von sich selbst immer behauptet.

Natürlich ist individuelles Engagement wichtig, auf unterschiedlichen Ebenen: Man nimmt sich als selbstwirksam wahr (eine wichtige Empfindung, wenn es darum geht, mit Krisen und komplexen Problemen umzugehen[49]), motiviert andere als Vorbildcharakter und trägt insgesamt dazu bei, dass sich auf lange Sicht Narrative ändern können. Aber so gewichtig, wie er andauernd dargestellt wird, ist der individuelle Konsum- und damit Lebensstil der Durchschnittsmittelstandsmenschen nicht. Nicht, wenn wir uns die Verhältnismäßigkeit ansehen - und die wenige Zeit, die uns noch bleibt, um das Ruder herumzureißen. (Während ich das hier tippe, haben wir noch sechs Jahre und elf Monate, bevor das CO_2-Budget aufgebraucht ist und die globale Gemeinschaft das 1,5°C-Ziel verfehlen wird.)[50]

Wenn die Beschränkungen, die mit der Coronapandemie einhergegangen sind, sich wieder lockern und ihrem Vor-Corona-Level annähern, hat die globale Gemeinschaft nur noch bis zum Jahr 2030 Zeit, die Erderhitzung auf 1,5°C zu begrenzen. Das Problem dabei ist, dass die reichsten zehn Prozent der Weltbevölkerung *alleine* diese Marke schon wenige Jahre nach 2030 knacken werden, wenn sie ihren Lebensstil beibehalten (er ist 35-mal höher, als er sein dürfte, um das 1,5°-Ziel einzuhalten) - selbst wenn alle anderen Menschen auf diesem Planeten ihren Emissionsausstoß von heute auf morgen auf null senken würden.[51]

REICHTUM IST NICHT VERDIENT

Zusammen verfügen die zehn reichsten Menschen der Welt über ein Vermögen von rund 853 Milliarden Dollar.[52] (Ja, ich kann mir auch nicht vorstellen, wie viel das ist.) Die zehn reichsten Deutschen vereinen rund 165 Milliarden Euro auf sich.[53] Auch wenn sie uns gerne als das Paradebeispiel für den Aufstieg innerhalb der »Leistungsgesellschaft«[54] präsentiert werden: Der Reichtum dieser Menschen kann nicht einzig und allein aus eigener Leistung stammen. Es ist schlicht nicht möglich.

Aus (mindestens) zwei Gründen:

1 Ab einem bestimmten Zeitpunkt in ihrer Karriere werden (die meisten, nicht alle) sehr, sehr reiche Menschen (die in der Regel über ein oder mehrere Unternehmen verfügen) von Arbeitenden zu Verwaltenden: Sie arbeiten wenig bis gar nicht mehr selbst, sondern organisieren alles darum herum - Leute einstellen und feuern, Gespräche mit wichtigen Menschen führen, in der Folge über genauso wichtige strategische Dinge entscheiden. Die eigentliche Arbeit (am Produkt oder der Dienstleistung) erledigen längst andere, untergeordnete Menschen.

2 Bis es so weit gekommen ist, dass eine Person durch ihren vermeintlich genialen Einfall berühmt und reich wird, hat sie von unzähligen und meist nicht gesehenen Arbeitsstunden anderer profitiert. Von Menschen, die Vordenker:innen-Arbeit geleistet haben. Von anderen, welche die technische Infrastruktur zur Verfügung stellen. Von denen, die ihre kleinen Lokale als Rückzugsort betreiben und erlauben, dass man dort die Batterien wieder aufladen kann. Von wieder anderen, die Bürgersteige sauber halten und dafür sorgen, dass wir nicht kollektiv im selbst produzierten Dreck ersticken. Von dem:der Partner:in, der:die kostenlos und selbstverständlich die Care-Arbeit für den eigenen Nachwuchs übernimmt. Von den Pfleger:innen, die sich um die Gesundheit der Eltern nach einem Oberschenkelhalsbruch kümmern. All diese Arbeit ist Voraussetzung dafür, dass einige wenige in der Gesellschaft durch privilegierte Kopfarbeit in der Lage sind, zu dem beizutragen, was gemeinhin als »Fortschritt« verstanden wird. Sie läuft ununterbrochen im Hintergrund ab, erfährt allerdings wenig bis keine Beachtung.

Aus dieser Perspektive ist unsere Erzählung von den Leuten, die in Garagen geniale Ideen hatten und deswegen alleine den Lauf der Geschichte verändert haben, eine Lüge: Sie stehen nicht nur auf den Schultern von Ries:innen, sondern auf denen der gesamten Gesellschaft. Warum bekommen also nur sie so unverhältnismäßig viel Geld und Einfluss? Es sollte in unser aller Interesse liegen, diese Verhältnisse zu ändern.

GESPRÄCH MIT DER POLITIK-WISSENSCHAFTLERIN PROF. DORIS FUCHS

ALLE IN EINEN TOPF UND KRÄFTIG UMRÜHREN?

Von Jennifer Hauwehde

Transformation heißt das Zauberwort. Die liegt aber unter anderem auch deshalb in so weiter Ferne, weil wir uns über Jahrzehnte auf die Gleichung »Nachhaltigkeit = grüner Konsum« fixiert und die Systemfrage nicht gestellt haben. Sehr zur Frustration der Wissenschaft: Seit spätestens 2001 predigt diese, erzählt mir Konsumforscherin Doris Fuchs von der Westfälischen Wilhelms-Universität Münster in einer Videokonferenz, dass wir an den Strukturen ansetzen müssen, wenn wir wirklich etwas verändern wollen: der Wirtschaft, der Gestaltung unseres politischen Systems, der Gesellschaft. Gehört werden die Forscher:innen erst seit rund zwei Jahren – viel zu spät.

Und das hängt, erklärt sie, auch damit zusammen, dass Forschung von Förderung abhängig ist - Projekte, die politisch unangenehme Ergebnisse zutage fördern könnten, werden seltener gefördert als jene, die bequeme Antworten im gewohnten System versprechen. »Fast alle Projekte, die vom Bundesministerium für Bildung und Forschung (BMBF) gefördert wurden, gingen in die Richtung: ›Welche Informationen kann ich den Konsumierenden wie anbieten, damit sie nachhaltiger leben?‹ Damit wird auch das, was von der Wissenschaft in die Öffentlichkeit kommt, gelenkt.«

Dass die Verantwortung auf die Konsumierenden abgewälzt werde, meint Professorin Doris Fuchs, sei politisch durchaus gewollt. »Dass das oft zu einer Symbolpolitik verkommt, die keine Auswirkungen hat, ist dann erst mal nicht so auffällig: Die Politiker:innen können etwas tun, ohne jemandem wehzutun. So ein Ansatz passt auch viel besser in unsere Marktwirtschaft und die ökonomischen Paradigmen, in denen wir denken. Dann kann man immer noch sagen: ›Wir wollen Wachstum. Und wir möchten, dass der Markt das Problem löst.‹ Das wird langfristig allerdings nicht funktionieren.«

»Dass die Verantwortung auf die Konsumierenden abgewälzt wird, ist politisch durchaus gewollt.«

Mit der Jahreszahl 2001 bezieht Professorin Fuchs sich auf einen Text von Michael Maniates, der die Verschiebung der Verantwortung auf die Konsument:innen kritisiert und den wissenschaftlichen Dialog stark beeinflusst hat. Unter dem Titel *Plant a Tree, Buy a Bike, Safe the World?* schreibt Maniates: »Wenn die Verantwortung für Umweltprobleme individualisiert wird, gibt es wenig Raum, um über Institutionen, die Art und Ausübung politischer Macht oder über Wege nachzudenken, die Verteilung von Macht und Einfluss in der Gesellschaft kollektiv zu verändern - mit anderen Worten: ›institutionell zu denken‹.«[55] Man bleibt stecken im Kleinkrieg aller gegen alle - wer ist besser im Plastikvermeiden? Wer shoppt immer noch Fast Fashion? Wer hat immer noch zu viele Sachen bei sich zu Hause herumstehen?

Solange es klar abgegrenzte Gruppen innerhalb einer Gesellschaft gibt, von denen die Mehrzahl diskriminiert und auf unterschiedlichen Ebenen ausgebeutet werden kann, sodass ihre Mitglieder vor allem damit beschäftigt sind, innerhalb dieses Systems (und gegeneinander statt miteinander) zu bestehen, ist eine radikale Veränderung der Verhältnisse nicht zu befürchten. Wir müssen uns außerdem klarmachen: Der Versuch, sich in einem Wirtschaftssystem eine stabile Identität durch Konsum aufzubauen, das darauf basiert, immer neue Produkte und Identifikationsangebote in rasender Geschwindigkeit auf den Markt zu werfen, kann nur zum Scheitern verurteilt sein.[56] Die Feind:innen stehen nicht in der Schlange vor der Primark-Kasse.

Der überbordende Konsum von Waren und Dienstleistungen stellt ein unbestrittenes Problem dar, mit dem wir uns als Gesellschaft ernsthaft und langfristig befassen müssen. Dabei dürfen wir allerdings nicht alle Bevölkerungsgruppen in einen großen Topf werfen und kräftig umrühren, um am Ende zuverlässig etwas von »Verzicht« und »Mäßigung« propagieren zu können.

»Ökologische Nachhaltigkeit unabhängig von sozialer Nachhaltigkeit ist keine Option«, bekräftigt Professorin Fuchs. »Wir müssen immer über ökologische Nachhaltigkeit und soziale Gerechtigkeit gleichzeitig sprechen. Ich arbeite viel zu Konsumkorridoren, also der Frage, wie nachhaltiger Konsum gestaltet werden kann. Unsere Hauptfrage ist: ›Wir wollen versuchen, dass alle auf der Welt - alle, die jetzt leben, und alle, die in Zukunft leben - ein gutes Leben haben können. Was muss dafür passieren?‹«

»Ökologische Nachhaltigkeit unabhängig von sozialer Nachhaltigkeit ist keine Option.«

DORIS FUCHS

Prof. Doris Fuchs ist Politikwissenschaftlerin und Professorin für Internationale Beziehungen und Nachhaltige Entwicklung an der Westfälischen Wilhelms-Universität Münster.

Sie promovierte in Politik- und Wirtschaftswissenschaften in Kalifornien und habilitierte an der Ludwig-Maximilians-Universität München. Außerdem beschäftigt sie sich mit den Themen (strukturelle und diskursive) Macht, nachhaltiger Konsum und Beteiligung. Sie ist Sprecherin des Zentrums für Interdisziplinäre Nachhaltigkeitsforschung (ZIN).

INTERVIEW MIT SOPHIA HEINLEIN UND MORITZ PIEPEL VOM JUGENDRAT DER GENERATIONEN STIFTUNG

EIN MÖGLICHER SCHLÜSSEL: GENERATIONEN-GERECHTIGKEIT

Von Jennifer Hauwehde

Mit dieser und vielen weiteren Fragen im Gepäck mache ich mich im November 2020 auf den Weg nach Berlin. Dort treffe ich mich mit Sophia Heinlein und Moritz Piepel in einem kleinen Büro mit hohen Decken und knallorangenen Plakaten in den Fenstern, die es mir leicht machen, das richtige Gebäude zu finden. Die Plakate werben für das Buch *Ihr habt keinen Plan,* das von dem Jugendrat der Generationen

WORLD
THAN
THE END
OF

Stiftung geschrieben wurde und »Zehn Bedingungen für die Rettung unserer Zukunft« aufstellt. Darunter: das Klima retten, den neoliberalen Markt einschränken, soziale Gerechtigkeit schaffen und die Menschenrechte einhalten.

Für mich klingen die Thesen im Buch sehr anschlussfähig, aber ich glaube: Das geht nicht allen so. In meinem Kopf habe ich Bilder von alten Menschen, die keine Lust haben, sich das Steak vom Teller und den SUV unter dem Hintern wegnehmen, und erst recht nicht, sich von jungen Leuten erklären zu lassen, dass sie ihr ganzes Leben falsch gelebt haben. Das »How dare you?« von Greta Thunberg war aufrüttelnd und wichtig[57] - in den letzten Monaten wurde daraus allerdings vor allem eines gemacht: ein Generationenkampf.

Geht es wirklich um Alt gegen Jung?

Moritz: Nein. Es gibt keinen Generationenkonflikt. Nicht in Deutschland, aber auch nicht in globaler Perspektive. Tatsächlich sehen wir einen Klassenkonflikt. Nicht mehr zwischen der Arbeiter:innen-Klasse und allen anderen Schichten, sondern zwischen privilegierten und weniger privilegierten Menschen - und auf globaler Ebene zwischen globalem Norden und globalem Süden. Hätten wir Generationenkonflikte, wäre politisches Handeln von vornherein zum Scheitern verurteilt: Wenn die Jungen sowieso dafür und die Alten hierfür wären, könnte man am System nichts ändern. Das führte zu politischem Stillstand. Die wirklichen Konfliktlinien verlaufen woanders. Zu sagen, wir hätten einen Generationenkonflikt, verkürzt politische Debatten, und das ist gefährlich.

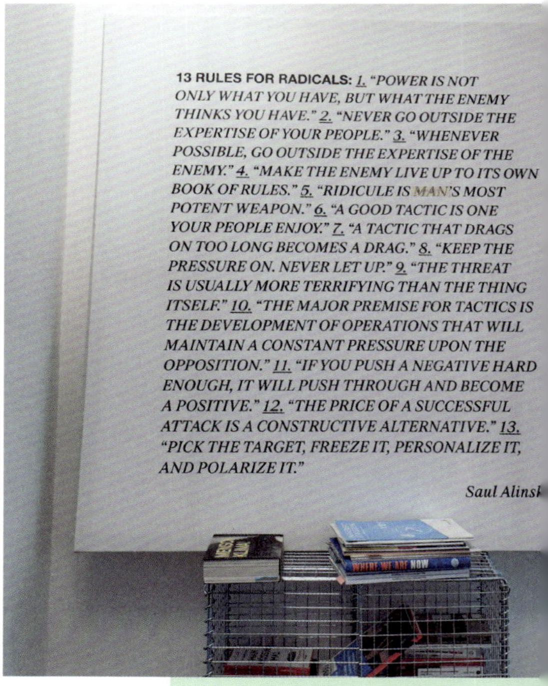

Sophia: Für eine Schuldfragen-Debatte haben wir außerdem definitiv keine Zeit. Das würde die Lage ja nicht ändern. Es geht hauptsächlich darum, eine Zukunft zu gestalten. Dabei natürlich auch die Vergangenheit im Blick zu behalten, aber den Fokus darauf zu setzen: Was können wir hier und jetzt konkret verändern?

Moritz: 15 Prozent der Wahlberechtigten sind unter 30 Jahre alt. Selbst wenn in unserer Generation alle Menschen genauso denken würden wie wir, dann würden sie immer noch nur 15 Prozent der Wahlberechtigten stellen. Und das ist einfach nicht genug, um einen Wandel anzustoßen. Dem gegenüber stehen 36 Prozent Wahlberechtigte über 60 Jahre. Wenn man diese 36

Prozent bei ihrem Gewissen packen und zur Verantwortung ziehen könnte, um eine zukunftsfähige Politik zu gestalten - dann könnte man tatsächlich einen Richtungswechsel realisieren.

Was bedeutet »Generationengerechtigkeit«?
Sophia: Es gibt zwei Arten, den Generationenbegriff zu definieren. Einerseits die Einteilung in die junge, mittlere und alte Generation. Andererseits: Wir sind *jetzt* die

»Wir möchten keine Schuldfragen-Debatte führen, sondern gemeinsam eine Zukunft gestalten.«

GENERATIONEN STIFTUNG/JUGENDRAT

Die Generationen Stiftung hat in den Jahren 2013 und 2017 zu den Bundestagswahlen das Generationen Manifest[60] verfasst und die Politik zu generationengerechten Lösungen für die multiplen Krisen unserer Zeit aufgefordert. Da trotz einer Viertelmillion Unterschriften keine Änderung auf politischer Ebene in Sicht war, wurde von der Unternehmerin Claudia Langer und einigen Mitstreiter:innen im Jahr 2017 die Generationen Stiftung gegründet, um konstanten Druck auf die Parteienlandschaft ausüben zu können. Teil der Stiftung ist der Jugendrat, der aus Menschen im Alter zwischen 16 und 25 Jahren besteht und sich im Kontext der Stiftung aktivistisch für die Belange kommender Generationen einsetzt. Das Kuratorium besteht aus »den Alten«, die wissenschaftlich beraten und mit Kontakten, Rat und Ideen zur Seite stehen.

eine Generation, die gemeinsam auf der Erde lebt - und es gibt die kommende Generation, die noch nicht geboren ist. Dann wären wir alle in einer Generation. In dieser Generation ist es wichtig, miteinander zu sprechen und gemeinsam Entscheidungen zu treffen.

Moritz: Wir im 21. Jahrhundert im Vergleich zu den Menschen aus dem 25. Jahrhundert. Das ist aus unserer Sicht die viel spannendere, also die intergenerationelle Perspektive, die unserer Arbeit zugrunde liegt. Sie muss zum Maßstab in allen Politikfeldern werden. Gleichzeitig ist sie

»Alle wollen Generationengerechtigkeit. Wenn man Verständnis dafür schafft, was das für uns heute bedeuten muss und wie wir unser Leben umstellen müssen – dann ist es möglich, Unterstützung zu mobilisieren.«

ein interessantes Framing: Denn egal, mit wem man spricht - fragt man: »Wollen Sie Generationengerechtigkeit?«, stehen alle dahinter. Daran kann man gut anknüpfen: Jede:r will, dass es Kindern, Enkel:innen und Urenkel:innen später gut geht. Wenn man Verständnis dafür schafft, was das für uns heute aber bedeuten muss und wie wir unser Leben umstellen müssen - dann ist es möglich, dafür Unterstützung zu mobilisieren.

Als ich vor ungefähr sechs Jahren angefangen habe, mich mit Nachhaltigkeit zu beschäftigen, ging das vor allem über meinen Konsum. Ich habe auch in meinem Umfeld beobachtet, dass man vor allem grün kauft, sich vegan ernährt und ein bisschen hier und da macht - dann ist aber auch gut. Der entscheidende Punkt, den beispielsweise Fridays for Future zum Aushängeschild der Bewegung gemacht haben, ist aus meiner Perspektive, dass sie den Diskurs auf die systemische Ebene gehoben haben: weg vom individuellen Konsum hin zum größeren Bild. Ich glaube, viele Menschen arbeiten sich daran ab, dass sie so spät angefangen haben, über systemische Fragen nachzudenken.

Moritz: Das ist das Ergebnis einer jahrzehntelangen neoliberalen Politik, die wir alle stark internalisiert haben. Wie kann ich das Klima schützen? Ich muss mich vegan ernähren! Viele Menschen kommen gar nicht darauf, dass man auch grundlegend das System ändern und allgemein verbindliche Regeln umschreiben könnte. In den letzten zwei Jahren erlebe ich eine leichte Diskursverschiebung, aber 2016 hat darüber noch kein Mensch diskutiert. Alle hatten das Narrativ, dass Politik gar nichts machen kann und machen soll und alle selbst verantwortlich seien, unhinterfragt übernommen. Das wird langsam aufgebrochen. Konsumkritik allein wird es nicht richten. Jede:r von uns versucht, nachhaltig zu leben - aber da draußen wird mit harten Bandagen gekämpft. Das Klima geht nicht zugrunde, weil zwei Leute Fleisch essen. Es ist toll, wenn sie kein Fleisch mehr oder wenigstens Biofleisch essen, aber das reicht nicht, das wird die Welt nicht retten.

Sophia: Die negativen Seiten des Neoliberalismus werden immer sichtbarer - und das zwingt uns zum Handeln. Diese Krise ist auch ein ständiges Hinterfragen: von *Weiß*sein, von Mann- oder Frausein. Was heißt es denn heute, ein Mann oder eine Frau oder ein anderes Geschlecht zu sein? Es gibt sehr viele offene Fragen in einem System, in dem man unter einem starken Konkurrenzdruck steht und immer überall der:die Beste sein soll - mit der Illusion vom Wachstum, das nie aufhört.

In Deutschland und weltweit würde es den Menschen besser gehen, wenn eine globale sozioökologische Transformation vollzogen würde, meinen die beiden. Es gelte, die Mehrheit davon zu überzeugen, dass viel zu gewinnen sei. Das sieht auch Professorin Doris Fuchs, Inhaberin des Lehrstuhls für Internationale Beziehungen und Nachhaltige Entwicklung an der Universität Münster, so: »Die Frage ist nicht: Wollen wir, oder wollen wir nicht? Die Frage ist: Schaffen wir es, den politischen Diskurs darauf zu fokussieren, wie wir das konkret angehen können?«

Doch wenn alles weitergeht wie bisher (und danach sieht es leider aus), wird kein Land der Erde die Klimaziele des Pariser Abkommens einhalten, weder für 2°C noch für 1,5°C Erderhitzung. »Keine Partei in Deutschland hat ein konkretes Konzept dafür ausgearbeitet, wie das 1,5°C-Ziel eingehalten werden soll!«, empören sich Sophia und Moritz. Gleichzeitig haben die wenigen - also die an den Schalthebeln mit dem vielen Geld und der vielen Macht - es geschafft, dass wir als Individuen uns untereinander die Köpfe einhauen im Wettbewerb um den nachhaltigsten Lebensstil und hämisch mit dem Finger auf die zeigen, die *immer noch!* nicht fair einkaufen.

Gerade haben wir also eine äußerst unbefriedigende Situation vorliegen: Einige wenige sorgen dafür, dass kein Staat der Welt bisher eine ernsthafte Klimapolitik zustande gebracht hat - gegen den Willen der vielen: Die Mehrheit der Bürger:innen hat erkannt, dass Umwelt und Klimaschutz essenziell sein werden, um die Zukunft zu meistern (69 Prozent), Wohlstand und Wettbewerbsfähigkeit zu sichern (62 Prozent und 55 Prozent) und Arbeitsplätze zu erhalten (55 Prozent).[58] Damit sind die Leute auf der Straße klüger als die neoliberalen Politiker:innen, die immer noch glauben (und behaupten), Klimaschutz und Wirtschaft ließen sich nicht miteinander vereinen. Die Enttäuschung ist dementsprechend groß: Nur 18 Prozent der Menschen in Deutschland sind der Ansicht, die Bundesregierung tue genug, um die Klimakrise aufzuhalten.[59]

»Weiblich, *weiß*, schlank und mit einem akademischen Hintergrund – das fasst zumindest den sichtbaren Prototyp der nachhaltigen Szene zusammen.«

EIN ESSAY VON CIANI-SOPHIA HOEDER

WARUM IST DIE NACHHALTIGE BEWEGUNG SO *WEISS*?

Die Klimaszene hat ein Rassismusproblem. Fridays For Future, Greenpeace, Extinction Rebellion - all diese Bewegungen werden regelmäßig dafür kritisiert, dass sie sich zwar für das Klima einsetzen, aber nicht intersektional sind, also Menschen mit Mehrfachdiskriminierung berücksichtigen. Zuletzt kochte der Diskurs hoch, als die ugandische Aktivistin Vanessa Nakate zur 50. Jahrestagung des Weltwirtschaftsforums (WEF) in Davos von der Nachrichtenagentur AP aus einem Gruppenbild mit Luisa Neubauer, Greta Thunberg, Isabelle Axelsson und Loukina Tille herausgeschnitten wurde.[61] In einem Video erklärte Nakate: »Afrika ist der geringste Verursacher von Kohlendioxid, aber wir sind am stärksten von der Klimakrise betroffen. Wenn ihr unsere Stimmen auslöscht, ändert das nichts. Wenn ihr unsere Geschichten auslöscht, ändert das nichts.« Weiter ging es mit Tonny Nowshin.[62] Sie nahm als einzige nicht *weiße* Aktivistin gemeinsam mit sieben weiteren Aktivist:innen an einem Protest gegen das neue Kohlekraftwerk Datteln 4 teil. Im Anschluss an die Aktion twitterte Greenpeace Deutschland Fotos. »Alle, die dabei waren, waren abgebildet. Nur ich nicht. In einer Szene hatte ich sogar direkt neben Fridays-for-Future-Aktivistin Luisa Neubauer gestanden - aber das Foto hörte neben ihr auf. Ich war lediglich getaggt«, erklärte Tonny im Nachhinein.[63]

Weiblich, *weiß*, schlank und mit einem akademischen Hintergrund - das fasst zumindest den sichtbaren Prototyp der nachhaltigen Szene zusammen. Bestätigt wurde das bereits in einer Studie des Instituts für Protest- und Bewegungsforschung in Berlin (ipb): 87 Prozent der Fridays-for-Future-Demonstrant:innen haben demnach mindestens eine Fachhochschulreife oder streben sie an, deutlich mehr als die Hälfte zählt sich selbst zur oberen Mittelschicht oder Oberschicht - und der Anteil der Menschen mit einer Migrationsgeschichte ist niedriger als in der Gesamtbevölkerung.[64] Das heißt allerdings noch lange nicht, dass BIPoC sich nicht für die klimatischen Veränderungen auf unserem Planeten interessieren. Das Gegenteil dürfte der Fall sein. Der Klimawandel ist nicht nur ein umweltpolitisches Thema, nein, er zeigt die rassistischen und klassistischen Problematiken, in Deutschland und global. So haben Menschen mit Migrationsgeschichte auch hier in Deutschland einen mangelnden Zugang zur Natur oder gesunder Ernährung. Sie sind, laut dem Umweltbundesamt, einem starken Verkehrslärm und somit auch einer höheren Schadstoffbelastungen ausgesetzt.[65] Kurzum: Wir leben in Deutschland mit einer Ungleichverteilung von Umweltnutzen und -belastungen. Mit all diesen Hintergründen sollten doch viel mehr BIPoC auf umweltaktivistischen Demos vertreten sein?

BIPoC –
Black, **I**ndigenous, **P**eople **of** **C**olor
Eine Selbstbezeichnung von Menschen mit Rassismuserfahrungen, die nicht als *weiß*, deutsch und westlich wahrgenommen werden und sich auch selbst nicht so definieren.

Es ist so: Wenn Polizeigewalt und Racial Profiling das täglich Dinkelbrot für Menschen mit einer sichtbaren Migrationsgeschichte sind, wird eine kleine Versammlung, die potenziell in einer polizeilichen Auseinandersetzung enden könnte, zu keiner Lappalie, sie ist lebensgefährlich. Dabei ist George Floyd das jüngste Exempel.

»Der Klimawandel ist nicht nur ein umweltpolitisches Thema, nein, er zeigt die rassistischen und klassistischen Problematiken, in Deutschland und global.«

Deutsche Beispiele gibt es aber auch einige: William Tonou-Mbobda, Oury Jalloh oder Amad Ahmad, um nur ein paar zu nennen. Hinzu kommt, dass Deutschland eine lange »Braune Grüne«-Geschichte hat, die bis in die Frühromantik (1795–1804) zurückreicht. In den aktuellen Debatten über Natur- und Umweltschutz gibt es viele Anknüpfungspunkte für rechtskonservative bis rechtsextreme Akteur:innen, die mithilfe sozialökologischer Themen versuchen, ihr biologistisches, rassistisches und antisemitisches Weltbild in breiteren Bevölkerungsschichten salonfähig zu machen. Die Anastasia-Bewegung ist dabei die neueste Strömung. Ihre Mitglieder hängen dem Konzept der Eugenik an – eine Vorstellung von Rassenhygiene, die in der Zeit des Nationalsozialismus entwickelt wurde.

Die eigenen Privilegien zu nutzen ist gut. Sogar wichtig. Diese Seiten dienen nicht als Rant. Es ist etwas anderes, BIPoC auszuschließen oder die Infrastruktur so zu konzipieren, dass es keinen Platz für sie gibt. Dabei werfe ich der Szene nicht vor, dass sie dies wissentlich tut. Ich glaube, sie ist sich der internalisiert-rassistischen Mechanismen nicht bewusst. So erklärte Tonny Nowshin in einem Interview: »Ich werde in der Klimaszene geduldet, solange ich sie mir nicht so zu eigen mache wie die *weißen* Aktivist:innen. Als BiPoC - also Schwarze, Indigene und People of Colour - sind wir nur willkommen, wenn wir die Vorzeigebetroffenen spielen.«[66]

Allmählich nähern wir uns dem Kern des Problems. Der Grund, weshalb Vanessa Nakate und Tonny Nowshin herausgeschnitten oder überhaupt nicht abgelichtet wurden, lässt sich im White Gaze und dem Eurozentrismus finden. Jedes Buch, jedes Lied und jeder Film wird für *weiße* Menschen konzipiert. *Weißsein* ist die Norm. Diesem Narrativ folgend, »entdeckte« Kolumbus Amerika. Dabei ging es den Menschen vor Ort vermutlich weitaus besser, bevor er kam. Doch es geht noch weiter. Die Wirtschaftswissenschaftlerin Nowshin, die aus Bangladesch stammt, teilte eine ihrer Erfahrungen bei Greenpeace mit: »Hier wurde ich sogar gefragt: ›Oh, musstest du aus deinem Land fliehen, weil dein Haus überflutet wurde?‹ In solchen Fällen steckt so viel Vorurteil, dass es zum einen lustig ist - zum anderen aber auch beschämend.«[67]

Die Klimabewegung und die nachhaltige Szene folgen einem Narrativ. *Weiße* Menschen retten die Welt. Sie retten die Umwelt, die Tiere und die armen Menschen, die davon betroffen sind. Klassischer *White Saviorism.* Ein Retter:innen-Komplex, der immer dann auftritt, wenn eine *weiße* Person nicht *weißen* Menschen auf *vermeintlich* selbstlose Weise hilft. Es sind die beliebten Bilder auf Instagram, auf denen Schwarze Kinder als Requisiten posieren. Die Auszeit vor dem Abitur oder Studium, wo junge privilegierte Menschen sich bei einem Workaway-Programm entscheiden können, ob sie auf Sri Lanka Schildkröten retten oder in einem kongolesischen Dorf ein wenig Lehrerin spielen, ohne jegliche pädagogische Ausbildung und ohne die geringste Ahnung über die Auswirkungen, die die ständig wechselnden »Lehrkräfte« auf die Kinder haben können.

Dabei geht es um das Bedürfnis, die Welt zu retten, das allerdings auf einem kolonialistischen Bild basiert. Es ist dasselbe Narrativ, das damals lautete: Europa muss Afrika retten. Jetzt seht, wo es uns hingebracht hat. In dieses Konstrukt passt eine BIPoC nicht hinein, die oder der kämpft, anprangert und strukturelle Rassismen kritisiert und somit den Bewegungen den Spiegel vorhält. Dieses Verhalten zerstört das eurozentrische Bewusstsein. Dann müssten Debatten über die realen Dimensionen unserer Umweltungerechtigkeit geführt werden. Wie beispielsweise, dass Rassismus ein integraler Bestandteil unserer heutigen umweltpolitischen und sozialpolitischen Herausforderungen ist. Es wären unbequeme Unterhaltungen.

Dabei ist es schon perfide. Im Einklang mit der Natur zu leben, statt sie zu zerstören, war und ist eine Philosophie von vielen indigenen Gemeinschaften. Bereits seit Jahrhunderten. Diese Lebensweise war einer der Gründe, warum sie als unkultiviert und primitiv erachtet wurden. Natürlich neben vielen weiteren Mechanismen wie Ras-

CIANI-SOPHIA HOEDER

Schreiben. Es klingt pathetisch, aber genau das war Ciani-Sophia Hoeders Ziel. Vielleicht ist es ein natürlicher Prozess, als junge Frau all die großen und kleinen Gedanken zu Papier zu bringen? Heute nennt man es Journaling, damals Tagebuch schreiben, für Ciani war es: Den Sinn und Unsinn des Lebens zu begreifen. Deshalb hat sie das Schreiben zur Berufung gemacht. Heute ist Ciani-Sophia Hoeder freie Journalistin, *SZ-Magazin*-Kolumnistin, schreibt an der *Ariane Alter Show* bei *ZDF Neo* mit, Gründerin des ersten Online-Lifestylemagazins für Schwarze Frauen im deutschsprachigen Raum namens *Rosa-Mag*, Solopreneurin, frisch gebackene Grimme Online-Nominierte und wurde vom *Medium Magazin* zu den 30unter30 ernannt. Sie schreibt, Video editiert und berichtet nicht nur über den alltäglichen und den institutionellen Rassismus, sondern auch über Gesellschaftsthemen sowie politische Debakel, über das Dasein eines Millennials, intersektionalen Feminismus und die Für- und Widrigkeiten der Popkultur.

sismus, Kolonialismus, Imperialismus und Kapitalismus führt es zu der Ausbeutung des globalen Südens durch den globalen Norden. Die Folgen beeinflussen Schwarze Menschen und People of Color bis heute - und auch unser Klima.

Kommen wir zurück zu der Ausgangsfrage: Warum sind nachhaltige Bewegung so *weiß*? Wenn ich als - vermutlich einzige BIPoC - in eine solche Bewegung hineinginge, müsste ich viele Menschen dort dekolonialisieren. Ich wäre eine kostenlose Antirassismus-Coachin. Ich müsste ihnen erklären, dass Rassismus nicht immer explizit ist. Dass Rassismus komplex ist. Er ist eine Ideologie, die besagt, dass Menschen mit bestimmten äußerlichen Merkmalen weniger wert seien als andere. Rassismus geschieht zugleich ganz konkret, nebenbei, unbewusst, gedankenlos. Das Gesicht einer Bewegung wird von einer *weißen* Person bevorzugt, da es als professioneller und glaubwürdiger angesehen wird als ein Schwarzes. Rassismus ist auch, wenn eine Schwarze Person aus einem Bild geschnitten oder aus einem herausgenommen wird. Diesen Vorgängen waren wir - Schwarze als auch *weiße* Menschen - über Jahrhunderte ausgesetzt. Das Resultat ist, dass *weiße* Menschen automatisch *weiße* Gedanken und Meinungen bevorzugen. Rassismus raubt Zeit und Energie. Er findet auf individueller als auch auf institutioneller Ebene statt. Er ist tief mit der Kolonialgeschichte, mit den staatlichen Strukturen und eben auch mit der Klimabewegung verwoben.

Versteht mich nicht falsch. Ich nehme den Klimawandel sehr ernst. Nachhaltigkeit ist ein essenzielles Thema in meinem Leben. Privat wie auch beruflich. Sie ist ein grundlegender Bestandteil meines Magazins *RosaMag* – ein Online-Lifestylemagazin für Schwarze Frauen im deutschsprachigen Raum. Trotzdem fällt es mir bis heute schwer, mich mit den Initiativen und Organisationen rund um die Klimabewegung und der nachhaltigen Szene zu identifizieren. Aus den besagten Gründen, aber auch aufgrund des Umstands, dass das Wegwerfen aller äußeren Zeichen von Status und Identität ein Luxus ist, den sich nur diejenigen in der Gesellschaft leisten können, die nicht anhand ihrer Hautfarbe beurteilt werden.

Rassismus wurde nicht von Schwarzen Menschen erfunden. Er ist das Problem von *Weißen.* Trotzdem müssen wir uns mit ihm herumschlagen. Es gibt viele BIPoC, die sich um den Klimawandel sorgen. Einige haben Verwandte, die davon betroffen sind, wieder andere erleben die Auswirkungen hier vor unserer Nase, zum Beispiel durch den mangelnden Zugang zu Naturerholungsgebieten, und dann gibt es noch diejenigen, denen das Thema, ohne persönlich involviert zu sein, einfach am Herzen liegt.

Letzteres betrifft nicht nur den Klimawandel, sondern umfasst auch die Fragen

»Es wird gesprochen statt gehandelt. Wenn sich das nicht ändert, bleibt die Bewegung vor allem eines: *weiß.*«

rund um Klassismus und Rassismus. Doch die beiden Aspekte sind ein integraler Bestandteil des Klimawandels und sind dementsprechend ein Imperativ, um die Debatte – wie wir zu einer umwelt*gerechteren* Welt gelangen – mit diskutieren zu können. Jede klimaaktivistische Person, die sich nicht bemüht, die eigenen internalisierten Rassismen zu dekolonalisieren, muss sich fragen, wie ernst sie es meint. Ist das Klima wichtiger als Rassismus? Angesichts der Tatsache, dass Rassismus, Kapitalismus und Klassismus so eng miteinander verwoben sind, sollte die Frage eigentlich überflüssig sein. Trotzdem wird so wie bisher weitergemacht, an der Oberfläche des Problems gekratzt, betretene Konversationen darüber geführt, dass man sich in der Bewegung ja doch schon BIPoC wünscht, und gleichzeitig aber nie über die eigenen Rassismen diskutiert. Es werden nicht die Ärmel hochgekrempelt, um die Strukturen so zu verändern, dass eben auch BIPoC teilhaben können. Es wird bedauert, nicht verbessert. Es wird gesprochen statt gehandelt. Wenn sich das nicht ändert, bleibt die Bewegung vor allem eines: *weiß.* ——

ÖKOFASCHISMUS – STERBEN DÜRFEN DIE ANDEREN

Von Jennifer Hauwehde

Nach dem Ausbruch der Coronapandemie freuten sich viele Menschen für die Natur: »Endlich ein Himmel ohne Kondensstreifen, endlich klare Luft über China, endlich keine Leute mehr, die die Umwelt versauen! Und überhaupt – eigentlich ist doch der Mensch das Virus.« Auf viralen Bildern wurde Planet Erde hustend und fiebernd als Patientin dargestellt, die auf die Frage eines großen anderen Planeten (Jupiter? Saturn?), was sie denn habe, mit dem Fieberthermometer im Mund hängend antwortet: »Menschen!« An Laternenpfählen klebten Sticker von Extinction Rebellion: »Corona is the cure, humans are the disease.« Der Tenor: Geschieht uns ganz recht, so eine Dezimierung. Wir sind der Erde nicht würdig, und nun schlägt die Natur zurück. »The Earth is healing.«

Solche Aussagen sind auf mehreren Ebenen problematisch. Abgesehen davon, dass einzelne Behauptungen sich schnell als falsch herausstellten und die Erde keine menschlichen Kategorien wie Rache kennt, war von Anfang an klar, dass der Planet sich keinesfalls »heilen« würde. Die Emissionen in der Atmosphäre sind im ersten Halbjahr von 2020 zwar so stark zurückgegangen wie seit dem Zweiten Weltkrieg nicht mehr: Rund neun Prozent weniger Kohlendioxid wurden im Vergleich zum Vorjahr ausgestoßen, hat ein Forscher:innen-Team errechnet. Für das Klima hat das allerdings keine positiven Auswirkungen: Nach den ersten Lockerungen erreichten die meisten Länder wieder das Vor-Corona-CO_2-Niveau – Ausnahmen bildet der Verkehrssektor, der durch mehr Homeoffice weniger Emissionen verzeichnet. Aber: Auch wenn das historische Tief beibehalten werden würde, schreiben die Wissenschaftler:innen in ihrer Studie, würde das so schnell nichts an der CO_2-Konzentration in der Atmosphäre ändern.[68] Zu früh gefreut.

Wenn wir ehrlich sind: Es war abzusehen, dass Unternehmen die im ersten Lockdown verlorenen Einnahmen so schnell wie möglich auszugleichen versuchen würden. Das ist ihnen auch nicht vorzuwerfen, im Gegenteil: Es ist doch sehr naiv zu glauben, das herrschende Wirtschaftssystem würde sich durch eine Pandemie langfristig von dem bisherigen Kurs des Schneller-Höher-Weiter abbringen lassen. Hier liegt das eigentliche Problem: Es sind nicht die Menschen, die die Natur zugrunde richten, sondern das System – die Art, wie sich eine globale Minderheit organisiert und diese Organisationsform auf den gesamten Planeten exportiert hat – mit den vielfältigen Formen von Ausbeutung, Unterdrückung und Zerstörung, die damit einhergehen. Die Natur dürfte also erst einmal nicht aufatmen, auch während einer Pandemie nicht. Solange die Systeme dieselben bleiben, wird auch ein Virus nur wenig zu mehr Klimaschutz beitragen.

Argumente wie die obigen werden oft unter dem Stichwort »Ökofaschismus« zusammengefasst: Unter dem Vorwand der Nachhaltigkeit und des Umweltschutzes wird rassistisches, antisemitisches und nationalistisches Gedankengut verbreitet und möglichst niedrigschwellig anschlussfähig gemacht. Fantasien darüber, die Masse an Menschen auf dem Planeten zu dezimieren, gehören genauso dazu wie das eigentlich dahinterstehende Argument der »Überbevölkerung« und der »Bevölkerungsexplosion«, das es erschreckenderweise aus den Social-Media-Threads rechter Anhänger:innen in Talkshows, Bücher, Dokumentationen und Zeitungsartikel geschafft hat.

Zu viele sind dabei immer die anderen. Die, die weit weg von »uns« leben, »unterentwickelt« sind und »im Dunkeln zu viele Kinder produzieren«, wie kürzlich in ähnlichem Wortlaut von Clemens Tönnies zu vernehmen war (im Saal gab es kurz Verwirrung, dann Beifall).[69] Die, die sich »nicht im Griff haben« und »dreckig und unzivilisiert« sind. Schlagworte aus dem rechten Milieu, die sich unter dem Begriff der »Überbevölkerung« versammeln und rassistisch und eurozentrisch sind, indem sie die scheinbare Überlegenheit der westlichen Lebensweise idealisieren sowie alles Abweichende diffamieren und als Gefahr markieren.

Und weil Faschismus, nach der Abgrenzung vom vermeintlich Gefährlichen, auf die totale Kontrolle und das totale Besitzen zielt, stehen an seinem Ende immer Zerstörung und Tod.[70] Der Attentäter von Christchurch rechtfertigte seine Tat unter anderem mit vermeintlicher Überbevölkerung, der Attentäter von El Paso seinen Massenmord in Texas ebenfalls: »Wenn wir nur genug Menschen loswerden, kann unsere Lebensweise nachhaltiger werden.«[71] Die AfD hetzt vor diesem Hintergrund gegen Migration und die Verbesserung der Lebensbedingungen von Menschen in anderen Erdregionen: Stephan Brandner, Mitglied im Bundestag, schreibt beispielsweise in einer Erklärung, es sei sinnlos, sich um deutschen Klimaschutz zu kümmern - allein durch die Atemluft der »rasant wachsenden Menschheit« würden ab 2050 bis zu einer halben Milliarde Tonnen CO_2 zusätzlich produziert. Die Emissionen Deutschlands seien, damit verglichen, »minimal«.[72] Es klingt wie ein morbider Scherz, ist es aber nicht. Es ist diesen Menschen todernst.

Vielleicht auch, um zu verschleiern, wie ernst es ihnen wirklich ist, drehen Neorechte den Begriff seit einiger Zeit um und versuchen, mit ihm tatsächliche Nachhaltigkeits- und Klimabestrebungen zu diffamieren - »Ökofaschisten« (sie gendern nicht) sind aus ihrer Perspektive diejenigen, die »Klimahysterie« betreiben und die »Ökodiktatur« errichten wollen. So wird der Begriff, der eigentlich rassistische Argumentationsstrategien aus der langen ökologischen Geschichte der Rechten bezeichnete, umfunktioniert und auf einmal gegen Klimaschutzaktivist:innen gerichtet.

Darauf sollten wir nicht hereinfallen: Ökofaschismus ist immer rassistisch und verlagert ein systemisches Problem (Kapitalismus + *weiße* Vorherrschaft + Patriarchat) auf marginalisierte Menschengruppen. Natürlich wird diese Verschiebung der Verantwortung von denen vorgenommen, die selbst die größte Macht (und den höchsten CO_2-Ausstoß) besitzen und das bestehende System erhalten wollen - koste es, was es wolle. Es ist ja auch sehr bequem.

EIN (SEHR KURZER) ABRISS: DAS NATIONALE IN DER DEUTSCHEN NACHHALTIGKEIT

Umweltschutz ist kein genuin linkes Projekt. Um nicht aus allen Wolken zu fallen, wenn innerhalb der gemütlichen Selbstversorger:innen-Bubble auf einmal Stammtischparolen zu hören sind, die verdächtig an das Wahlprogramm der AfD erinnern, muss man zunächst eine wichtige Differenzierung vornehmen: Umweltschutz und Naturschutz sind nicht dasselbe wie Klimaschutz. Und schon gar nicht zu vergleichen mit dem intersektionalen Programm der Klimagerechtigkeitsbewegung.

Ab den 1890er-Jahren (also lange vor dem Umweltaktivismus der 1970er-Jahre und der Gründung von Bündnis90/DIE GRÜNEN in den 1980er-Jahren) entstand in

Deutschland eine Naturschutzbewegung. Als einer der ersten europäischen Staaten setzte man sich intensiv mit den Auswirkungen der Industrialisierung auf die Umwelt auseinander und forderte den Erhalt der natürlichen Landschaften sowie den Schutz der Flora und Fauna. In den Heimat- und Naturschutzvereinen der gebildeten, gehobenen Mittelschicht wurde darüber debattiert, welche Regeln für den Schutz der Natur zu erlassen seien und wie man die Menschen für mehr Naturschutz sensibilisieren könne.

Diese neue Naturschutzbewegung war keine von unten, keine Umweltrevolution – sondern gehörte zum Programm der wilhelminischen Konservativen aus dem Bildungsbürgertum, die sich in ihrem Vokabular und ihren Argumenten auf die Romantik des frühen 19. Jahrhunderts beriefen: Die »deutsche Seele« würde in der Natur liegen, und darum sei es für den Erhalt der »deutschen Moral« essenziell, dass diese Landschaften bewahrt und geschützt würden. Nur so könnten wissenschaftliche Erkenntnisfreude und ästhetisches Feingespür der Deutschen erhalten werden – man identifizierte sich ganz mit der Zuschreibung der »Dichter und Denker«.[73]

Zentral für diese Bewegung war die Gleichsetzung von Land und Menschen: In der Landschaft, so postulierte man, spiegle sich jeweils die Charakteristik der dort lebenden Bevölkerung wider. In diesem Zusammenhang ist vor allem für Deutschland der Begriff der *Heimat* zentral: Er wird über die Jahrzehnte so weit ausgebaut, dass zusätzlich zur realen Landschaft ein imaginierter Ort entsteht, der mit Bedeutungen aufgeladen wird – in der Literaturwissenschaft spricht man bei solchen Begriffen von einem *Locus*. Loci sind mächtige sprachliche Werkzeuge und wirken teilweise über Jahrhunderte hinweg. *Heimat* ist für diese konservativen Naturverbundenen der Ort, an dem (theoretisch) Parteikonflikte und Standesgrenzen zugunsten einer gemeinsamen Vision von einem *Volk* überwunden werden, das kulturell potent und national stark ist.

Dieses Konzept ist der Faden, der die Anfänge der deutschen Naturschutzbewegung mit dem nationalsozialistischen Blut-und-Boden-Gedanken und den Debatten über Heimatschutz in den Talkshows im Jahr 2020 verbindet. Eine gemeinsame *Heimat* zu haben, schafft den nötigen sozialen Kitt, den es braucht, um eine organische, homogene und stabile nationale Einheit zu entwerfen und Grenzen, die in Wirklichkeit nur Konstrukte sind, nach innen zu begründen und nach außen zu verteidigen. Wie aktuell dieses Denken ist, zeigt sich im Umgang mit den Menschen, die es wagen, diese Konzepte durch ihre Anwesenheit infrage zu stellen: BIPoC, die als solche gelesen werden (d.h., denen *weiße* Deutsche ihre Herkunft vermeintlich »ansehen«), müssen sich fragen lassen, wann sie wieder »dorthin zurückkehren, wo sie herkommen«, und wenn entsprechende Machtbefugnisse vorhanden sind, ist es auch heute möglich, den Boden der imaginierten eigenen Heimat auf einen Staatenbund auszudehnen und Menschen, die sich der magischen Grenze nähern, kalkuliert zu ermorden.

Zurück zu den frühen deutschen Naturschützern (damals fast reine Männerangelegenheiten): Ihnen ging es nicht um die Umwelt als komplexes Ökosystem, sondern vor allem um ihren Nutzen für die Fiktion einer deutschen Identität. Zu dieser deutschen Identität gehörten in den Anfängen der Heimatschutzbewegung übrigens auch jüdische Deutsche. Das sollte sich erst durch die Machtübertragung auf die Nationalsozialisten ändern.[74]

Nichtsdestotrotz proklamierten Vertreter der völkisch-nationalistischen Ausrichtung schon im Jahr 1906, dass das oberste Ziel des Naturschutzes der »Rasseschutz« sei.[75] Parallel zur Industrialisierung wurde die Natur nun also auch ideologisch ausgebeutet und instrumentalisiert. Tatsächlich waren Aspekte, auf die sich die meisten modernen Umweltschützer:innen fokussieren, für sie weniger bedeutsam: Verschmutzung durch Industrieabfälle, fehlendes Müllmanagement und Ressourcenausbeutung stellten keine zentralen Themen dar, wurden teilweise sogar als notwendiges Opfer für den technischen Fortschritt verstanden.[76]

Dem Ideal der Einheit entgegen-, aber ganz in konservativer Tradition stehend, wurden die frühen Heimatschutzbemühungen nicht von der Idee einer offenen und gleichberechtigten Gesellschaft für alle Mitglieder getragen. Die Umwelt wurde nicht aus dem demokratischen Verständnis, für alle eine lebenswerte Zukunft zu gestalten, bewahrt. Sondern aus dem Bedürfnis der privilegierten Schichten, Sinn für Ästhetik zu beweisen – der »schlechte Geschmack« der in den Städten arbeitenden und von der Natur entfremdeten Masse musste durch patriarchale Hand geformt werden. Aktivitäten, die die Bourgeoisie erhebend fand – wie etwa Wandern oder das Malen von Naturlandschaften –, wurden zum einzig richtigen Umgang mit der Umwelt erklärt. Der frühe Naturschutz war in seiner Hauptströmung dezidiert antidemokratisch und dazu gedacht, durch das Einheitsnarrativ den hierarchischen Status quo zu stabilisieren.[77]

Der Antisemitismus und Rassismus der Nationalsozialisten wurde denn für viele Naturschützer:innen zum anschlussfähigen Konzept, das nicht zuletzt in Form der Blut-und-Boden-Ideologie an die heimatlich-romantische Vorstellung von der Einheit der Menschen und ihrem Land anknüpfte. Viele befürworteten daher die Gleichschaltung der Heimat- und Naturschutzverbände im Juli 1933: Sie alle gehörten jetzt zum nationalsozialistischen »Reichsbund Volkstum und Heimat«.[78] Das verbindende und einheitsstiftende Element? Die Überlegenheit von allem, was als *deutsch* galt.

Auch die biodynamische Landwirtschaft, die wir heute vor allem mit dem Demeter-Siegel verbinden, war den Nationalsozialisten nicht fremd: Die Lebensreform-Bewegung, die es bereits vor den Nazis gab und mit offenen Armen in ihr Weltbild aufgenommen wurde, beruht auf dem natürlichen Gegensatz zur Industrialisierung, Verstädterung und Technisierung. Das Land wurde verklärt, Naturheilverfahren waren genauso wie die vegetarische Ernährung und Tierschutz vertreten. Nachhaltige Bestrebungen funktionierten für die Nationalsozialisten wunderbar und passten perfekt in das Konzept: Es ging darum, eine möglichst gesunde, starke und unabhängige deutsche Nation zu erschaffen - nicht nur durch die überall präsente Ertüchtigung, sondern auch durch möglichst hochwertige Nahrung.[79] Natur- und Tierschutz gingen dabei auf die mystische Verklärung der Natur in der Romantik zurück. In den esoterischeren Flügeln des Reichs strebte man die »Harmonie von Blut, Erde und Kosmos« an.[80]

Das führte unter anderem dazu, dass Demeter-Betriebe früh mit der NSDAP zusammenarbeiteten - insbesondere allerdings, um nach Beginn des Krieges Pläne für die Bewirtschaftung der besetzten Gebiete auszuarbeiten. Die osteuropäische Bevölkerung sollte durch deutsche Siedler:innen ersetzt werden, die nach biodynamischen Prinzipien Landwirtschaft betrieben.

Experimente mit biodynamischer Landwirtschaft sollten vor allem das Ziel verfolgen, die deutsche Bevölkerung unabhängig von anderen Ländern zu versorgen. Doch Theorie und Praxis liefen auseinander, und der Naturschutz wurde umgehend Eroberungs- und Unterwerfungsidealen geopfert: Zur Ertrags- und Produktivitätssteigerung wurde trotzdem in großem Stil gedüngt, Moore wurden trockengelegt und in Äcker umgewandelt, ganze Gebiete umgestaltet. Mit dem Schutz der Umwelt hatte das nur noch wenig zu tun.

Diese Linie läuft schnurgerade zur aktuellen Organisation der rechten Szene auf Social Media: Die modernen Nazis können, wie Recherchen des Journalist:innen-Netzwerks Correctiv zeigen, sehr gut mit den neuen Medien umgehen - und nutzen unter anderem Hashtags wie #heimatliebe, um über unschuldig aussehende, idyllische Naturbilder durch die Hintertür ihre rechte Ideologie zu verbreiten.[81]

Die Nähe von Naturschützer:innen zu rechtem Gedankengut wird auch bei einigen Vereinen und Verbänden deutlich, die eine intensive personelle und ideologische Beziehung zur rechtspopulistischen Alternative für Deutschland (AfD) pflegen. So ist die Rolle der Grünen Liga Sachsen, deren ehemaliger Chef Jörg Urban jetzt Vorsitzender des AfD-Landesverbands Sachsen ist[82] und die mit dem Bundesverband Landschaftsschutz zusammenarbeitet, auch nach einer öffentlichen Distanzierung der Grünen Liga von der AfD nicht vollständig geklärt.[83] Die Vermutung von Beobachter:innen: Beide Vereine haben sich zusammengetan, um Klimaschutz auszubremsen und die Energiewende zu verlangsamen oder gar zu verhindern.[84]

Das wiederum wundert nicht, wenn wir einen Blick ins Parteiprogramm der AfD werfen: Dort ist blumig von Umwelt- und Naturschutz die Rede - der »unkontrollierte Ausbau der Windenergie«[85] müsse aber sofort gestoppt werden. Hier greift die wichtige Unterscheidung, mit der wir in dieses Unterkapitel eingestiegen sind: Rechten geht es nach wie vor um Heimatschutz - wie wir gesehen haben, meint das nicht nur die schönen deutschen Naturlandschaften, sondern insbesondere das dahinterstehende Konzept von »völkischer« Einheit und der entsprechenden Abgrenzung nach außen.

Worum es ihnen nicht geht, ist Klimaschutz. Der wiederum steht - in Kombination mit Umweltschutz, weil beides sich bedingt - seit den 60er-Jahren auf dem Programm eher linksorientierter Aktivist:innen. Der Blick über den deutschen Grenztellerrand ist für rassistisch und antisemitisch argumentierende Menschen aber nicht attraktiv - als Bewahrer:innen dessen, was ist, und Liebhaber:innen von Ordnung und Tradition, verteidigen sie das Altbekannte (fossile Energien) und ziehen in den rhetorischen Krieg gegen das vermeintlich Unbekannte (erneuerbare Energien). Umwälzung, Ambiguität und Neustrukturierung haben keinen Platz im rassistischen Denken und so auch nicht in den Umweltschutzpassagen der AfD: »Die AfD sagt daher ›Ja zum Umweltschutz‹, macht aber Schluss mit der ›Klimaschutzpolitik‹ und mit den Plänen zur Dekarbonisierung und ›Transformation der Gesellschaft‹.« Außerdem: »Klimaschutz-Organisationen werden nicht mehr unterstützt.«[86]

NACHHALTIG ZU LEBEN BEDEUTET, VERANTWORTUNG ZU ÜBERNEHMEN

Rassistisch und rechts orientiert und motiviert sind nicht nur diejenigen, die auf Anticorona-Demos die Reichskriegsflagge spazieren tragen oder Mitglied bei der AfD sind. Über 500 Jahre andauernde Machtdynamiken, die in Systemen zum Ausdruck kommen, die die *weiße* Vorherrschaft sichern sollen, sind in unser aller Köpfe verankert.

Wir finden sie auch in der Nachhaltigkeits-Bubble - dort, wo *weiße* Menschen als Reaktion auf den Mord an George Floyd ihre Gesichter schwarz anmalen und so Mitgefühl ausdrücken möchten. Wir finden sie dort, wo selbst ernannte Hippies sich als »Freigeister« bezeichnen und auf den sogenannten Querdenker-Demonstrationen neben Rechten laufen. Dort, wo Gründer einer Firma von nachhaltigen Produkten kein Problem damit haben, einen Mundschutz als »Maulkorb« und eine Pandemie als Hilfsmittel der natürliche Auslese zu interpretieren,[87] und Influencer:innen das Elend in Moria mit positiven Vibes wegtanzen wollen. Der erste Schritt für eine wirksame Antirassismusarbeit ist, diesen Umstand anzuerkennen und an den eigenen Denkmustern zu arbeiten.

Die Klimaaktivist:innen von heute sind nicht verantwortlich für die überwiegend nationalistischen Ursprünge der deutschen Naturschutzbewegung - und auch nicht für die Instrumentalisierung des Nachhaltigkeitsbegriffs durch die Neue Rechte. Wohl aber dafür, sich dieser Geschichte und dieser Umstände bewusst zu sein und sich ihnen entschlossen entgegenzustellen. Versäumnisse sind tödlich. Nicht nur für zukünftige Generationen - sondern für Menschen, die *jetzt* mit uns leben.

EIN ESSAY VON BERFÎN KALAYCI,
AUCH BEKANNT ALS BERFÎN MARX

WIR SITZEN (NICHT) ALLE IM SELBEN BOOT

Ich erinnere mich gut an meinen ersten Schultag in der Unterstufe - für mich war das damals nicht unbedingt eine schöne Erfahrung. Es fing mit meiner Lehrerin an, die weder meinen Vor- noch meinen Nachnamen richtig aussprach (und sich auch nicht wirklich bemühte), und mit meiner Sitznachbarin, die aufstand und schrie: »Ich möchte nicht neben der stinkenden Ausländerin sitzen!« Eine von vielen bedrückenden Erfahrungen, die ich in meiner Schullaufbahn durchmachen musste.

Rassismus ist in vielen gesellschaftlichen Strukturen seit Jahrhunderten stark verankert. Er äußert sich fast überall: in der Politik, im Privaten, auf dem Arbeitsplatz, im Gesundheitssystem und in staatlichen Behörden. Er geht an Menschen wie mir nicht vorbei. Rassismus ist weit mehr als Diskriminierung, die auf Hautfarbe und Ethnie basiert. Er ist ein globales hierarchisches System, das auf *weißer* Vorherrschaft und Macht aufbaut. Diese Machtausübung macht sich vor allem durch strukturellen Rassismus bemerkbar. Unterschiedliche Studien zeigen auf, dass Menschen mit migrantischen Nachnamen viel seltener vom Arbeitgeber nach einer Jobbewerbung angerufen werden als Menschen mit Nachnamen wie »Müller« oder »Schmidt« - das ist struktureller Rassismus. Auch ich bekam strukturellen Rassismus schon mehrmals zu spüren. Vor allem auf dem Wiener Wohnungsmarkt wurde sehr schnell deutlich, welche Namen und Menschen von Vermieter:innen bevorzugt werden. Keine Fatimas, Muhammeds und Selmas. Dafür aber Lisas, Annikas und Florians. Und so fand meine *weiße* Freundin innerhalb von zwei Wochen eine neue Wohnung, während ich fünf Monate aktiv auf der Suche war und nicht mal Antworten bekam. Struktureller Rassismus sorgt dafür, dass BIPoC und Migrant:innen weiterhin in gesellschaftlich niedrigen Positionen leben müssen, und geht Hand in Hand mit dem Kapitalismus. Tatsächlich lebt der Kapitalismus vom Rassismus. Er ist ein wichtiger Grundbaustein für die kapitalistisch-gesellschaftliche Ordnung. Wenn durch die kapitalistische Produktionsweise und die dadurch entstehenden umweltschädlichen Probleme mehrheitlich BIPoC und Migrant:innen betroffen sind, dann sprechen wir von Umweltrassismus – ein Begriff, der für viele eventuell neu ist, der jedoch schon seit den 1980er-Jahren verwendet wird.

»Der Kapitalismus lebt vom Rassismus.«

AUSLAGERUNG DER UMWELTPROBLEME

Die kapitalistische Produktionsweise ist für Phänomene wie Fast Fashion, Massentierhaltung oder die Zerstörung von Regenwäldern verantwortlich. Umweltrassismus ist, wenn Fast Fashion in Ländern wie Bangladesch, China oder Pakistan produziert wird, dadurch umweltspezifische Probleme wie Wasserverschmutzung entstehen und diese Probleme die einheimischen Bewohner:innen betreffen. Diese Unbequemlichkeiten werden in andere Länder ausgelagert – mit dem Ziel, die europäische und US-amerikanische Bevölkerung, und somit die mehrheitlich *weiße* Bevölkerung, vor ökologischen Schäden zu verschonen. Die Produktion von Fast Fashion in asiatischen Ländern ist ein globales Beispiel von Umweltrassismus. Ich sah diese Zustände mit eigenen Augen – und musste dafür nicht allzu weit südöstlich gehen. Vor einigen Jahren besuchte ich während meines Türkei-Aufenthaltes eine Jeans-Fabrik und bemerkte, dass etwa 70 Prozent der Arbeiter:innen minderjährige Kinder und Geflüchtete aus Syrien waren. Die humanitären und umweltspezifischen Zustände waren katastrophal: Um das ganze Gebäude häuften sich Hunderte Kilo Müll an. So viel, dass er fast die Decke des Gebäudes erreichte. Die Arbeiter:innen mussten mit chemisch schädlichen Stoffen arbeiten – ohne Masken oder Handschuhe. Diese chemischen Stoffe werden verwendet, um Jeans zu bleichen und den Hosen den »used look« zu verpassen. Jedes Mal wenn ich seitdem ein »Made in Turkey«-Label auf einem T-Shirt finde, läuft ein Schauer über meinen Rücken. Wie der Westen durch die Ausbeutung von Mensch und Natur in sogenannten Drittländern profitiert, erklärt der Professor und Wissenschaftler Ulrich Brand in seinem Buch *Imperiale Lebensweisen*.[88] Es beschreibt die privilegierte Lebensweise, die viele im Westen genießen. Diese Lebensweise ist nur durch die Ausbeutung von anderen Ländern möglich, da diese gezwungenermaßen billige Arbeitskräfte für kapitalistische Unternehmen verfügbar machen. Erst durch die Einstellung von Niedriglohnkräften ist es möglich, billige Ware für den:die Konsument:in im Westen zu produzieren und die Unternehmensprofite zu maximieren. Genauso wie in der Jeans-Fabrik in der Türkei. Drei Euro die Stunde bekamen die Arbeiter:innen in der Fabrik. Geflüchtete und Kinder sogar noch weniger. Als Legitimierungsgrundlage für solch eine Auslagerung der Umweltprobleme (und der damit entstehenden inhumanitären Zustände) dient der Rassismus. Für die Akteure im Kapitalismus ist klar: Die umweltspezifischen Probleme in Ländern wie Indien, Pakistan, China oder Bangladesch sind irrelevant, weil sie den Westen und seine mehrheitlich *weiße* Bevölkerung nicht betreffen. Was dabei vergessen wird: Der Klimawandel stoppt nicht an den Grenzen der Türkei oder Indiens - er betrifft unseren gesamten Planeten.

VEGANISMUS ALS EINE ANTIRASSISTISCHE BEWEGUNG?

Wenn Leute erfahren, dass ich vegan lebe, sind sie nicht nur verwundert, dass eine PoC diese Lebensweise (überzeugt) auslebt, sondern auch erstaunt, wenn ich ihnen erkläre: Veganismus muss mehr als Tierbefreiung sein. Er ist mehr als Biohafermilch, Tofu und Brokkoli, und er gehört zu meinem Kampf um soziale Gerechtigkeit dazu. Dass Veganismus mittlerweile als Trend, Mode und Diät innerhalb des Kapitalismus verkauft wird, ist nicht nur ein Schlag ins Gesicht für alle, die diese Lebensphilosophie seit Jahrzehnten ausleben und Aufklärung betreiben - sondern auch frustrierend, für alle BIPoC, wenn wir uns jedes Mal rechtfertigen müssen, warum wir denn kein Fleisch und andere Tierprodukte konsumieren würden. Schlussendlich wird Veganismus nach wie vor als Hippie-Lifestyle für privilegierte dünne *weiße* Frauen verkauft. Tatsächlich ist laut einer aktuellen Befragung die am schnellsten wachsende Bevölkerungsgruppe an Veganer:innen in den USA aber die Gruppe der Afroamerikaner:innen.[89]

Warum kann Veganismus antikapitalistisch und antirassistisch sein? Was steckt dahinter? Antikapitalistisch, weil Massentierhaltung ein Resultat der kapitalistischen Produktionsweise ist. So billig, schnell und viel Fleisch wie möglich herstellen. Das Wohl der Tiere ist dabei irrelevant. Sie werden in diesem Prozess objektifiziert und nicht mehr als Lebewesen wahrgenommen, die genauso wie Menschen lieben und trauern können. Antirassistisch, weil beispielsweise in den USA Migrant:innen die Mehrheit der Arbeitskräfte in der US-Fleisch- und Geflügelindustrie ausmachen.[90] Untersuchungen in den USA haben gezeigt, dass Schlachthofarbeiter:innen aufgrund ihrer Tätigkeiten häufiger unter PTBS (= posttraumatische Belastungsstörung), Alkohol- und Drogenmissbrauch und Depressionen leiden.[91] Es überrascht nicht, dass mehrheitlich Migrant:innen davon betroffen sind. Veganis-

»Veganismus ist mehr als Tierbefreiung, Biohafermilch und Tofu. Er kann soziale Gerechtigkeit bedeuten.«

mus muss also auch deshalb anti-rassistisch sein, weil durch die Produktion von einigen »Tierprodukten« bestimmte Bevölkerungsgruppen leiden müssen. Ein weiterer Blick auf die Fleischproduktion in den USA liefert noch ein anderes Beispiel: Für Menschen, die in der Umgebung von Feldern wohnen, auf denen Schweinekot versprüht wird, steigt die Wahrscheinlichkeit für eine lebensgefährliche MRSA-Infektion um ein Dreifaches.[92] In North Carolina werden diese Schweinekotsprühfelder an Orten angelegt, in denen überwiegend die Schwarze Community lebt. Der Hintergrund der Existenz solcher »Sprühfelder« liegt in der Kotproduktion von Schweinen: Ein Schwein produziert acht- bis zehnmal so viel Kot wie ein Mensch. Um diesen Mengen Herr zu werden, werden die Fäkalien in eine Grube gepumpt und landen anschließend in Flüssen und Bächen oder werden ungefiltert auf Felder besprüht. Diese Zustände gefährden sowohl die Umwelt als auch die Gesundheit Schwarzer Anwohner:innen. Die aktuelle Forschung zeigt, dass viele dieser Schweinemasten und ihre »Sprühfelder« in North Carolina überproportional oft in der Nähe von Gemeinden mit vielen BIPoC oder einkommensschwachen Menschen liegen. Schwarze Anwohner:innen, die teilweise ihr ganzes Leben lang in diesen Gebieten wohnen, erzählen, dass die meisten Nachbar:innen an Asthma und Krebs litten. Diese Krankheiten würden von Generation zu Generation weitergegeben. Ein Tod durch Atemnot oder Krebs sei in der Gegend mittlerweile normal. Der Geruch der Fäkalien und der toten Schweine soll schlimmer als Leichengeruch sein. Die Fleischproduzent:innen würden sogar sprühen, wenn Beerdigungen von Schwarzen Familien stattfinden würden. Mit Absicht, erzählen Betroffene.[93] Solch ein Angriff auf das Wohlbefinden und die Gesundheit von BIPoC ist ein Menschenrechtsproblem. Wenn Profite über die humanitären Zustände von Rassismusbetroffenen gestellt werden, dann sprechen wir von Umweltrassismus. Wenn Fleischproduktion die Gesundheit von BIPoC gefährdet, dann kann Veganismus antirassistisch sein.

GIFTMÜLL ALS LEBENSBEDROHLICHE GEFAHR

In den USA gab es lange Zeit kein Regelwerk für die etwa 580 Millionen bis 2,9 Billionen Tonnen Giftmüll, die in Fabriken entstanden. Unternehmen mussten sich an keine gesetzlichen Regeln halten. Die Problemwahrnehmung seitens der Bevölkerung blieb aus. Das änderte sich schnell, als der Giftmüllskandal der 70er-Jahre bekannt wurde: Am Beispiel des »Love Canals« wurde die Verbindung zwischen Giftmülldeponie und sozialer Benachteiligung das erste Mal thematisiert. Der New Yorker Kanal wurde von verschiedenen Fabriken zwischen 1942 und 1952 als Deponie für ihre 20.000 Tonnen Chemieabfälle benutzt. Der Müll wurde zugeschüttet, das Areal an eine Schulbehörde weiterverkauft. Starke Regenfälle Ende der 70er-Jahre ließen das Grundwasser in die Hauskeller eindringen. Die tödlichen Chemikalien wurden aus der Erde rausgeschwemmt, und Präsident Carter rief den Notstand aus. Zum ersten Mal wurde der hohe Anteil der afroamerikanischen und von Armut betroffenen Bewohner:innen im Zusammenhang mit

BERFIN KALAYCI AKA MARX

Berfîn Kalayci studiert Politikwissenschaften in Wien und arbeitet als freie Journalistin und Autorin unter dem Künstlernamen Berfîn Marx. Sie hat sich auf intersektionalen Feminismus, österreichische Politik und soziale Medien/Digitalisierung spezialisiert. Heute schreibt sie für Zeitungen und Magazine wie für *das Biber* und veröffentlicht auf ihrem Instagram-Account @berfin.marx politische Inhalte. Ihre Schwerpunkte liegen in den Bereichen Feminismus, Antirassismus und Antikapitalismus.

Umweltproblemen thematisiert. Die tödlichen Konsequenzen mussten die Schwarze Gemeinde ausbaden. In einer Studie des US-Rechnungshofes fand man heraus, dass drei Viertel der Sondermülldeponien im südlichen Teil der Vereinigten Staaten mehrheitlich in Gemeinden eingerichtet worden waren, in denen BIPoC lebten. Der Soziologe Robert D. Bullard zeigte mit einer weiteren Untersuchung auf, dass in Houston, Texas, 21 der insgesamt 25 Mülldeponien in afroamerikanischen Wohnvierteln liegen. Der Hurrikan »Katrina«, der im Jahr 2005 die südöstliche Golfküste der USA erreichte, galt als eine der schwersten Umweltkatastrophen der Geschichte des Landes. 1800 Menschen verloren ihr Leben, mehr als 2000 Personen wurden vermisst. Laut Statistik war wieder einmal die afroamerikanische Bevölkerungsgruppe am stärksten betroffen. Die durch den Hurrikan an die Oberfläche geschwemmten Chemikalien wurden in Wohnvierteln gefunden, in denen Bezieher:innen von Niedrigeinkommen und BIPoC lebten.

Der Aufruf von Umweltaktivist:innen, regelmäßig öffentliche Verkehrsmittel zu nutzen, ignoriert die Tatsache, dass Ressourcen, Zugänge und Möglichkeiten im Hinblick auf die Nutzung von öffentlichen Verkehrsmitteln ungleichmäßig verteilt ist. Zum Beispiel bietet die Stadt Atlanta keine Förderung für den öffentlichen Nahverkehr an. Ethnische Minderheiten sind als Resultat mangelhaften U-Bahn-Anbindungen ausgesetzt. Die zahllosen Buslinien in diesen Wohngebieten, die die fehlenden U-Bahn-Linien ersetzen sollen, gefährden die Bewohner:innen zusätzlich mit ihrem gesundheitsschädlichen Dieselruß.

Das Giftmüllproblem ist kein rein lokales US-Problem: Die Industrienationen Amerika und Japan sowie der Kontinent Europa sind für 90 Prozent des weltweit verursachten Giftmülls verantwortlich. Ein großer Teil dieses Mülls wird aber an Länder des »globalen Südens« verteilt. Das betrifft Staaten in Lateinamerika, Südostasien und Afrika.[94] Umweltrassismus ist ein globales Thema.

AUCH IN EUROPA EXISTIERT UMWELTRASSISMUS

Umweltungerechtigkeit beziehungweise Umweltrassismus wurde lange Zeit weder innerhalb europäischer Umweltbewegungen noch in der Öffentlichkeit thematisiert. Die Anfänge der Umweltgerechtigkeitsbewegung liegen in den USA, sie sollte aber auch in den europäischen Ländern ins Rollen kommen, da Umweltrassismus hier genauso vorhanden ist. Die Umweltbewegung Friends of the Earth (FoE) zeigte auf, dass sich 66 Prozent der krebserregenden chemischen Substanzen in Großbritannien in Regionen befinden, in denen überwiegend sozial benachteiligte Menschen leben. In Mittel- und Osteuropa wird in Bezug auf Umweltgerechtigkeit oft die Personengruppe der Romn*ja erwähnt. Untersuchungen haben gezeigt, dass diese Gruppe auf verschiedenste Weise benachteiligt wird. Dazu gehört Diskriminierung in Bereichen der Bildung, Gesundheit, Beschäftigung und hinsichtlich umweltbezogener Lebensbindungen. Die Volksgruppe der Romn*ja muss oft für die wirtschaftlichen und gesundheitlichen Folgen von Naturkatastrophen bezahlen und leidet unter dem mangelhaften Zugang zu Trinkwassergewinnung und Abwasserbehandlung. Diese Benachteiligung ist vor allem in Ländern wie Ungarn und der Slowakei bemerkbar. Der Fall »Castel Firmiano« 2005 lenkte die Aufmerksamkeit auf diese spezifische Gruppe: Hundert Roma aus Mazedonien mussten in einem Camp nahe Bozen leben, das auf einer Mülldeponie gegründet wurde. Obwohl die Gesundheitsrisiken den Behörden bekannt waren, wurde das Camp errichtet.[95] Die strukturelle Diskriminierung gegenüber Romn*ja ist bereits lange Teil der europäischen Geschichte. Durch die fehlende Repräsentation und Thematisierung der Unterdrückung der Romn*ja werden sie aus politischen Entscheidungsfindungsprozessen weiterhin ausgeschlossen und ignoriert.

UMWELTGERECHTIGKEIT UND INTERSEKTIONALITÄT

So viele Begriffe, Definitionen, Beispiele und Erklärungen lassen uns mit einer Frage zurück: Was kann man dagegen tun? Denn Umweltrassismus als lokales und globales Phänomen existiert nach dem Lesen dieses Buches weiterhin. Darüber zu lesen ist gut. Handeln ist besser. Die Tatsache, dass Umweltthemen, Klimawandel und Personen wie Greta Thunberg verstärkt eine Bühne bekommen, ist selbstverständlich eine positive Entwicklung - aber keine ausreichende. Die meisten Umweltbewegungen sind nach wie vor sehr *weiß* gelesen, ignorieren einen intersektionalen Zugang zu den Problemen und richten sich nach dem sogenannten »single issue«-Aktivismus. Als »single issue«-Aktivismus wird Aktivismus bezeichnet, der sich auf ein einziges Problem konzentriert und alle anderen Themen ignoriert. Ein Kritikpunkt an der Umweltbewegung ist, dass Umweltaktivist:innen sich zu wenig mit strukturellem Rassismus, Klassismus und dem Kapitalismus beschäftigen. Vor allem die kapitalistische Produktionsweise ist ein entscheidender Motor für die Entstehung von Umweltproblemen und den Klimawandel. Wenn man diese strukturell tief eingebetteten Probleme nicht erkennt, wird man nicht weit kommen. Außerdem müssen in den nach wie vor sehr *weiß* gelesenen Bewegungen viel mehr BIPoC inkludiert werden, die Themen wie Umweltungerechtigkeit und Umweltrassismus ansprechen und erklären. Die Inklusion von Betroffenen, also von Migrant:innen und BIPoC, ist ein notwendiger Schritt, um Umweltrassismus zu erkennen und effektiv zu bekämpfen. Ein intersektionaler Ansatz muss als fundamentale Grundlage für Umweltaktivismus dienen. Wir müssen schlussendlich realisieren, dass nicht alle dieselben Möglichkeiten und Ressourcen haben, um nachhaltig zu leben. Wir müssen außerdem einsehen, dass nicht alle gleichermaßen von Naturkatastrophen und Umweltschäden betroffen sind. Wir müssen uns von dem Gedanken, dass der:die Konsument:in allein an den globalen Umweltproblemen schuld ist, verabschieden. Anstatt individuelle Konsumkritik auszuüben und einzelne Individuen für schuldig zu erklären, müssen wir auf der Makroebene arbeiten: Das Problem ist das System, in dem wir leben. Innerhalb dieses Systems gibt es die Menschen, die privilegierter als andere sind. Die entweder nicht von Umweltrassismus betroffen sind oder selbstverständlich vegan, bio und nachhaltig leben können. Diese Lebensweise ist nicht zugänglich für alle, global betrachtet vielleicht für die wenigsten. Für

»Ein intersektionaler Ansatz muss als fundamentale Grundlage für Umweltaktivismus dienen.«

eine effektive Umweltgerechtigkeitspolitik und -bewegung braucht es Inklusion, Intersektionalität und »multiple issue«-Aktivismus. *Weiße* Personen müssen in ihren Organisationen Raum für BIPoC machen. Nicht für sie sprechen, sondern Betroffene sprechen lassen. Sie müssen anfangen zuzuhören. Wir müssen uns alle mit unseren Privilegien tiefsinnig beschäftigen und uns nicht nur über unseren Konsum, sondern auch über das System, in dem wir uns befinden, Gedanken machen. Der globale Kapitalismus strebt nach unendlicher Profitmaximierung und Konsum – diese grenzenlose Kapitalanhäufung kann auf einem Planeten mit limitierten Ressourcen niemals möglich sein. Mithilfe eines »multiple issue«-Ansatzes können wir diese Strukturen und Verzweigungen genauer erkennen und benennen: Rassismus ist ein Grundbaustein des Kapitalismus. Umweltrassismus existiert mithilfe des Rassismus im Kapitalismus.

Wir müssen uns entscheiden: Wollen wir eine nachhaltige Zukunft für alle oder weiterhin in einem ausbeuterischen und zerstörerischen System leben? Beides funktioniert nicht. ——

DER KAMPF FÜR DAS KLIMA MUSS INTERSEKTIONAL SEIN

Von Jennifer Hauwehde

Locals United arbeiten nach einem Leitsatz der Schwarzen Aktivistin und Schriftstellerin Audre Lorde: »There is no such thing as a single-issue struggle, because we do not live single-issue lives.« Frei übersetzt bedeutet es so viel wie: »Es gibt keinen Kampf, der nur ein einziges Problem bekämpft, denn auch im Leben sind Probleme nicht voneinander isoliert.«

INTERSEKTIONALITÄT
Überschneidung und Wechselwirkung mehrerer Formen von Diskriminierung bei einer Person.[96] Eine Person wird also beispielsweise nicht nur diskriminiert, weil sie eine Frau ist – sondern, weil sie eine Schwarze und lesbische Frau ist. Jede dieser Eigenschaften wird in unserer Gesellschaft diskriminiert – treffen mehrere in einer Person zusammen, fällt diese Diskriminierung umso stärker aus.

Locals United setzen genau da an und fordern, in der Klimadebatte den Fokus stärker auf soziale Aspekte zu legen – und

auch an Diskriminierungsformen wie Klassismus, Rassismus, Queerfeindlichkeit, Ableismus und Sexismus zu denken, wenn Forderungen für eine nachhaltige Zukunft gestellt werden. Formen der Abwertung und Benachteiligung betreffen sehr viele Menschen in unserer Gesellschaft (eigentlich alle, die nicht *weiß* und cis-männlich[97] sind) – und oft überschneiden sich mehrere Diskriminierungsformen in einer Person. Trotzdem wird so getan, als hätten alle Menschen dieselben Voraussetzungen, um in der Klimadebatte mitzumischen und ihr eigenes Leben nachhaltig zu gestalten.

Angela Asomah, Lea Dehning, Frederik (Freddie) Stecher, Kevin Okonkwo und Antonia Koschny beantworten die vielen Fragen, die mir auf der Zunge brennen.

»Der Klimawandel ist vor allem durch die kapitalistische Ausbeutung von Mensch und Natur entstanden.«

Ihr schreibt, dass ein »Engagement für eine Welt ohne Kohle, Öl, Gas, Umweltzerstörung und Ausbeutung von Ressourcen untrennbar mit dem Schaffen einer solidarischen und gleichberechtigten Gesellschaft verbunden« ist.[98] Was meint ihr damit?

Freddie: Der Klimawandel ist vor allem durch die kapitalistische Ausbeutung von Mensch und Natur entstanden. Dabei kann man den Kapitalismus als solchen nicht unabhängig von globalen Ausbeutungsstrukturen denken, die durch den Kolonialismus geschaffen wurden. Er hängt unter anderem auch mit gendertypischen Ausbeutungsverhältnissen wie unbezahlter Sorgearbeit oder schlechterem Zugang zu gut bezahlten Arbeitsplätzen zusammen. All das muss man immer mitdenken, wenn man der Klimakrise etwas Wirksames entgegensetzen will: Es reicht nicht, sich nur den Kapitalismus anzuschauen. Alles hängt miteinander zusammen.

Kevin: Der Klimawandel wurde durch den Kapitalismus befeuert – doch der wiederum beruht darauf, dass Millionen von Menschen von der Kolonialzeit bis heute ausgebeutet wurden: dass Ressourcen und Land geraubt und Menschen gedemütigt, erniedrigt und entmächtigt wurden. Der Rassismus aus dem Kolonialismus und der Zeit der Sklaverei zeigt sich heute noch in den Machtstrukturen. Diese Mechanismen gehen viel, viel weiter zurück, als wir heute sehen können. BIPoC haben es aufgrund ihrer Identität und den damit verbundenen Barrieren schwerer, sich innerhalb der Gesellschaft zu bewegen. Vor allem wenn sich verschiedene Diskriminierungsformen überschneiden: Eine Schwarze Frau ist stärker von Diskriminierung betroffen als ein Schwarzer Mann oder eine *weiße* Frau. Wir versuchen, die Mechanismen dieser zusammenwirkenden Strukturen aufzuzeigen: zum Beispiel von Sexismus, Rassismus und Kapitalismus. Nur so kann man das Problem lösen. Stell dir vor, der Klimawandel ist eine Klausur. Die ganzen Ismen sind Teildisziplinen, die du auf dem Weg zur Lösung ebenfalls knacken musst. Wenn du sie nicht mitdenkst, verhaust du die Klausur.

Angela: Um im globalen Norden Autos zu fahren und Wohnungen zu heizen, werden fossile Brennstoffe aus dem globalen Süden geraubt – das hat in der Kolonialisierung sehr gewalttätig begonnen und sich über die Industrialisierung bis heute fortgesetzt. Wir wollen zeigen, wie die Welt aussehen kann, wenn diese verschiedenen Diskriminierungsformen mitgedacht werden – und dass den Menschen im globalen

Norden klar wird, dass ihr Reichtum und ihre Ressourcen nur vorhanden sind, weil sie im globalen Süden erbeutet werden.
Kevin: Es darf dabei nicht nur um das Opfer-Narrativ gehen: um Menschen, die ausgebeutet werden. Das ist natürlich wichtig und muss immer erwähnt werden. Aber es geht vor allem um Verantwortlichkeit: Der globale Norden muss zur Verantwortung gezogen werden. Das muss natürlich auf staatlicher Ebene passieren - aber auch auf individueller. Die Menschen müssen sich mit ihren eigenen Privilegien auseinandersetzen, mit ihrem Lebensstil und den Möglichkeiten, die andere Menschen nicht haben. Es geht nicht um *White Shame*: *Weiße* Menschen müssen sich nicht dafür schämen, *weiß* zu sein. Es geht um globale Verantwortung und darum, wie sie ihre

»Am politischen Tisch müssen Menschen aus allen Gesellschaftsschichten sitzen, die unterschiedliche Perspektiven einbringen.«

eigenen Privilegien nutzen können, um die gesellschaftlichen Probleme anderer Gruppen sichtbar zu machen.

Habt ihr den Eindruck, dass der letzte Punkt, den Kevin gerade angesprochen hat, bei anderen Organisationen innerhalb der Klimabewegung zu kurz kommt und noch viel Aufklärungsbedarf besteht? Oder entwickelt sich der Diskurs in eine gute Richtung, findet mehr Auseinandersetzung statt?

Lea: Innerhalb des letzten Jahres hat der Diskurs stärker stattgefunden, aber da muss mehr passieren. Bei vielen Menschen steht die Auseinandersetzung mit Diskriminierung noch sehr weit am Anfang. Gerade *weiße* Männer, die meist überhaupt nicht nachvollziehen können, was es bedeutet, systematisch diskriminiert zu werden, bringen die benötigte Offenheit leider oft nicht mit und gehen schnell in Abwehrhaltung. Es ist schwer, an diese Menschen heranzukommen. Und der Schritt, als *weiße*, able-bodied Cis-Person Macht abzugeben und sich nicht in den Vordergrund zu drängen - beispielsweise Jobs und Presseanfragen abzugeben - ist ein noch schwierigerer Prozess. Trotz der Diskussion im letzten Jahr habe ich bei Organisationen der Klima- und Umweltbewegung kaum Veränderung gesehen.

»Wir müssen antirassistische Arbeit in den Alltag integrieren.«

Ihr habt in verschiedenen Formaten, in Artikeln und in Podcast-Folgen, den Gedanken geäußert, dass die Klimabewegung auch deshalb so *weiß* ist - ihr nennt sie auch White Days for Future -, weil die *weiße* akademisierte Mittelschicht zum ersten Mal einer Bedrohung entgegensteht, mit der sie sich auseinandersetzen muss.

Kevin: Der Klimawandel ist die erste Bedrohung der *weißen* mittelständischen Gesellschaft. Er ist die erste strukturelle Gefahr, die ihre Lebensgrundlage und Zukunft gefährdet. Es gibt aber Menschen - vor allem aus marginalisierten Gruppen und Menschen, die alltäglich Diskriminierung ausgesetzt sind -, die sich schon lange vor der Klimafrage mit strukturellen Barrieren auseinandersetzen mussten. Ob das im Jobcenter, auf dem Arbeitsmarkt, bei der Wohnungssuche oder im Bildungssystem ist: Ein Großteil der Menschen musste sich mit ganz anderen Dingen auseinandersetzen und hat vielleicht auch deswegen jetzt nicht mehr den Kopf, sich zusätzlich noch mit Nachhaltigkeit, Klima und Konsum zu beschäftigen. Das Resultat daraus ist, dass vor allem die deutsche Klimabewegung sehr *weiß* erscheint. Diese Leute haben die Möglichkeit, sich für ihre Zukunft einzusetzen, die jetzt so klar auf dem Spiel steht. Da fallen auch die Medien ins Gewicht: Neben dem Klimawandel gibt es andere soziale

Kämpfe, die marginalisierte Personen führen müssen. Sie bekommen aber nicht so viel Aufmerksamkeit.

Lea: Es ist sehr stark von »meiner Zukunft« und »meinem Zuhause« die Rede - eine sehr egozentrische Perspektive. Obwohl es jetzt schon sehr viele Leute weltweit gibt, deren Leben bedroht sind, schafft Fridays for Future es, das Zukunftsnarrativ so stark zu machen. Vom BIPoC Environmental & Climate Justive Collective wurde bereits kritisiert, dass das Narrativ von Fridays for Future sehr stark eurozentrisch funktioniert - Fridays for Future anstatt Fridays for Past, Present and Future.

Was muss aus eurer Perspektive passieren, damit alle Menschen am Diskurs teilhaben können und handlungsmächtig werden? Und ist es überhaupt realistisch, wirklich alle mitzunehmen?

Angela: Wir müssen uns fragen, welche Menschen sich in den Rollen befinden, in denen sie spezielle Entscheidungen fällen können - zum Beispiel Politiker:innen. Welche Menschen sitzen da am Tisch? Gerade wenn es um klassistische Fragen und Konsumkritik geht: Welche Personen entscheiden darüber, was teuer wird? Eine Lösung wäre, den Tisch komplett aufzuräumen: An ihm müssen Menschen aus allen Gesellschaftsschichten sitzen, die unterschiedliche Perspektiven einbringen. Aktuell ist die Perspektive vor allem *weiß*, akademisch und lohntechnisch überdurchschnittlich. Ein Klimabeirat, der vielfältige Perspektiven vereint und auch politische Macht hat, wäre eine Möglichkeit.

Lea: Engagement neben der Lohnarbeit ist immer noch Luxus und sollte entlohnt werden, damit sich mehr Menschen für Dinge einsetzen können, die ihnen wichtig sind. Außerdem müssen wir antirassistische Arbeit in den Alltag integrieren: Bevor wir als Organisation eine Kampagne umsetzen, erschaffen wir einen Raum für Reflexion und laden uns externe Personen ein - so viel Zeit muss sein. Perfektion ist unrealistisch, aber man muss die Motivation haben, so gut wie möglich zu werden und möglichst viele Perspektiven miteinzubeziehen.

Wie steht ihr dem Ansatz der technologischen Innovation als Lösung für die Klimakrise gegenüber?

Freddie: Solange wir uns in einem kapitalistischen System befinden, in dem es darum geht, immer weiter zu wachsen und immer mehr zu produzieren, ist dieser Ansatz rein mathematisch gar nicht möglich. Wir können nicht immer mehr produzieren, auch wenn die Produkte vermeintlich nachhaltig sind - solange man mehr und mehr Ressourcen nutzt, die irgendwann aufgebraucht sein werden. Das kann nicht funktionieren, deswegen brauchen wir vor allem eine gesellschaftliche Lösung. Wir müssen nicht noch mehr erfinden und entwickeln, sondern uns vor allem überlegen, wie wir unsere Gesellschaft verändern können.

Kevin: Ist die Technologie, die wir entwickeln, für jede:n auf dem Markt zugänglich - oder geht es auch da wieder nur um Profit? Oder geht es um das Gemeinwohl? Da muss genau hingeschaut werden: Wird die Technologie monopolisiert? Wer hat dann Macht über uns? Wird die Produktion ausgelagert? Wir können nicht pauschal sagen, dass Technologie mit Nachhaltigkeit gleichzusetzen ist, vor allem nicht mit sozialer Nachhaltigkeit. Wo kommen die Ressourcen her, die wir für Elektroautos in den Städten oder Solaranlagen verbauen? Die Elektrobatterien kommen aus dem globalen Süden, aus Südamerika, vor allem aber aus Afrika - wo Kinderarbeit immer noch im großen Stil existiert, damit diese Ressourcen dem globalen Norden zur Verfügung stehen. Der globale Norden versucht, auf Kosten des globalen Südens klimagerecht zu werden, und das kann nicht der richtige Weg sein. Bundeswirtschaftsminister Peter Altmaier wollte letztes Jahr mit der Afrikanischen Union ein Abkommen abschließen, um in der Nähe des Äquators viele Solaranlagen zu platzieren - logischerweise, weil dort eine besonders intensive Sonneneinstrahlung herrscht. Dieses Projekt wäre allerdings wieder in ausländischen Investorenhänden gewesen. Die lokale Bevölkerung bekäme nicht den Anteil an den Anlagen, den sie verdient hätte, obwohl es sich immer noch um ihren Grund und Boden, um ihr Land handelt. Dieses Beispiel zeigt, dass es dem globalen Norden wieder darum geht, den eigenen Wohlstand zu sichern: Wie können wir weitermachen wie bisher, ohne zurückschrauben zu müssen? Obwohl genau dieses Zurückschrauben passieren wird und passieren muss. Es ist paradox, dass Deutschland versucht, bis 2038 aus der Kohle auszusteigen - gleichzeitig aber die Nord-Stream-2-Pipeline[99] zu Ende bauen will.

»Der globale Norden versucht, auf Kosten des globalen Südens klimagerecht zu werden. Das kann nicht der richtige Weg sein.«

LOCALS UNITED
Die Verbindungen zwischen der Klimakrise und Umweltrassismus klar zu benennen und Ideen für eine Klimapolitik zu entwickeln hat sich das Team von Locals United auf die Fahnen geschrieben. Es verbindet Kämpfe gegen die Klimakrise mit Kämpfen für eine solidarische und gleichberechtigte Gemeinschaft, wobei es vor allem Menschen empowert, deren Perspektiven dabei oft übersehen werden. Das Projekt gehört zur BUNDjugend, wird von der Aktion Mensch gefördert und ist in verschiedenen deutschen Städten aktiv.

WO BLEIBT DIE SOLIDARITÄT MIT DEN EWIGEN NATURSCHÜTZER:INNEN?

Von Jennifer Hauwehde

Irgendwann an einem grauen Herbsttag mit Nieselregen im Jahr 2020 stehe ich am Bahngleis und checke die Nachrichten. Mich springt eine Schlagzeile an, die mich scharf Luft holen lässt. Den zugehörigen Artikel kann ich mir erst ein paar Stunden später durchlesen, obwohl ich eigentlich schon ungefähr weiß, was drinsteht, und er auch nicht besonders überraschend sein sollte. Lesen will ich ihn trotzdem nicht. Die Schlagzeile im britischen Magazin *The Guardian* lautet: »Amazon near tipping point of switching from rainforest to savannah«[100].

Wenn der Amazonas sich in eine savannenähnliche Landschaft verwandelt, sind nicht nur unzählige Tier- und Pflanzenarten vom Aussterben bedroht (deutlich mehr als die über 32.000 Arten, die jetzt schon auf der Roten Liste stehen[101]). Dann verlieren außerdem Millionen Menschen ihren Lebensraum, und die Lage für das Weltklima verschärft sich: Der Amazonas-Regenwald gilt als eine der wichtigsten CO_2-Senken[102] des Planeten. Was seine fortschreitende Vernichtung für das Klima genau bedeutet, weiß niemand. Wahrscheinlich würde es bedeuten, dass Milliarden Tonnen CO_2 in die Atmosphäre entweichen – die den Kreislauf aus immer mehr Hitze, Dürre und Waldsterben weiter anheizen. Wann der Kipppunkt erreicht sein wird, weiß man ebenfalls nicht genau.

Einige Schätzungen sprechen davon, dass nur noch ein Zeitfenster von zehn bis 15 Jahren bleibt, um diese Entwicklung zu stoppen. Vermutet wird außerdem, dass es bald wohl keine Abholzung mehr braucht. Denn die bisher durch Rodungen verschwundene Fläche des Amazonas-Regenwalds wird sich in den nächsten 30 Jahren wahrscheinlich verdoppeln – die Klimakrise könnte das mit steigenden Temperaturen bald allein regeln. Fest steht: Es wird uns alle betreffen, wenn der Amazonas-Regenwald von einer CO_2-Senke zu einer CO_2-Quelle wird. »Wir spielen ökologisches Russisch Roulette«, sagt Paulo Brando, Tropenökologe an der University of California.[103]

Indigene[104] weltweit gelten als die ersten und besten Naturschützer:innen. Dort, wo sie leben und mit ihrer Umwelt fernab von aufgedrückten Vorgaben und Regeln wechselwirken dürfen, gehören die Naturflächen zu den am besten erhaltenen auf dem Planeten, sind Biodiversität und dementsprechend der Beitrag zum Klimaschutz besonders hoch.[105]

Bei der Schilderung dieser Umstände darf man allerdings nicht den Fehler machen, in rassistische Stereotype vom »edlen Wilden«[106] abzurutschen: Die Forschung hat mittlerweile gezeigt, dass der besonders nachhaltige Lebensstil vieler Indigener Kulturen auf einem (schmerzhaften) Lernprozess basiert. Ressourcen waren immer begrenzt, und auf dem Weg zur Erschließung neuer Lebensräume löschten Menschen auf dem gesamten Erdball immer wieder Tier- und Pflanzenarten aus und zerstörten ganze Ökosysteme. Manchmal waren die Folgen so gravierend, dass die Kulturen dadurch beinahe oder tatsächlich ihren eigenen Untergang besiegelten.[107] Auch die Menschen, die jetzt im und mit dem Amazonas-Gebiet leben, haben mehrere Hundert bis tausend Jahre gebraucht, um »den Regenwald kennenzulernen«.[108]

Dennoch ist der Raubzug an Tieren, Natur und Mitmenschen, den europäischstämmige *Weiße* seit mehreren Jahrhunderten veranstalten, in Geschwindigkeit, Brutalität und Gesamtheit zweifellos ohne Vorbild. Die aktuelle Situation lässt keinen anderen Schluss zu als: In Sachen Nachhaltigkeit können wir heute verdammt viel von Indigenen lernen. Und wir sollten zügig mit diesem Lernprozess (auf Augenhöhe!) beginnen.

DIE INDIGENEN GIBT ES NICHT

Die Indigenen gibt es nicht. Genauso wie es nicht das Afrika gibt, ist die Annahme falsch, alle Indigenen Ethnien wären gleich in ihrer Kultur, Sprache und den Problemen, denen sie sich im Umgang mit Nichtindigenen ausgesetzt sehen. Es gibt allein in Brasilien über 305 Ethnien, die nicht nur im Amazonasbecken, sondern unter anderem auch im Cerrado, dem Atlantischen Regenwald und den Küstengebieten beheimatet sind. Alle unterscheiden sich, und ihre Mitglieder legen großen Wert auf die jeweilige Individualität ihrer Gemeinschaft. Wenn es sein muss, schließen sie sich jedoch zusammen – wie es beispielsweise im Kampf gegen die Klimakrise und Umweltzerstörung, aber auch gegen das Coronavirus geschieht.

Die Indigenenschutzbehörde FUNAI regelt die Anerkennung von Land an Indigene Gemeinschaften. Eine der ersten Amtshandlungen von Staatspräsident Jair Bolsonaro war, die FUNAI dem Landwirtschaftsministerium zu unterstellen, das fest in der Hand der Agrarlobby ist. Das wurde später aufgrund des großen öffentlichen Drucks rückgängig gemacht. Jede Demarkation muss von Bolsonaro persönlich unterschrieben werden. Außerdem kürzte er die Mittel der FUNAI so stark, dass sie

praktisch handlungsunfähig ist, schreibt mir Katie Mähler, eine Fotojournalistin, die sich in ihren Arbeiten seit Jahren mit Indigenen Brasiliens beschäftigt und ein paar Monate mitten im Regenwald mit ihnen gelebt hat.[109]

Vielerorts wird eine Reservatspolitik gefahren, die mehr an Gefängniszustände als an menschenwürdiges Leben erinnert. Indigene werden bedroht, wenn sie ihre Heimat nicht verlassen und in die speziell ausgewiesenen Reservate ziehen, sowie kalkuliert ermordet, weil man fürchtet, sie könnten ihr Land zurückfordern wollen.[110] Im Jahr 2020 stiegen die Fälle illegaler Enteignung von Indigenen Territorien um 135 Prozent im Vergleich zu 2018.[111] Obwohl klar ist, dass dieses Verhalten desaströs für Menschen, Natur und Klima ist. Aber so ist der Kapitalismus: Er presst aus, bis auf den letzten Blutstropfen. So sind die Kapitalist:innen, die sich in seinen Dienst stellen.

KATIE MÄHLER
Die Dokumentarfotografin und Fotojournalistin Katie Mähler verbrachte für ein Projekt mehrere Monate mit einer Indigenen Gemeinschaft im Amazonas-Regenwald und widmet sich seitdem in ihren Fotoprojekten vorwiegend Indigenen, sozialen und Menschenrechtsfragen. Sie lebt in Berlin und São Paulo.

»UNSERE LEBENDEN BIBLIOTHEKEN STERBEN«

Als Katie mich auf Instagram kontaktierte, teilte ich gerade Inhalte von den verheerenden Waldbränden im Sommer 2019 und fühlte mich, wie so viele andere, machtlos.

Was kann man tun - außer keine Produkte zu kaufen, die nachweislich zur Regenwaldrodung beitragen, und immer wieder zu sagen, wie schlimm alles ist? Es gibt Tage, da suche ich meine Wirksamkeit und finde sie nicht.

In so einer Phase hatte ich nun also eine Nachricht im Postfach, in der Katie mir anbot, dass ich mich, sollte ich mehr Informationen zu dem Thema brauchen, gerne an sie wenden könne - sie kenne sich aus und arbeite seit Jahren mit Indigenen Gemeinden in unterschiedlichen Regionen Brasiliens und auch vor Ort im Amazonasbecken zusammen.

Ich nahm das Angebot dankend an, wir arbeiteten zusammen und merkten schnell: Das funktioniert super! Das Ergebnis ist ein langer Artikel über die damals aktuellen Zustände der Brände, die Auswirkungen auf Indigene Gemeinschaften und die politischen Hintergründe.[112] Als Katie von den Plänen zu diesem Buch erfuhr, befanden wir uns gerade in der Konzeption eines weiteren Artikels - er sollte die Brände von 2020 und die verschärfte Situation der Indigenen Gemeinschaften durch und mit Covid-19 beleuchten, die in den deutschsprachigen Medien bisher leider spärlich bis gar nicht thematisiert wurden. Dazu wollte ich die Stimmen derjenigen abbilden, die unmittelbar betroffen sind - hier sind einige von ihnen. Die Stimmen wurden von Katie aus dem Portugiesischen ins Deutsche übersetzt.

ERISVAN GUAJAJARA

Aktivist für Indigene Rechte, der Kommunikation als Mittel zum Kampf einsetzt. Gründer und Leiter der Organisation Mídia Índia - A voz dos povos (Die Stimme der Völker), @midiaindiaoficial auf Instagram

Wir verlieren unsere Ältesten, unsere lebenden Bibliotheken sterben durch Covid-19. Mit jedem Einzelnen, den wir verlieren, geht ein Teil der lebendigen Geschichte einer Gemeinschaft. Die Vorurteile und der Rassismus multiplizieren sich in dieser Zeit der Pandemie gegen unsere Verwandten. Aber unsere Stärke, unser Kampf, unsere Herkunft und unser Mut bleiben fest in uns allen bestehen, die mit Hoffnung vom Frieden für die Indigenen Brasiliens träumen.

GENUG! Vom Rassismus und Hass gegen die Hauptverteidiger dieses Planeten. Wir sind das Heilmittel der Erde. Gemeinsam werden wir diesen anhaltenden Genozid an den Indigenen überwinden. Insgesamt sind schon 866 Indigene an Covid-19 gestorben, es gibt bereits 38.343 infizierte Indigene, und 161 Ethnien sind betroffen, nach den heutigen Daten vom 2.11.2020.[113] Dies sind nicht nur Zahlen - dies ist unsere lebendige Geschichte, die uns verlässt.

TAILY TERENA

Indigene vom Volk der Terena, Anthropologin und Aktivistin der Indigenen Bewegung

Die Covid-19-Pandemie - eines der vielen Leiden dieses kranken Systems, in dem wir leben - ist gekommen, um aufzuzeigen, wer die Menschheit wirklich ist. Selbst jetzt, mit noch vielen offenen Fragen zum Virus, wissen wir, dass es kam, um die fragilen Strukturen der sogenannten modernen Gesellschaft niederzureißen. Uns die Abhängigkeit vom Kapital, neue Regeln des Miteinanderlebens und das, was wir Geisteskrankheiten nennen, aufzuzeigen. Für uns Indigene Völker kam das Virus auch, um uns zu zeigen, wie sehr wir noch immer gefangen in und abhängig von genau demselben kolonialen System sind, das in der Vergangenheit mehr und mehr Völker dieser Region dezimierte. Wie Edmund Burke sagte: »Jene, welche ihre eigene Geschichte nicht kennen, sind verdammt, sie zu wiederholen.«

Und tatsächlich erkennen wir, dass es noch viel zu lernen gibt. Jede:r hat schon in der Schule davon gehört, dass die Indigene Bevölkerung im Jahr 1500 durch die Ansteckung mit Krankheiten wie Masern, Windpocken und Grippe (Influenza) weitgehend dezimiert wurde. Heute sind mehr als 200 Indigene Ethnien vom Coronavirus betroffen. Da ihre Lebensweise und ihre Gebiete nicht vor Eindringlingen geschützt wurden, gab es nur eine ermittelte Hauptansteckungsquelle: die Nichtindigenen.

Die Angst, dass sich die Geschichte wie im Jahr 1500 wiederholen würde, suchte viele von uns heim. Wir erinnern uns an unsere Geschichte, der Nichtindigene nicht. Er vergisst schnell, mit seinem kranken Geist erinnert er sich nicht mehr an seine Wurzeln und wiederholt ohne Bewusstsein die gleichen Fehler der Vergangenheit. In Brasilien sind bis heute mehr als 100.000 Menschen durch diese Krankheit ums Leben gekommen, dennoch öffnen die Städte weiterhin die Geschäfte, und die Bars sind voll. Es ist, als ob all diese Leben unwichtig seien. Wenn wir diese Gleichgültigkeit von euch mit eurem eigenen Volk sehen, zeigt uns dies, wie krank euer Geist ist.

INDIANARA RAMIRES MACHADO

Zugehörige der Ethnie Guarani Kaiowá, lebt auf dem Indigenen Land in Dourados, Mato Grosso do Sul, Brasilien. Mitglied der Vereinigung »Ação dos Jovens de Dourados (AJI)« (Aktion der Indigenen Jugend von Dourados). Krankenschwester und Masterstudentin in Pathophysiologie an der Medizinischen Fakultät der Universität São Paulo (FMUSP)

In meiner Region, die als die Wiege des brasilianischen Agrobusiness gilt, gibt es acht Indigene Reservate. In dieser Region wurden wir eingesperrt, für den Fortschritt und die wirtschaftliche Entwicklung unseres Landes. Heute spiegelt sich dies in Bezug auf Bildung, Gesundheit und Sicherheit in der gesamten Indigenen Bevölkerung wider. Mit jedem Tag mehr in dieser Pandemie gestaltet sich der Kampf um unsere Rechte mühsamer.

Die aktuelle Regierung vertieft bloß die Politik, die seit dem Jahr 2000 umgesetzt wird. Zum Beispiel: das Fehlen und die

Langsamkeit bei der Demarkation (offizielle Anerkennung) Indigener Gebiete, die Verkleinerung des der FUNAI zugewiesenen Budgets, der Mangel an Material für die Ausstattung der Gesundheitsteams innerhalb dieser Pandemie durch die SESAI (Gesundheitsbehörde für Indigene), die ständigen Invasionen in den Indigenen Gebieten zur Mineralienausbeutung (hauptsächlich im Norden des Landes) und die Freigabe der Indigenen Gebiete durch die Bundesstaaten zur externen Ausbeutung. All dies verdeutlicht die Abwesenheit des brasilianischen Staates, wenn es um die Sicherheit der Indigenen Bevölkerung geht. Das entwicklungspolitische Denken der aktuellen Regierung, zusammen mit Covid-19 in den Indigenen Gemeinschaften, wird unserer Bevölkerung großen Schaden zufügen - ein wahrer Genozid der Indigenen Völker Brasiliens. In unserer Region nehmen uns der missbräuchliche Einsatz von Pestiziden, die Kontamination von Quellen und das Aufstauen von Flüssen, die einst in den Reservaten und durch die Indigenen Dörfer flossen, unsere Voraussetzungen zum Überleben.

Wir brauchen die Anwendung öffentlicher Richtlinien, welche die Rechte der Indigenen Bevölkerung schützen und die vor Bolsonaro bereits genehmigt und in Gesetze umgewandelt waren. Obwohl die Indigene Bewegung an Stärke gewinnt und auf die Durchsetzung von Gesetzen drängt, sind wir noch immer wenige angesichts einer Politik, die versucht, uns Indigene von der Illusion zu überzeugen, dass wir vor diesem Hintergrund gleichermaßen mit Nichtindigenen in diesem System konkurrieren könnten.

Wir sind Indigene und treffen unsere eigenen Entscheidungen als Ergebnis eines mit Gewalt aufgeladenen, asymmetrischen Dialogs. Wir besitzen Wissen, das berücksichtigt werden muss - sowohl für die Pflege als auch andere wichtige Maßnahmen für unsere Bevölkerung. Unsere Art und Weise eines dekolonialen, guten Zusammenlebens führt zu einer besseren Prävention der Klimakrise.

Wir müssen in unseren traditionellen Lebensweisen respektiert werden. Wir müssen mehr denn je zusammenstehen - denn mit der gegenwärtigen Regierung arbeitet, zusätzlich zu Covid-19, der Nationalstaat gegen die Indigene Bevölkerung. Es ist notwendig, dass die gesamte nicht indigene Bevölkerung unsere Rechte, Autonomie, freie Selbstbestimmung und Dekolonialität kennt und respektiert und uns einen gleichberechtigten Dialog führen lässt.

Von diesem gleichberechtigten Dialog sind wir als globale Gemeinschaft noch weit entfernt: Auch wenn es vereinzelt positive Entwicklungen gibt (im November 2020 verkündete Neuseelands Premierministerin Jacinda Ardern, dass mit Nanaia Mahuta erstmals eine Maori als Außenministerin des Inselstaats vereidigt wurde[114]), sind immer wieder Rückschritte zu verzeichnen, die Menschenleben kosten. Bolsonaros Ankündigung, er werde die Indigenen Gemeinschaften »zivilisieren«[115], die Zunahme der illegalen Rodungen im Amazonas-Regenwald sowie die Inkaufnahme eines möglichen Aussterbens ganzer Ethnien zeigen einmal mehr, wie eng Rassismus, Kapitalismus und die *weiße* Vorherrschaft *(White Supremacy)* verwoben und wie zerstörerisch sie sind. Aktuell ist die Angst um die »unkontaktierten Völker« besonders groß: Sie haben bewusst entschieden, jeden Kontakt mit Nichtindigenen zu meiden, könnten nun aber vor allem durch die illegalen Holzfäller:innen und Minenarbeiter:innen mit dem Coronavirus infiziert werden - Vertreter:innen von Indigenen Gemeinden sprechen von einem möglichen Genozid.[116]

WIE GEHT DEKOLONIALISIERTER KLIMASCHUTZ?

Natur- und Klimaschutz passieren immer noch vor dem Hintergrund kolonialer Strukturen - und enden daher nicht selten in Vertreibung, Ermordung und Ausbeutung von Indigenen. *Weiße* Organisationen und Einzelpersonen möchten (oder geben vor) die Welt (zu) retten, die das von ihnen erfundene neoliberale System zugrunde richtet - und denken oft nicht an die Menschen, die schon vorher da waren und sich besser als alle anderen mit den vorherrschenden Gegebenheiten auskennen. Diese Vernachlässigung der Indigenen Perspektive und des Indigenen Wissens muss nicht einmal mutwillig böse passieren - manchmal wird sie auch aus gut gemeintem Eifer einfach vergessen. Destruktiv und rassistisch ist das trotzdem. Nur: Wie können wir das ändern?

INTERVIEW MIT DER ANTHROPOLOGIN TAILY TERENA

WIR MÜSSEN DEN KLIMASCHUTZ DEKOLONIALISIEREN

Von Jennifer Hauwehde und Katie Mähler

Am besten können uns Indigene selbst diese Frage beantworten. Es ist im Moment nicht einfach, Kontakt in die entlegeneren Gebiete Brasiliens zu bekommen, wenn man nicht vor Ort ist: Das Internet ist schlecht, und die Menschen haben mit zahlreichen Problemen parallel zu kämpfen - ein Interview steht nicht unbedingt weit oben auf der To-do-Liste.

Trotzdem hat sich Taily Terena, von der ihr weiter vorne schon einmal gelesen habt, bereit erklärt, uns ein paar Fragen zu beantworten.

Taily Terena sagt: »Um dekolonialisierten Klimaschutz zu betreiben, müssen wir zunächst die Gründe verstehen, die zu dieser Katastrophe geführt haben. Und wir müssen verstehen, dass jede:r auf dem Planeten betroffen ist, wenn auch auf verschiedene Weise - obwohl nicht alle zu den Verursacher:innen gehören. Die Distanzierung von Mutter Erde und die Vorstellung, sie sei einzig eine Ressourcenquelle, haben die Gewalt gegenüber Mensch und Umwelt sowie die maßlose Ausbeutung im Laufe der Jahre verstärkt.

Seit der Kolonialisierung hat die Idee der ›natürlichen Ressourcen‹ (ich setze den Begriff in Anführungszeichen, denn für uns sind Naturvorkommen und Schätze keine Ressourcen, sondern Wesen, die uns ihr Leben leihen, damit unser eigenes Leben angenehmer ist) und die Annahme, es handele sich um endlose Güter, dazu geführt, dass das Ungleichgewicht zwischen Konsum und Produktion einsetzte. Es verschärfte sich immer weiter - sowohl im In-

»Für uns sind Naturvorkommen und Schätze keine Ressourcen, sondern Wesen, die uns ihr Leben leihen, damit unser eigenes angenehmer ist.«

dustriezeitalter als auch jetzt im Kapitalismus. Nicht nur die Natur wird ausgebeutet, sondern auch ihre Lebewesen und die Indigenen Völker aus dem globalen Süden.

Dieses Bewusstsein ist von grundlegender Bedeutung, um die historische Verschuldung der Völker des globalen Nordens gegenüber den Völkern des globalen Südens zu verstehen. Denn die durch die Kolonialisierung geschaffenen Hierarchien haben bis heute Auswirkungen und verursachen den strukturellen Rassismus, der in sogenannten modernen Gesellschaften allgegenwärtig ist. Wenn wir diese Hierarchie und die historische Verschuldung verstehen, können wir zu einer zweiten Stufe des Klimaschutzes übergehen: ›o lugar de fala‹, dem Raum der Sprache[117], in dem wir Indigene unsere Erfahrungen teilen können. Mit dieser zweiten Stufe soll anerkannt werden, dass die Menschen, die als Erstes von den Auswirkungen der Klimakatastrophe betroffen sind, auch die Menschen sind, die die Natur am besten kennen. Sie stehen in direktem Kontakt mit ihrer Umwelt, ihren Wäldern, Wüsten, Meeren und Flüssen. Wie die Vereinten Nationen in ihrem IPCC-Bericht *(Intergovernmental Panel on Climate Change)* bereits anerkannt haben, ist das Wissen der Indigenen Völker und lokalen Gemeinschaften von grundlegender Bedeutung, um Lösungs- und Anpassungsstrategien zu entwickeln.[118] Indigene Menschen müssen eingeladen werden, gemeinsam mit westlichen Wissenschaftler:innen eine neue Politik und Lebensweisen zu erdenken und auszuarbeiten.

Das bringt uns zur dritten Stufe wirksamen Klimaschutzes: dem Hinterfragen und Dekonstruieren von gesellschaftlichen Vorstellungen und Vorurteilen. Es ist notwendig, diese Vorstellung von einem guten Leben im Zusammenhang mit Konsum und dem Erwerb von Waren zu dekolonisieren. Und über ein gutes Leben nachzudenken, in dem unsere Lebensqualität in direktem Zusammenhang mit der Lebensqualität anderer Lebewesen steht, mit denen wir das gemeinsame Zuhause namens Erde teilen.«

Was können *weiße* privilegierte Menschen im globalen Norden für Indigene Gemeinschaften tun?

Zunächst müssen Menschen im globalen Norden verstehen, dass das Territorium, auf dem sie gehen, ebenfalls Indigenes Land ist - entweder aufgrund ihrer Vorfahren oder weil heute noch Indigene dort leben. Indigene Bevölkerungsgruppen gibt es nicht nur im globalen Süden und nicht nur auf dem amerikanischen Kontinent oder den pazifischen Inseln. Auch in Europa, Nordamerika und Asien leben Indigene. Ihre Territorien werden von denselben Unternehmen bedroht, die im Süden nach materiellen Gütern suchen. Und auch diese Völker leiden in ihren Heimatregionen unter Rassismus und Vorurteilen.

Indigene Bevölkerungsgruppen dürfen nicht anhand von kolonialen Stereotypen beurteilt werden, die bis heute gepflegt werden. Ihre Forderungen müssen gehört und ihre Selbstbezeichnungen respektiert werden. Ihr Leben und der Kampf dieser Völker müssen anerkannt werden.

Vor dem Hintergrund der historischen Schulden bitten wir Indigenen die *Weißen* im Norden außerdem, eure Staaten und Unternehmen in die Verantwortung zu nehmen, damit sie aufhören, die Ausbeutung in

> **»Zeigt Solidarität und unterstützt Basisbewegungen. Schafft auf Demos ein kollektives Bewusstsein für Indigene.«**

unseren Territorien zu fördern und zu finanzieren. Bewusster Konsum muss eine der Achsen für Veränderung sein, da viele Dinge, die wir konsumieren, aus der Ausbeutung Indigener/traditioneller Völker stammen.

Wo müssen wir anfangen, jetzt sofort?
Unsere Handlungen müssen von der Mikro- zur Makroebene gedacht werden. Alles beginnt also mit unseren individuellen Handlungen: was wir konsumieren (Lebensmittel, Produkte und Ideen), wie wir uns verhalten und wie wir miteinander leben.

Die »filosofia do bem viver« (Philosophie des guten Lebens) sagt dasselbe, was ich oft von unseren Ältesten gehört habe: Wir müssen uns zuerst um uns selbst kümmern, damit wir uns um die Welt kümmern können. Womit füttern wir unsere inneren Flüsse (Adern)? Mit welcher Luft füllen wir unsere Lungen? Und wie leben wir mit unseren Nachbar:innen? Haben wir Empathie nur für die, die uns nahestehen? Oder versuchen wir, sie auch für diejenigen zu empfinden, mit denen wir zusammenleben - seien sie nun Menschen oder nicht?

Wenn wir diese Fragen beantworten, können wir anfangen, auch in anderen Bereichen zu handeln. Wir können unsere lokalen Regierungen, die Unternehmen und die Kollektive, zu denen wir gehören (zum Beispiel unsere Familien, unseren Freundeskreis, Schulen und Arbeit), zur Verantwortung ziehen.

Zuletzt: Zeigt Solidarität und unterstützt Basisbewegungen. Schafft auf Demos ein kollektives Bewusstsein für Indigene. Sprecht in euren Ländern und Netzwerken darüber, was mit den Indigenen Gemeinschaften geschieht. Zusammen mit der Vermeidung bestimmter Produkte und Marken kann das große Auswirkungen haben. Was im globalen Süden passiert, wirkt sich auf den Norden aus und umgekehrt. Geld- und Sachspenden können die Indigenen Bewegungen ebenfalls stärken. Schafft Räume, in denen wir unsere eigene Stimme einbringen und unsere Forderungen präsentieren können. Denn wir besitzen ausreichende Kenntnisse, um unseren Kampf selbst zu repräsentieren.

Wird die Situation gerade besser oder schlechter?
Die Situation ist angespannt. Für uns Indigene hier in Brasilien war die Wahl des derzeitigen Präsidenten (ich ziehe es vor, seinen Namen nicht zu nennen) eine große Bedrohung für unsere Rechte und unsere

»Ich wünsche mir, dass wir unser Handeln gemeinsam neu bewerten und traditionelle und wissenschaftliche Erkenntnisse vereinen, um echte Lösungen für die Veränderungen zu finden, die wir in der Welt brauchen.«

Leben. Seitdem ist viel Gewalt an unseren Körpern und in unseren Territorien geschehen. Bei denselben Wahlen wurde jedoch auch die erste Indigene Frau[119] in den brasilianischen Kongress gewählt. Sie hat alleine für die Indigenen Völker und die Umwelt gekämpft. Es hängt also auch davon ab, worauf wir uns konzentrieren wollen. Doch im Allgemeinen glaube ich, dass es vorwärtsgeht. Wie eine der Ältesten meines Volkes sagt: »Wir haben nicht 500 Jahre lang überlebt, um jetzt aufzugeben!«.

Was wünschst du dir von der Weltgemeinschaft?
Ich wünschte, wir wären uns unserer Zugehörigkeit zu Mutter Erde bewusst. Und dass wir aus einem Gefühl der Kollektivität heraus aufeinander achtgeben könnten. Dass wir in unserer Zukunft gemeinsam ein gutes Leben führen können und die Vielfalt aller Wesen respektieren, genauso wie unser gemeinsames Zuhause. Dass die Regierenden die Bedürfnisse derer erfüllen, die historisch in der Gesellschaft an den Rand gedrängt wurden, und dass die historischen Schulden repariert werden. Dass wir unser Handeln gemeinsam neu bewerten und traditionelle und wissenschaftliche Erkenntnisse vereinen, um echte Lösungen für die Veränderungen zu finden, die wir in der Welt brauchen.

Dekolonialisierung, sagt Taily, sei weniger ein Studienbereich, als eine bestimmte Art zu leben: »Es ist eine tägliche, notwendige Dekonstruktion des aktuellen Systems.« Ich stelle noch ein paar persönlichere Fragen, weil ich einen besseren Eindruck davon bekommen möchte, wer sie ist und was sie antreibt. Sie erklärt, dass ihre tägliche Arbeit und ihr Leben als Indigene untrennbar miteinander verbunden seien - der Kampf für ihre Rechte fließe ihr im Blut. »Es ist ein Handlungsbereich für das Leben, den ich mitgestalten und den ich mit zukünftigen Generationen teilen möchte.«[120]

Der Gedanke liegt also nahe, dass wir einen Perspektivwechsel brauchen: Wir müssen keine Berge an neuen Technologien entwickeln, die uns vor dem drohenden Untergang retten, anderswo wieder der Erde entrissen werden und Menschenrechte verletzen. Manchmal liegen die effektivsten Lösungen direkt vor unserer Nase - die günstigsten sind sie außerdem. Untersuchungen zeigen, dass die Kosten für die Rückgabe von Land an Indigene Gemeinschaften bis zu 42-mal niedriger sind als die Kosten für die Vermeidung von CO_2 durch Kohlenstoffabscheidung und -speicherung[121] (sowohl für Kohle- als auch für Gaskraftwerke).[122] Um der Klimakrise effektiv und kostengünstig zu begegnen, fordern einige Wissenschaftler:innen sogar: Mindestens 50 Prozent der Landfläche müssen konsequent unter Naturschutz gestellt werden. »Nature needs half.«[123] Das klingt nach ziemlich viel - wie soll das gehen? Werden dann überhaupt noch alle Menschen satt?

Die gute Nachricht: Wir haben immer noch rund 50 Prozent der Landmasse zur Verfügung, die als intakt oder nur leicht degradiert gelten - in denen die Ökosysteme noch funktionieren und die Biodiversität hoch ist. Es gibt also genug Fläche, die potenzielles Naturschutzgebiet werden könnte - bisher sind nur rund 15 Prozent der Landfläche geschützt. Würde man, so der

Naturwissenschaftler Eric Dinerstein, der zusammen mit Kolleg:innen den Vorschlag des »Globalen Sicherheitsnetzes« (Global Safety Net) erarbeitet hat, Indigenen Gemeinden die Landfläche zurückgeben, die sie fordern, wären bereits 28 Prozent der globalen Fläche geschützt. Dann würden nur noch 22 Prozent fehlen - das klingt doch gar nicht mehr so unerreichbar.[124]

Verhungern würde deswegen übrigens auch niemand: Aktuell werden 37 Prozent der Erdoberfläche für die Lebensmittelproduktion genutzt. Davon wiederum werden 77 Prozent für den Mais- und Sojaanbau gebraucht - die Ernte landet in Rindermägen. Im Jahr 2015 haben wir so viele Lebensmittel produziert, dass sie für zehn Milliarden Menschen gereicht hätten. So viele leben auch im Jahr 2021 noch nicht auf diesem Planeten. Die Antwort von Dinerstein auf das Lebensmittel-Argument lautet daher: »We don't need more land - we need to fix our broken food system.«[125]

Und er weist darauf hin: »Die Erhaltung des Globalen Sicherheitsnetzes könnte die öffentliche Gesundheit unterstützen, indem das Potenzial für das Auftreten von Zoonosen wie Covid-19 in Zukunft verringert wird.«[126] Das Sicherheitsnetz zu erhalten würde wahrscheinlich maximal 150 Milliarden Dollar pro Jahr kosten - das ist ein Bruchteil dessen, was die Regierungen dieser Welt bisher ausgeben mussten, um die Coronapandemie zu bekämpfen: Deren Preis beläuft sich (Stand Juni 2020) schätzungsweise auf zehn Billionen Dollar[127] und 1,3 Millionen Menschenleben (Stand 26. November 2020). Ein Ende ist vorerst nicht in Sicht.

Indigene gleichberechtigt in die Pläne zur Rettung der Erde einzubeziehen, damit sie ihre Erfahrungen und ihr Wissen teilen können, und ihnen außerdem endlich ihr Land zurückzugeben ist nicht nur ethische Pflicht, sondern gleichzeitig eine der Kernlösungen auf dem Weg in eine nachhaltige und gesunde Zukunft.[128]

TAILY TERENA

Die Anthropologin forscht schwerpunktmäßig zu Indigenen Frauen, ihrer Rolle in der Gesellschaft und dem traditionellen Wissen, das durch sie weitergegeben wird. Sie arbeitet in einer Umweltschutzorganisation (ACT-Brasil) sowie mehreren aktivistischen Gruppierungen und setzt sich dort vor allem dafür ein, die Klimakrise aus dekolonialisierter Perspektive zu bekämpfen.

DIE TÖCHTER SOLLEN IHRE KRANKE MUTTER RETTEN

Von Jennifer Hauwehde

Wo ich auch hinschaue in meinem Bekannten- und Freund:innenkreis: Überall sind es die Frauen, die in der Familie als Erste vegan geworden sind oder auf einmal angefangen haben, das Thema »Unverpackt Einkaufen« auf den Tisch zu bringen - und den Rest der Familie mitziehen (oder noch mit Widerständen kämpfen). Dieses Bild setzt sich im Internet fort: Der nachhaltige Online-Aktivismus ist in weiblicher Hand. Männer, die über nachhaltiges Leben, faire Mode und Klimaprotest posten, sind eine Ausnahme. Auch die Klimademonstrationen sind in vielen Ländern weiblich geprägt - sowohl mit Blick auf die Teilnehmer:innen[129] als auch, was die mediale Berichterstattung anbelangt: Vor allem (junge) Frauen und Mädchen zieren die Titelblätter, Aktivistinnen stehen sichtbar in der ersten Reihe.

Diese Beobachtung macht auch die neue Klimapartei radikal:klima: Entgegen den Erwartungen (normalerweise sind bei politischen Angelegenheiten fast nur *weiße* Männer in den vorderen Reihen zu finden) ist die Beteiligung von Frauen über alle

Ebenen hinweg ungewöhnlich hoch, im Vorstand sitzen doppelt so viele weibliche wie männliche Mitglieder. Weltrettung ist ein Frauending, so sieht es jedenfalls auch auf der großen politischen Bühne aus: Angela Merkel wird als »Klimakanzlerin« betitelt (über die Angemessenheit des Begriffs ist zu diskutieren), Ursula von der Leyen hat als Präsidentin der Europäischen Kommission den Green New Deal auf den Weg gebracht, Jacinda Ardern in Neuseeland betreibt vorbildliche Klimapolitik, Alexandria

HINWEIS

In diesem Buch versuchen wir, so gendersensibel wie möglich zu arbeiten. Wenn ich woanders von »Frauen« und »weiblich« schreibe, meine ich alle Personen, die sich so identifizieren - unabhängig davon, was ihr biologisches Geschlecht ist. Dasselbe gilt für die Begriffe »Männer« und »männlich«. In dem vorliegenden Abschnitt muss ich mich jedoch überwiegend auf die cis-heteronormative Vorstellung von Frau und Mann beziehen, bei denen das soziale Geschlecht mit dem biologischen übereinstimmt und Mann und Frau eine Familie bilden. Zum einen, um die damit verbundenen gesellschaftlichen Vorurteile und Zuschreibungen zu analysieren, zum anderen, weil es noch so gut wie keine Untersuchungen in dem Themenfeld gibt, die LGBTQIA+ miteinbeziehen oder ihre Ergebnisse unabhängig vom heteronormativen Schema auswerten.

Ocasio-Cortez gilt in den USA sowohl als soziale wie klimapolitische Hoffnungsträgerin. Auf der ganzen Welt wird der Klimaprotest von Fridays for Future von Aktivistinnen angeführt.

Sind das gute Nachrichten? Teils, teils. Mehr Präsenz in der Öffentlichkeit, höhere politische Ämter sowie größere gesellschaftliche Gestaltungsmöglichkeiten sind ohne Zweifel begrüßenswerte Entwicklungen. Die Frage ist, wie nachhaltig diese Einflussmöglichkeiten sind - und welchem Zweck sie dienen.

In vielen Religionen und Mythen gibt es Muttergottheiten, welche die Welt und alles auf ihr befindliche Leben geboren und manchmal sogar unter dem Einsatz ihres eigenen Lebens für ihren Erhalt gekämpft haben. Die Erde wird in spiritueller Anlehnung an diese religiösen Ursprünge auch heute oft als Mutterfigur imaginiert: Die Plakate auf den Klimademos, auf denen ich unterwegs bin, rufen mir verlässlich »Save Mother Earth« oder »Save Gaia« entgegen.

Die kurze Spitzenkarriere der ehemaligen SPD-Chefin Andrea Nahles illustriert den Effekt der »Gläsernen Klippe« *(glass cliff)* sehr gut: Wenn der Karren richtig tief im Dreck steckt, darf eine Frau ran, um ihn wieder herauszuziehen.[130] Das wird sie mit großer Wahrscheinlichkeit nicht schaffen: Nahles' Scheitern nach wenigen Monaten war nicht nur vorhersehbar, meinen Kritiker:innen, sondern vorprogrammiert. Frauen, so die Wissenschaftler:innen Michelle Ryan und Alex Haslam, die den Begriff glass cliff prägten, werden vor allem mit mütterlichen und empathischen Fähigkeiten assoziiert[131] - idealen Eigenschaften, um konfliktreiche Situationen zu managen. »When people ›think crisis‹, they do ›think female‹.« Ryan und Haslam gehen noch einen Schritt weiter und vermuten, dass Frauen vor allem dann in Führungspositionen befördert werden, wenn etablierte männliche Kollegen nicht weiterwissen und sich ein öffentliches Scheitern ersparen möchten.[132]

Der Verdacht liegt nahe, dass dieses Prinzip gerade in seinem größten Umfang eingesetzt wird: Der Karren unserer Spezies steckt so tief im Dreck wie nie zuvor, das traditionell vor allem von Cis-Männern erdachte und etablierte System aus Kapitalismus und Patriarchat ächzt an allen Ecken und Kanten, und die Welt ruft nach (im doppelten Wortsinne) nachhaltigen Alternativen. »Auch das Kümmern um die Erde wird häufig als Care-Arbeit angesehen«, meint Clara Mayer, eine Umweltaktivistin von Fridays for Future.[133] Wir sind die Töchter, die ihre kranke Mutter retten sollen. Freiwillig und unter- oder unbezahlt, versteht sich. So war das schließlich schon immer. Das menschliche Leben funktioniert nicht ohne Care-Arbeit - die Zukunft eines menschenfreundlichen Planeten ebenfalls nicht. Es ist die logische Konsequenz, systemrelevantes Kümmern wieder zum Job der Frauen zu machen.

Daher ist nicht nur der Anteil der sich als weiblich identifizierenden Aktivist:innen fürs Klima hoch - Frauen leben im Schnitt generell nachhaltiger als Männer: Sie ernähren sich häufiger vegetarisch, kaufen »verantwortungsbewusst« ein und legen die meisten Strecken zu Fuß, mit dem Fahrrad oder mit öffentlichen Verkehrsmitteln zurück.[134] Bisweilen wird von einem »eco gender gap« gesprochen.[135]

Das passiert aber nicht deshalb, weil Frauen per se die besseren Menschen sind - sondern weil ihnen anerzogen wird, Empathie und Rücksicht zu zeigen und dies bei anderen wertzuschätzen.[136] Im Umkehrschluss werden vorbildliche, sorgende und mütterliche Verhaltensweisen von ihnen erwartet. Oft bleibt ihnen auch keine Wahl als die nachhaltigste (weil der Mann als »Ernährer« das Familienauto nimmt, um zur Arbeit zu fahren). Das Umweltbundesamt beschreibt die aktuelle Situation in Bezug auf Nachhaltigkeitsfragen in Deutschland als »in hohem Maße gendersensibel«.[137]

Auf der anderen Seite sind Frauen den Klimaveränderungen stärker ausgesetzt als Männer:

- 80 Prozent der Menschen, die von den Auswirkungen der Klimakrise flüchten müssen, sind Frauen.[138]
- Frauen sterben mit 14-fach höherer Wahrscheinlichkeit während oder nach Naturkatastrophen (weil die Informationen sie im häuslichen Umfeld zu spät erreichen).[139]
- Weil Frauen öfter von Armut betroffen sind als Männer, fällt es ihnen nach Krisen schwerer, sich finanziell wie psychisch zu erholen und ein selbstständiges Leben aufzubauen.
- Mit zunehmenden Dürreperioden wird die Nahrungsbeschaffung für Frauen aus dem globalen Süden anstrengender, aufwendiger und gefährlicher. Generell drohen die geschlechtsspezifischen Ungleichheiten in der Gesundheitsversorgung sich durch die Klimakrise zu verschärfen.[140]
- In Krisenzeiten wird der erhöhte Bedarf an unbezahlter Sorgearbeit überwiegend von Frauen übernommen (die aktuelle Coronakrise liefert ein anschauliches Beispiel). Wissenschaftler:innen attestieren den Gesellschaften des globalen Nordens eine Tendenz zur Retraditionalisierung von Geschlechterrollen in Krisensituationen.[141]

- Dazu gehört auch, dass die Gewalt gegenüber Frauen und Mädchen zunimmt: Vergewaltigung, Missbrauch, häusliche Gewalt sowie Selbstverletzung steigen während Krisen und nach Katastrophen sprunghaft an.[142]
- Frauen und alte Menschen leben überproportional häufig in lärmbelasteten und luftverschmutzten Gebieten. Dadurch dass Frauen mehr Care-Arbeit übernehmen, sind sie außerdem länger zu Hause und den gesundheitsschädlichen Umständen in höherem Maße ausgesetzt als Männer.[143]

Die wichtigen Positionen, die klimapolitische Entscheidungen außerhalb der eigenen vier Wänden erlauben, besetzen trotzdem nach wie vor Cis-Hetero-Männer: Sie sitzen wirtschaftlich wie politisch überwiegend an den längeren Hebeln.[144] Auch von der Öffentlichkeit werden sie eher als die Experten für nachhaltige Entwicklung wahrgenommen - als biodynamische Landwirte, Förster, Energiebeauftragte, Wissenschaftler. Frauen sind in erster Linie dafür da, sich zu kümmern, die Botschaft in der Gemeinschaft weiterzutragen, ein Vorbild für andere zu sein: in PR-Abteilungen, im Haushalt, im Bekanntenkreis.

Das Bewahrende und Fürsorgliche, das Frauen als natürliche Eigenschaften zugeschrieben wird, wird somit gegen den ausbeuterische Kapitalismus gestellt, den das Patriarchat hervorgebracht hat: Rohstoffhunger und Verschwendung gegen Pflege und liebevolles Mitdenken von Natur und Mitwelt. Das blendet natürlich aus, dass kapitalistische Verwertungslogiken vor niemandem haltmachen und es genügend Frauen gibt, die an der Zerstörung des Planeten hocherfreut mitverdienen[145] - genauso, wie es genügend Männer gibt, die alles versuchen, um genau das aufzuhalten.

Wir drehen uns im Kreis, und eine Kernfrage, mit der wir uns also auch beschäftigen müssen, wenn wir die Welt retten wollen, ist unsere Vorstellung von Gender: Was ist männlich, und was ist weiblich, was gibt es eigentlich außerhalb davon? Wie kommen wir dahin, dass Veganismus und der Kampf für die Utopie nicht mehr als »verweichlicht« und »träumerisch-naiv« gelten? Und das Steak nicht mehr als toxisch-männliche Trotzreaktion gegen die zunehmenden Angriffe auf das Patriarchat hochgehalten wird?[146] Die Klimakrise ist auch eine Krise der traditionellen Männlichkeit.[147]

Die Privatisierung von Nachhaltigkeit wird uns den Antworten auf diese Fragen nicht näherbringen. Was wir stattdessen brauchen, ist die »Vergemeinschaftung von sozialer und ökologischer Sorgeverantwortung«, wie Daniela Gottschlich von der Leuphana Universität Lüneburg in einem Hintergrundpapier zum Thema Care und nachhaltiges Wirtschaften schreibt: »eine politische Kultur, die kooperative und partizipative Werte schätzt«[148]. Sind solche Rahmenbedingungen vorhanden, ist es durchaus wahrscheinlich, dass relevante politische Ämter von Frauen und nicht binären Personen übernommen werden, wie das Beispiel von radikal:klima zeigt: Die neue Klimapartei zeichnet sich unter anderem durch umfassende Care-Strukturen und flache Hierarchien aus.

Ökonomin Marcella Corsi von der Universität La Sapienza in Rom meint: »Unbezahlte Pflege- und Hausarbeit - überwiegend von Frauen geleistet - schreibt nicht nur die Geschlechterungleichheit fort, sie ist auch eine kostenlose Subvention, die das Wirtschaftswachstum und damit den Ressourcenverbrauch in reichen Ländern weiter antreibt. Zudem fördert sie eine Konsumkultur, die, wie weithin anerkannt, die biophysikalischen Grenzen der Erde inzwischen überschreiten lässt.«[149]

Wenn wir wirklichen Wandel wollen, müssen wir diejenigen fair entlohnen, die unsere Gesellschaft eigentlich an ihrem Fundament zusammenhalten: So, wie die Ausbeutung insbesondere von Frauen gerade dazu führt, ein für alle schädliches System am Leben zu erhalten, kann die monetäre wie gesellschaftliche Aufwertung von Care-Arbeit dazu beitragen, Pflege und Sorge zu einem tragenden Sektor einer grüneren Welt - und nebenbei attraktiv für alle Geschlechter - zu machen.[150] Care Work is Climate Work.[151]

Wenn Klimaschutzentscheidungen am Ende doch wieder von alten *weißen* Männern in Machtpositionen getroffen werden, besteht nicht nur die Gefahr, dass sich wenig bis gar nichts vorwärtsbewegt - immerhin profitieren sie am meisten von der aktuellen Situation und haben daher ein großes Interesse daran, dass im Wesentlichen alles so bleibt, wie es ist.[152] Das, *was* sich bewegt, berücksichtigt höchstwahrscheinlich nicht die Perspektiven von Frauen, LGBTQIA+ und anderen marginalisierten Gruppen, die sich ganz anders in der Gesellschaft orientieren - und dementsprechend von der cis-männlichen Norm abweichende Bedürfnisse haben. Wenn wir Gesetze zum Klimaschutz entwerfen, müssen wir uns fragen: Nimmt die Arbeitsbelastung im Haushalt zu? Wird die Mobilität von bestimmten Personengruppen eingeschränkt? Ist die Sicherheit im öffentlichen Raum für alle Beteiligten gewährleistet (wenn man nachts beispielsweise Straßenbeleuchtungen abschaltet, um Strom zu sparen)?

Aus dieser Perspektive ist es gut und wichtig, dass der Frauenanteil auf den Klimademos so hoch ist - aber nicht ausreichend. Wir brauchen auch diversere Stadtplaner:innen[153], Architekt:innen, Politiker:innen - Schlüsselfiguren mit der Macht, sehr konkret Dinge zu verändern. Unsere Antworten auf die Klimakrise dürfen nicht geschlechterblind (gender-blind) sein.[154] Das bedeutet auch, die Kategorie *Gender* nicht automatisch mit »Frauen« gleichzusetzen und damit das Mann-Frau-Schema zu reproduzieren. Sondern sich immer wieder klarzumachen: Gender ist ein soziales Konstrukt, das mit sich überschneidenden Machtbeziehungen aufgeladen ist. Nicht alle Frauen in dieser Gesellschaft (und auf der Welt) sind gleich, nicht alle Menschen sind entweder Mann oder Frau. Wir können (und müssen) Konstrukte neu denken. Wenn gleich viele Frauen wie Männer in Entscheidungspositionen sitzen, ändert sich nicht zwingend etwas - diese Menschen müssen auch ein Bewusstsein für die Verflechtungen von Klima und Gender mitbringen. Dieses Wissen muss erlernt werden.[155]

»WIR BRAUCHEN WENIGER CHARITY, SONDERN ECHTE SOLIDARITÄT«

Von Jennifer Hauwehde

Feminismus muss für alle Menschen gelten - egal, wer sie sind und wo sie leben. Wie doppelbödig unser Verhalten im reichen Norden immer noch ist, wenn es um die praktische Umsetzung von schön klingenden Theorien geht,[156] zeigt vor allem ein Blick auf internationale Lieferketten: Die Produkte, die wir mit uns herum und an unserem Körper tragen, werden oft nicht unter Umständen hergestellt, die man als menschenwürdig oder gar feministisch bezeichnen könnte.

Die drei Frauen Vreni Jäckle, Jana Braumüller und Nina Lorenzen, die als Fashion Changers die Vorreiter:innen der nachhaltigen Modebranche miteinander vernetzen, Veranstaltungen und Konferenzen ausrichten, legen den Finger in genau diese Wunde. Und haben nicht zuletzt das Buch *Fashion Changers - Wie wir mit fairer Mode die Welt verändern können* geschrieben. Mode ist für die Kolleg:innen und Freund:innen mehr als »nur« schöne Kleidung: Sie kann immer auch Aktivismus sein. Der fängt bei der Frage an, wer unter welchen Umständen die Stoffe auf meiner Haut hergestellt hat, und hört bei dem Empowerment auf, das gut sitzende und frei ausgewählte Mode für eine:n Träger:in bedeuten kann. Die Fashion Changers sind Expert:innen für Lieferketten, Diversitätsprobleme in der Modeindustrie und die ganz konkrete Schnittstelle von Mode und Feminismus. Ich habe Fragen.

»Wenn wir als Feminist:innen Machtverhältnisse hinterfragen, gehört auch ein kritischer Umgang mit Konsum dazu.«

Wie definiert ihr den Begriff Feminismus?
Feminismus bedeutet für uns, dass allen Menschen die gleichen Rechte zuteilwerden - egal, welches Geschlecht sie haben oder welchem Gender sie sich zuordnen. Auch wenn oftmals der Eindruck entsteht, dass wir in Sachen Gleichberechtigung schon sehr weit gekommen sind, wird doch immer wieder deutlich, dass wahre Gleichberechtigung noch meilenweit entfernt ist. Das sehen wir an Entwicklungen wie #MeToo, aber zum Beispiel auch an strukturellem Sexismus in der Arbeitswelt. Darüber hinaus möchten wir gerne die Definition der Autorin Julia Korbik anführen: »Feminismus ist eine politische Bewegung, die nach gesellschaftlicher Veränderung strebt. Das Ziel lautet Chancengleichheit unabhängig vom biologischen oder sozialen Geschlecht. Der Feminismus blickt auf unsere Gesellschaft mithilfe einer Genderbrille und hinterfragt die Machtverhältnisse: Er möchte wissen, wer Macht hat (und wer nicht) und wie diese dann eingesetzt wird.«[157] Deswegen muss Feminismus für uns auch immer intersektional sein.

Kann mein persönlicher Konsum überhaupt antifeministisch sein?
Das kommt natürlich stark darauf an, wie du Feminismus für dich definierst. Wenn wir als Feminist:innen Machtverhältnisse hinterfragen, gehört auch ein kritischer Umgang mit Konsum dazu. Wir leben in einem kapitalistischen System, das zu

großen Teilen auf der Ausbeutung von bestimmten, oftmals marginalisierten Gruppen und Wirtschaftskraft aus dem globalen Süden beruht. Und nicht nur das: Auch in Deutschland haben wir in unserem Wirtschaftssystem große Probleme mit Klassismus. Vereinfacht ausgedrückt: Reiche Menschen werden reicher, weil sie sozial benachteiligte Menschen für sich schuften lassen.

Genau das passiert auch in der Bekleidungsindustrie. Hier kommt erschwerend hinzu, dass ungefähr 80 Prozent der Textilarbeiter:innen Frauen sind, die meist unter prekären Bedingungen Kleidung nähen, die zu großen Teilen in westlichen Industrieländern verkauft wird. Prekäre Bedingungen bedeutet, dass es oftmals keine Arbeitsverträge gibt und die Versammlungsfreiheit eingeschränkt ist, genauso wie das Recht, Gewerkschaften zu bilden. Daneben spielt zudem verbale und sexualisierte Gewalt eine große Rolle im alltäglichen Leben einer Textilarbeiterin, die sich gegen diese

Ungerechtigkeit kaum wehren kann. Wenn ich Feminismus also über meine Landesgrenze hinausdenken möchte, sollte ich auch an das Wohl von Menschen in den Produktionsländern denken. Das gilt selbstverständlich auch für andere Konsumgüter.

Das ist ziemlich viel Verantwortung, die bei den Kaufentscheidungen von Konsument:innen liegt.

Die Verantwortung bei den Verbraucher:innen abzuladen ist wirtschaftlich und politisch sehr beliebt. Ziel ist eine Verschiebung dieser Verantwortung auf die Unternehmen. Dafür kann die Politik sorgen, indem sie beispielsweise Gesetze verabschiedet, die Menschenrechte nicht nur hier in Deutschland schützen. Deswegen appellieren wir an die Politiker:innen, ein Lieferkettengesetz[158] einzuführen. Wenn dann ein Unternehmen seiner unternehmerischen Sorgfaltspflicht nicht nachkommt und nicht dafür sorgt, dass Menschenrechte und Umweltstandards entlang der Wertschöpfungskette eingehalten werden, könnte es vor einem deutschen Gericht zur Verantwortung gezogen werden. Damit Unternehmen ihre Aufgaben erfüllen, könnten auch wirtschaftliche Incentives (Anreize) helfen. Unternehmen, die unabhängige Siegel und Zertifizierungen einsetzen, um ihre Lieferketten zu überprüfen, könnten wirtschaftlich bevorteilt werden - zum Beispiel in Form von Steuererleichterungen oder speziellen Förderprogrammen. Dann müssten Konsument:innen am Ende des Tages - unabhängig von ihren sozioökonomischen Hintergründen - gar nicht vor der Wahl stehen, ein faires oder unfaires Produkt zu kaufen.

Was passiert, wenn Nachhaltigkeit und Feminismus nicht zusammen gedacht werden?

Feminismus bedeutet für uns auch Fairness. Es ist nur fair, dass Menschen zum Beispiel nicht in Chemikalien stehen müssen, um Produkte zu fertigen. Nachhaltigkeit bedeutet für uns, dass wir uns Gedanken darüber machen, welche Ressourcen wir wie verbrauchen und wie wir langfristig mit den uns zur Verfügung stehenden Ressourcen umgehen können. Nachhaltigkeit allein reicht aber nicht aus, um einen Systemwandel herbeizuführen. Dafür müssen wir auch weitere Kriterien mitdenken, die Menschen wiederum empowern und Chancengleichheit ermöglichen. Verkürzt gesagt: Die nachhaltigste Jeans bringt am Ende nichts, wenn dafür wieder Menschen ausgebeutet werden und negative Machtverhältnisse bestehen bleiben.

Wo stoßt ihr im Zuge eurer Arbeit auf Problemfelder, die diese Spannungen beinhalten?

In der Fair-Fashion-Branche wird Nachhaltigkeit oft mit Fairness zusammengedacht. Doch auch hier gibt es Grenzen. Denn was abseits von fairer Bezahlung hin und wieder außer Acht gelassen wird, ist die Abbildung von Machtverhältnissen innerhalb der Unternehmen. Wie ist das Unternehmen aufgestellt? Welche Menschen arbeiten im Team - wird hier auf Diversität und Inklusion geachtet? Welche hierarchischen Strukturen liegen vor? Wenn es um Produkte geht, stellen wir oft fest, dass viele Menschen in der Fair Fashion nicht repräsentiert werden und Strukturen aus der konventionellen Modebran-

»Nachhaltigkeit allein reicht nicht aus, um einen Systemwandel herbeizuführen.«

che reproduziert werden. Das ist etwa bei den Produktgrößen auffällig, die oft nicht größeninklusiv sind. Oder in der visuellen Außenkommunikation, in der mehrheitlich *weiße*, normschöne und able-bodied Menschen[159] gezeigt werden. Hinzu kommt, dass oft ein sensibilisierter Umgang mit Sprache fehlt und die Ansprache eher ausschließt als inkludiert. Wenn Empowerment und Chancengleichheit hinter den Kulissen nicht gelebt werden, zeigt sich das auch im Außenauftritt.

Und wie kommen wir einer feministischeren Welt konkret näher? Was muss am besten sofort verändert werden, und was hätte den größten Impact?
Der erste Schritt ist zu lernen, die Machtstrukturen zu sehen und zu hinterfragen. Zu erkennen: Diese Plätze, die Frauen in der Modebranche aktuell besetzen, sind sehr begrenzt und nicht zufällig. Man kommt an System- und Kapitalismuskritik einfach nicht vorbei.

Was man konkret sofort in der Modebranche verändern könnte, wäre denn die Bereitschaft wirklich da: Menschen endlich einen Existenzlohn für ihre Arbeit zahlen. Weniger Charity, sondern echte Solidarität, diversere Teams aufstellen. All das ist relativ einfach möglich. Das Geld, um Existenzlöhne zu zahlen, ist da, und für eine Zusammenarbeit auf Augenhöhe braucht es nicht viel mehr als die Erkenntnis, dass man selbst nicht über anderen steht.

»Der erste Schritt ist die Machtstrukturen zu sehen und zu hinterfragen.«

FASHION CHANGERS
Hinter den 2017 gegründeten Fashion Changers stehen Vreni Jäckle, Nina Lorenzen und Jana Braumüller. Die Gründerinnen kreieren Content in den Themenfeldern Fair Fashion, Nachhaltigkeit, Politik und Gesellschaft. Dabei holen sie unbequeme Themen auf den Tisch, geben Wissen weiter und erarbeiten gemeinsam mit einer starken Community bei ihren Events, Workshops oder der Fashion Changers Konferenz Lösungen für eine gerechtere Modewelt.
#letschangethatfashiongame

LET'S TALK ABOUT WIRTSCHAFT, BABY

KAPITEL 3

»We are in the beginning of a mass extinction, and all you can talk about is money and fairy tales of eternal economic growth. How dare you!«

Greta Thunberg

WIE UNTERNEHMEN IN ZEITEN DER KLIMAKRISE AN DER MACHT BLEIBEN WOLLEN

Von Jennifer Hauwehde

Um sich der Verantwortung zu entziehen, ihre Macht zu sichern und möglichst lange so weitermachen zu können wie bisher, verfolgen Unternehmen und internationale Konzerne unterschiedliche Strategien:

1 DAS PROBLEM LEUGNEN

Konsument:innen und Kritiker:innen werden als »radikal« und »weltfremd« diffamiert. Gerne wird das Argument angebracht, die jeweilige Firma oder das entwickelte Produkt/die Technologie habe Fortschritt und Wohlstand erst ermöglicht, sei also entweder unverzichtbar oder zumindest nicht Teil des Problems. Konzerne sind mittlerweile zum Großteil offiziell davon abgerückt, die Klimakrise als solche zu leugnen: Alles andere wäre angesichts der andauernden Proteste und erdrückenden Faktenlage aus der Wissenschaft auch nicht besonders klug.

2 VERANTWORTUNG VERLAGERN

2a Populär ist der Fingerzeig auf andere Länder, beispielsweise China oder Japan, die doch bitte erst mal etwas gegen ihre vermeintlich horrenden CO_2-Emissionen tun sollen - sonst nütze es ja nichts, wenn wir uns in Deutschland abarbeiten. Immerhin seien wir eine Weltgemeinschaft, und da müssten alle liefern. (Sagen sie, um sich dann selbst zurückzulehnen und gar nichts zu tun.)

2b Eine andere Verantwortungsverschiebung passiert viel öfter und ist so dramatisch und mittlerweile auch so sehr ins kollektive Gewissen eingeschrieben, dass wir uns im Folgenden (und im nächsten Kapitel) intensiv damit beschäftigen werden: die Verantwortungsverlagerung auf das konsumierende Individuum, die Kund:innen, die das Produkt oder die Dienstleistung erwerben.

2ba Die unterste Ebene des Arguments lautet: »Wenn unser Produkt so klimaschädlich ist, sollen die Leute es nicht kaufen, sie haben die freie Wahl.«

2bb In einer anderen Spielart wird den Verbraucher:innen unterstellt, sie würden viel zu viel konsumieren - von dem speziellen Produkt, aber auch generell. Mäßigung sei das Schlüsselwort. »Wenn die Leute so undiszipliniert sind, ist das nicht unser Problem.«

2bc Apropos Disziplin: An den Plastikbergen an Küsten und Ozeanstrudeln voller Müll sind die Unternehmen natürlich nicht schuld - warum schmeißen die Leute auch einfach ihren Dreck in die Umwelt! »Lasst uns eine Clean-up-Kampagne initiieren!« (»Wir könnten stattdessen auch unsere Produkte ändern oder andere/bessere Infrastrukturen zur Verfügung stellen, aber das wollen wir nicht, weil es ganz gut so funktioniert und andernfalls mehr kosten würde. Mehrkosten mögen wir nicht und begegnen diesen gerne mit dem Argument, dass man sie mit höheren Preisen bei den Verbraucher:innen wieder reinholen müsste - was ja nicht sozial gerecht wäre, und wir sind sehr bedacht auf soziale Gerechtigkeit.«)

3 MIT FREIWILLIGEN SELBST-VERPFLICHTUNGEN ABLENKEN

Manchmal sehen Unternehmen ein, dass es besser ist, zu den eigenen offensichtlichen Unzulänglichkeiten beim Klimaschutz zu stehen und öffentlich Besserung zu geloben: in pathetisch formulierten Papieren, in denen eine Reduktion der unternehmenseigenen Emissionen oder gar die Klimaneutralität angestrebt wird. Allerdings gerne schwammig und möglichst unverbindlich, sodass jeder kleine Schritt medienwirksam als Meilenstein gefeiert werden kann.

4 DEN DRECK NEUTRALISIEREN

In den vergangenen Jahren ist mir aufgefallen, dass jetzt auf einmal alle Bäume pflanzen. Manchmal direkt vor der Haustür, ein andermal auf anderen Kontinenten. CO_2-Emissionen würden so kompensiert, heißt es. Damit sich die

Frage nach einer Verringerung der Emissionen an der Wurzel nicht stellt - denn das würde bedeuten, Produktionsvorgänge und Produktentwürfe zu ändern und manchmal alles über den Haufen zu werfen und einzusehen, dass man sehr viel tut - nur nicht für das Klima.

5 DEN MARKT REGELN LASSEN

Systeme wie das Europäische Emissionshandelssystem mahlen langsam und sind leicht auszutricksen. Das ist aus Unternehmensperspektive gut so - Verbote wären wesentlich effizienter und strikter, deshalb begrüßen Konzerne den ineffektiven Emissionshandel anstelle verbindlicher politischer Vorschriften.

Häufig werden die angeführten Praktiken nicht sortenrein und getrennt voneinander für eine Argumentationslinie verwendet, sondern vermengen sich - gerne wird die Strategie zur Wahrung des öffentlichen Ansehens auch wiederholt gewechselt. In den vergangenen Monaten war insbesondere das Pochen auf die Notwendigkeit - im Coronasprech: *Systemrelevanz* - der eigenen Produkte wieder verstärkt vonseiten der fossilen Industrie zu hören. Die Plastiklobby machte mobil - gegen Jutebeutel, Glasbehälter und andere wiederverwendbare Gegenstände. Mit der Begründung, es handele sich um unhygienische Alternativen, die man sich in Zeiten einer Pandemie nicht erlauben könne.

Stattdessen sollten die in einigen Städten und Gemeinden bereits verabschiedeten Gesetze für das Verbot von Einwegplastikartikeln nach Ansicht der Vertreter:innen aus der Plastiklobby am besten gestern wieder rückgängig gemacht werden - so die Plastics Industry Association in einem Brief an die US-Gesundheitsbehörde: Die Öffentlichkeit, so heißt es darin, sollte davon überzeugt werden, dass Plastik die hygienischste Alternative darstelle und alles andere Konsument:innen wie Arbeiter:innen in Gefahr bringe.[160] In einigen Städten der USA hatte man Erfolg - die Beschlüsse wurden umgehend aufgehoben oder zumindest bis auf Weiteres außer Kraft gesetzt, und Starbucks nahm keine mitgebrachten Behälter mehr an, sondern schenkte ausschließlich in Einwegbechern aus.[161]

Und auch bei der Europäischen Kommission, die ein Verbot für Einwegplastikartikel für das Jahr 2021 auf den Weg gebracht hatte, klopfte man in einem öffentlichen Brief an. Die European Plastics Converters (EuPC) mahnten: »Wir können in keiner Weise auf die Sicherheit, die Plastikprodukte gewährleisten können und bereits gewährleisten, verzichten, um gegen die aktuelle Krise zu kämpfen.«[162] Dabei wurden (in beiden Fällen) nicht zum ersten Mal wissenschaftliche Ergebnisse bewusst ignoriert oder falsch interpretiert - und Studien zitiert, die keine sind.[163] Tatsächlich deutet alles darauf hin, dass sich das Coronavirus auf wenig anderen Materialien so lange hält wie auf Plastik,[164] und Mehrweglösungen durchaus hygienisch sind, wenn sie regelmäßig gereinigt werden.[165] Das wurde selbstredend mit keiner Silbe erwähnt (genauso wenig wie die mehr als 12.000 potenziell gefährlichen Substanzen, die in Plastikverpackungen für Lebensmittel enthalten sein können,[166] oder die Folgen der Plastikproduktion für die Umwelt). Die EU-Kommission lehnte das Gesuch der EuPC ab.[167]

AM ENDE GEHT ES UM DIE WÜRDE

Mit Blick auf diese Verhältnisse wundert es mich nicht, dass immer mal wieder die berechtigte Frage gestellt wird, ob das alles eigentlich noch mit der Demokratie vereinbar ist, wie wir sie uns gemeinhin vorstellen. Das Verbot von Einwegplastik, für das viele Umweltorganisationen jahrelang gekämpft hatten und das zuletzt immer breiteren Rückhalt in der Bevölkerung genossen hatte - zunichtegemacht durch einen Brief von der milliardenschweren Industrie? Es wäre nicht das erste Mal, dass die Dinge so laufen und Politik zugunsten der Interessen weniger Gutbetuchter gemacht wird. Das Festhalten der EU-Kommission am aktuellen Kurs überrascht da eher.

Christian Neuhäuser ist Professor für praktische Philosophie an der Technischen Universität Dortmund und hat ein kleines Buch im Reclam-Verlag herausgebracht, *Wie reich darf man sein?*, in dem er sich fragt, ob Reichtum eigentlich immer ungerecht ist.[168] Er meint: Ab einer bestimmten Grenze hat Reichtum »massiv ungerechte Konsequenzen« - vollkommen egal, wie er zustande gekommen ist. Vorsichtig schreibt er: »Aufgrund der unbeabsichtigten negativen Effekte sollten wir diese problematischen Formen von Reichtum vielleicht

trotzdem unterbinden.« Und schlägt – dann doch für seine Zunft relativ drastisch – eine 100-Prozent-Steuer vor, das bedeutet: Ab einem gewissen Vermögen würde es sich nicht lohnen, noch reicher zu werden, weil alles von dem, was jetzt noch dazukäme, dem Staat und ergo dem Gemeinwesen zugutekäme.[169]

Wenn Einzelpersonen nicht mehr unermesslich reich werden und dermaßen viel Einfluss auf sich konzentrieren könnten, wie es heute der Fall ist, hätte das laut dem Philosophen drei Vorteile: Macht würde umverteilt, die Demokratie stabilisiert, und die Würde aller Mitglieder der Gesellschaft bliebe gewahrt.

Solange die wichtigen Entscheidungen bereits vor den eigentlichen Abstimmungen im Europaparlament wie im Bundestag[170] aufgrund von Hoteleinladungen, Weinverkostungen oder zukünftigen lukrativen Karrierechancen in der Wirtschaft getroffen werden, Argumente und politisches Aushandeln also zweitrangig sind, liegt ein politischer Apparat vor, der seine Arbeit nicht (mehr) im Sinne der Bürger:innen erledigen kann. Neuhäuser schreibt dazu: »Es bleiben die Polit-Talkshows, in denen man so tut, als würde man noch ergebnisoffen diskutieren und gemeinsam eine Lösung für ein Problem suchen.«[171]

So zu tun als ob ist eine Disziplin, in der fossile Konzerne ein Dauerabo auf die Platinmedaille abgeschlossen haben. Der Stromerzeuger RWE wirbt beispielsweise auf seiner Website unübersehbar für eine »nachhaltige Zukunft«, zeigt viel Meer und Drohnenaufnahmen von Waldflächen,

übertitelt mit »Our energy for a sustainable life«, und versteht sich als »Treiber der Energiewende«. Der Anteil an erneuerbaren Energien an der Stromerzeugung von RWE liegt bei rund elf Prozent - wohingegen 65 Prozent aus Gas und Braunkohle, weitere 14 Prozent aus Atomkraft bestehen.[172] Nachhaltigkeit ist ein dehnbarer Begriff, wenn es darum geht, wettbewerbsfähig zu bleiben. Bleiben wir kurz bei kleinen und größeren Aufregern und bei fossilen Industrien.

DER ÖKOLOGISCHE FUSSABDRUCK IST EINE PR-AKTION

Oh, ich glaube, ich habe gerade eine Detonation in euren grauen Zellen gehört. So hat es sich in meinem Kopf jedenfalls angefühlt, als ich zum ersten Mal gelesen habe, dass der ökologische Fußabdruck ursprünglich keine wissenschaftliche Kategorie, sondern eine Erfindung des Ölkonzerns British Petroleum (BP) war. Ich tippte »WHAAAAAAAAT?!« in mein Handy und schickte die Nachricht an meinen Partner, meine Freund:innen und meine Schwestern. (Ich schreibe äußerst selten in Großbuchstaben - das ist für diese besonderen Fälle reserviert.)

Meine Fassungslosigkeit darüber, dass ein milliardenschwerer Ölgigant im Jahr 2004 seinen Rechner zur Bestimmung des individuellen CO_2-Fußabdrucks auf seiner Website veröffentlichte und damit einen neuen Begriff schuf, den wir heute unkritisch überall verwenden, ist immer noch grenzenlos. Dieser Coup wird als eine der erfolgreichsten PR-Geschichten eingestuft.[173] Und hat wieder einmal die Verantwortung für die Klimakrise auf mich als Konsument:in verschoben - und zwar ausschließlich. Was du isst, wie du dich bewegst, wie du wohnst, wie viel du einkaufst - keine Sorge, das kann alles fein säuberlich berechnet werden, und im Anschluss geben wir dir Tipps zum Bessermachen mit. Damit du ein bisschen beschäftigt bist und nicht darüber nachdenkst, dass BP regelmäßig für Ölkatastrophen verantwortlich ist[174], jedes Jahr knapp vier Milliarden Barrel Öl aus dem Boden holt[175] und weitere Vorkommen erschließt, obwohl klar ist, dass es sich um einen endlichen und höchst klimaschädlichen Rohstoff handelt. BP twittert: »Der erste Schritt, deine Emissionen zu reduzieren, ist zu wissen, wo du stehst. Ermittle deinen #carbonfootprint mit unserem neuen Rechner und teile dein Versprechen noch heute.« Angehängt ist eine Grafik mit Slogans wie »take public transport«, »eat local« und schönen Zeichnungen von Brokkoli und Fahrrädern.[176] BP hat im Jahr 2018 rund zwei Prozent seiner Ausgaben in erneuerbare Energien investiert.[177]

Das Problem an der Sache: In einer Gesellschaft, die wesentlich durch Öl angetrieben wird, ist es unmöglich, den eigenen CO_2-Fußabdruck auf ein klimaverträgliches Maß zu senken. Ein paar Jahre nachdem BP seinen CO_2-Rechner veröffentlicht hatte, untersuchte ein Team aus Wissenschaftler:innen am MIT (Massachusetts Institute of Technology) den ökologischen Fußabdruck der US-amerikanischen Bevölkerung. Das Ergebnis: Sogar ein wohnungsloser Mensch, der in der Suppenküche sein Essen abholt und auf der Straße schläft, hat einen jährlichen Fußabdruck von knapp 8,5 Tonnen CO_2. Klimaverträglich wären 2,3 Tonnen. Wie kann das sein?

Die Antwort ist ziemlich einfach: Grundlegende Infrastrukturen - wie zum Beispiel das Vorhandensein einer Polizei, von Straßen, Büchereien und dem Militär - stehen prinzipiell allen zur Verfügung, sie bilden das Fundament der Gesellschaft. Und sie benötigen immens viele Ressourcen. Die Forschenden haben nun den Klima-Impact dieser Dienstleistungen auf jedes Individuum heruntergerechnet - und darin sind noch nicht einmal Faktoren wie Bildung oder medizinische Versorgung enthalten, die nur einem bestimmten Teil der Bevölkerung zugänglich sind.[178] Damit zeigen sie, wie sehr Aufrufe zum persönlichen Verzicht an der Realität vorbeigehen können, wenn das größere Bild nicht miteinbezogen wird.

Zusammengefasst könnte man sagen: Egal, wie man's macht, man macht es falsch. Oder zumindest nicht richtig genug - denn solange das System bis in seine Grundfesten maximal unnachhaltig funktioniert, kann man mittendrin nur bedingt ökologisch handeln. Man kann sich das schönreden und brav unverpackt, fair und vegan einkaufen, weniger fliegen und hier und da eine Petition unterschreiben. Das ist auch wichtig, denn Menschen brauchen Vorbilder, und Gewohnheiten ändern sich eher, wenn andere neue Alternativen vormachen. Wir sollten alle den Teil beitragen, den wir beitragen können. Aber die Welt werden wir damit nicht verändern, auch wenn das eine schmerzhafte Erkenntnis ist.

Übrigens wussten die Energieriesen - also Shell, Exxon und BP - bereits Ende der 70er-Jahre bestens über die drohende Klimakrise Bescheid.[179] Und haben entschieden nichts zu unternehmen, was ihrem Geschäft schaden könnte. Stattdessen betrieben sie fleißig Greenwashing und lenkten mit Lobbyismus und Kampagnen wie dem #carbonfootprint die Aufmerksamkeit weg von sich und hin zu den Konsument:innen. Das hat wunderbar funktioniert - bis heute.

4.90
2.50
2.50
Berliner Stulle 3.50
verschiedene Sorten zur Auswahl
Avocado Stulle 5.00
getoastet oder soft
Salat Bowl 8.50
mittlere Salat Bowl 6.50
Tagessuppe 4.50
MACA

EIN ESSAY VON CHRIS VIELHAUS

EINE (SEHR KURZE) GESCHICHTE DES KAPITALISMUS

NUR WER DIE VERGANGENHEIT VERSTEHT, KANN DIE ZUKUNFT GESTALTEN

Brennende Regenwälder. Verschmutzte Weltmeere. Ausgebeutete Arbeiter:innen. Egal, über welches Symptom unserer Lebensweise wir traurig den Kopf schütteln, am Ende der Diskussion landen wir immer bei diesem einen Wort, das für viele zum Kampfbegriff geworden ist: *Kapitalismus.* Dieses Wort beschreibt unser westliches Gesellschafts- und Wirtschaftssystem wie kein anderes, und doch ist es von einem merkwürdigen Nebel umgeben, der die Sicht darauf verklärt. Was genau ist das eigentlich, Kapitalismus? Ist er wirklich diese ominöse, zerstörerische Kraft, die unseren Planeten an den Rand des Abgrunds getrieben hat? Oder ist er am Ende im Kern doch eine segensreiche Wirtschaftsform, die uns Menschen zu Fortschritt und Wohlstand verholfen hat?

Diese Fragen sind nicht leicht zu beantworten; doch um das »System Kapitalismus« verstehen zu können, müssen wir keine Ökonom:innen sein und zwölf Semester Wirtschafts»wissenschaften« studiert haben. Entscheidend ist erst einmal die Erkenntnis: Der Kapitalismus ist nicht einfach so vom Himmel gefallen. Seine Gesetze sind nicht naturgegeben.

Vielmehr verbanden sich die verschlungenen Wege unserer Geschichte nach und zu dem großen Ganzen, das wir heute als »Gegenwart« bezeichnen. Es ist ein wenig so, als würden wir in der Gegenwart auf einer Lokomotive sitzen, die unaufhaltsam Richtung Zukunft fährt. Wenn wir uns umsehen, können wir am Horizont lediglich das Stück des Weges sehen, das wir selbst miterlebt haben, seit wir zugestiegen sind.

Egal, was wir tun, der Zug der Zeit fährt unaufhaltsam voran – und die Reise scheint zunehmend holprig und unkontrollierbar zu werden. Die gute Nachricht ist: Lenken ist zwar schwierig, jedoch nicht unmöglich. Immer wieder bietet sich die Möglichkeit, die Weichen in Richtung Zukunft neu zu stellen. Doch wenn wir entscheiden wollen,

»Der Kapitalismus ist nicht einfach so vom Himmel gefallen. Seine Gesetze sind nicht naturgegeben.«

welche Abzweigung die richtige ist, müssen wir erst mal kurz überblicken, woher wir gekommen sind.

Höchste Zeit also, den geschichtlichen Rückwärtsgang einzulegen und herauszufinden, wann die Weichen auf Kapitalismus gestellt wurden.

1. HALT: WIE »DAS KAPITAL« IN DEN KAPITALISMUS KAM

Folgen wir den historischen Gleisen des Kapitalismus entgegen der Fahrtrichtung, lautet der letzte Stopp: England, Ende des 18. Jahrhunderts. Im Jahr 1776 veröffentlichte Adam Smith, der wohl erste große Wirtschaftstheoretiker, sein einflussreiches Buch *Der Wohlstand der Nationen*. Smith sah sich selbst aber wahrscheinlich eher als Philosoph, denn das, was wir heute als Wirtschaftswissenschaft kennen, gab es zu seiner Zeit schlicht noch nicht.

Trotzdem polarisiert sein Werk bis heute; für viele ist es ein Synonym für den entfesselten Kapitalismus, der auf unregulierten Märkten, radikalem Individualismus und der Entmachtung des Staates basiert. »Doch diese Sicht auf Adam Smith ist nicht nur verengt, sondern beruht zudem auf einem Missverständnis«, schreibt die Wirtschaftshistorikerin Ulrike Herrmann.[180] »Smith war ein Sozialreformer, der gegen die Privilegien der Reichen kämpfte.« So war er laut Herrmann vor allem deswegen für freie Märkte, weil er die Vorherrschaft der Superreichen seiner Zeit brechen wollte – die es auch schon vor dem Kapitalismus etwa in Gestalt von König:innen oder Kaufleuten gab.

Die zentrale Beobachtung, die Smith in seinem Buch machte und die die enorme Kraft des Kapitalismus erklären kann, ist banal: Arbeitsteilung ist extrem effizient. Sie war es, die für Smith in der Lage war, die schlummernden Kräfte des Fortschritts der Menschheit zu wecken. Durch die Spezialisierung einzelner Arbeiter:innen auf ganz bestimmte kleinteilige Arbeitsschritte konnten Dinge viel effizienter und zeitsparender hergestellt werden, als es zuvor üblich war.

Das große Potenzial der Arbeitsteilung machte Smith am Beispiel einer Stecknadelfabrik deutlich: Einzelne Arbeiter:innen konnten zu dieser Zeit pro Tag maximal 20 Stecknadeln anfertigen. Teilte man den Herstellungsprozess jedoch in die einzelnen Arbeitsschritte auf – Draht zuschneiden, in Form bringen und so weiter –, könnten zehn Arbeiter:innen an einem einzigen Tag bis zu 48.000 Nadeln fertigen. Spezialisierte Arbeiter:innen könnten in Arbeitsteilung also umgerechnet 4.800 Nadeln herstellen – eine Produktivitätssteigerung um mehr als das 200-Fache.

Die Vorteile der Arbeitsteilung ermöglichten bisher ungekannte Investitionen in den technischen Fortschritt - den Smith nur erahnen konnte, der jedoch bereits zu seinen Lebzeiten rasant an Fahrt aufnahm. Ab Mitte des 18. Jahrhunderts befeuerten Erfindungen wie der mechanische Webstuhl, die Dampfmaschine und verbesserte Verfahren zur Herstellung von Stahl das, was wir als industrielle Revolution kennen.

Die revolutionären technischen Fortschritte hatten eines gemein: Die Industriellen mussten zu Anfang investieren, um die neuen Maschinen anzuschaffen, an denen fortan spezialisierte Arbeiter:innen tätig sein sollten. Oder anders gesagt: Sie brauchten Kapital. Wer also das nötige Geld hatte (oder als kreditwürdig galt), konnte investieren. Sich moderne Maschinen kaufen, Leute anstellen, die Produktivität steigern und am Ende die Gewinne wiederum in neue Projekte stecken. Ein Prozess, der zu exponentiellem Wachstum führte.

Der Kapitalismus war geboren.[181]

Es dauerte nicht lange, bis sich die neuen, revolutionären Prinzipien zur Herstellung von Gütern über die Landesgrenzen hinweg herumsprachen und besonders in Europa und den USA fleißig kopiert wurden - und für den größten technischen Fortschrittssprung sorgten, den die Menschheit bis dato als Ganzes gesehen hatte.

Das brachte auf den ersten Blick viel Gutes mit sich: Die massenhaft produzierten Güter, vor allem Textilien, wurden in kürzester Zeit erschwinglich und waren bald keine Luxusgüter mehr. Zudem brachten weitere vom allgemeinen Fortschritt begünstigte Erfindungen dieser Zeit wie die Dampfmaschine, die Eisenbahn oder der Telegraf

CHRIS VIELHAUS

Chris Vielhaus kommt ursprünglich aus dem sehr ländlich geprägten Ostwestfalen. Als erstes Kind seiner Familie ging er an die Uni und studierte Politik und Geschichte. In dieser für ihn fremden Welt merkte er früh, wie sich die erhebliche Ungleichheit in Deutschland auswirkt. Nach seinem Masterabschluss baute er in Bielefeld ein Start-up im Consultingbereich mit auf, wechselte dann aber auf der Suche nach einer sinnstiftenden Tätigkeit per Quereinstieg in den Journalismus. Heute arbeitet Chris als Journalist für *Perspective Daily*, das größte Online-Magazin für konstruktiven Journalismus in Deutschland.

die Menschen näher zusammen. Die Reisezeiten von Menschen und Informationen schrumpften, die Welt wurde kleiner - und so begann bereits zu dieser Zeit auch das, was wir heute Globalisierung nennen.[182]

Gleichzeitig zeigte sich jedoch auch von Beginn an, dass die ungeahnten Fortschritte des Kapitalismus einen hohen Preis hatten: Die Umwelt litt, da der Verbrauch natürlicher Ressourcen und fossiler Brennstoffe fortan ebenso schnell wuchs wie die Produktion. So wurden etwa riesige Mengen von Palm- und Walöl zum Schmieren der neuen Maschinen benötigt. Antriebsriemen wurden aus tierischen Produkten - vorzugsweise aus Bisonleder - gefertigt. Die Zahl der Wale sank rasant, Bisons starben aus, und erste Flächen wurden im großen Stil für Palmölplantagen gerodet. Die giftigen Abwässer und der Rauch aus den Schloten landeten derweil ungefiltert in der Umwelt.[183]

Die indirekten Kosten für die Gewinne hatten also auch schon damals alle zu tragen, während die Profite in erster Linie von den Industriellen allein eingestrichen wurden. Millionen von Arbeiter:innen schufteten plötzlich zwölf bis 14 Stunden am Tag, sechs Tage die Woche, in gefährlichen, schmutzigen Fabriken. Sie führten stets die gleichen stumpfen Handgriffe durch. Nach Feierabend ging es heim in überbelegte, winzige Mietskasernen, für die sie große Teile ihres kümmerlichen Lohns aufbringen mussten. Ein Schicksal, das einen hohen Preis forderte: Im Schnitt wurden Fabrikarbeiter:innen zu dieser Zeit gerade einmal 15 Jahre alt.[184]

Doch eine Wahl hatten sie nicht, wenn sie überhaupt ein Einkommen erzielen wollten: Die modernen Maschinen, die den Fortschritt brachten, standen in den Fabriken, die denjenigen gehörten, die das Kapital hatten, um sie anzuschaffen. Selbst etwas herzustellen lohnte sich nicht mehr. So blieb ihnen nur, ihre Arbeitskraft an die Industriellen zu verkaufen, die auf diese Weise unaufhaltsam reicher und reicher wurden.

2. HALT: DIE ANFÄNGE DER KONSUM- UND WEGWERFGESELLSCHAFT

Befeuert durch fossile Brennstoffe industrialisierten sich im Verlauf des 19. Jahrhunderts zahlreiche Staaten des globalen Nordens in atemberaubendem Tempo. Der gemächliche Lauf der Geschichte war buchstäblich zu einem unaufhaltsamen Rennen geworden - bis es im Jahr 1914 zur Entgleisung kam, die von vielen Historiker:innen heute als »Urkatastrophe des 20. Jahrhunderts« bezeichnet wird: dem Ersten Weltkrieg.

Während sich der Krieg in Europa schnell zu einem mörderischen Flächenbrand entwickelte, herrschte auf der anderen Seite des Atlantiks Frieden. Die industrielle Revolution und der enorme Reichtum an natürlichen Ressourcen hatte vielen US-Bürger:innen zu Wohlstand verholfen. Mit dem alten Kontinent, den sie als Emigrant:innen hinter sich gelassen hatten, wollten sie nichts mehr zu tun haben.

Warum sollten sie Leben und Ressourcen für einen Krieg riskieren, der auf der anderen Seite des Ozeans tobte?

Die Regierung der USA hingegen war für einen Kriegseintritt. Um seine Wiederwahl durch eine derart unpopuläre Entscheidung nicht zu gefährden, rief der damals amtierende US-Präsident Woodrow Wilson die erste staatliche Propagandaagentur der Welt ins Leben, das sogenannte Committee on Public Information (CPI). Diese neue Organisation sollte die öffentliche Meinung lesen - und im Sinne der Regierung beeinflussen. Hier kam ein Mann ins Spiel, der später einmal als »Vater der Public Relations« bekannt werden sollte und der den Charakter des Kapitalismus auf fatale Art und Weise veränderte.

»Woodrow Wilson rief die erste staatliche Propagandaagentur ins Leben. Sie sollte die öffentliche Meinung lesen – und im Sinne der Regierung beeinflussen.«

Sein Name: Edward Bernays.[185]

Bernays, der heute trotz seines immensen Einflusses auf unser aller Leben kaum jemandem ein Begriff ist, war der Neffe Sigmund Freuds, der seinerseits den Grundstein für die moderne Psychotherapie legte. Ähnlich wie sein Onkel interessierte sich auch Bernays für die noch neue Disziplin der Psychologie, jedoch weniger auf individueller Ebene. Er beschäftigte sich im Gegensatz zu seinem Onkel mit der Psychologie der Massen, über die er während seiner Arbeit beim CPI viel lernte. Anders gesagt: Er wollte Menschen nicht therapieren, sondern manipulieren.

Bernays erprobte zu diesem Zweck verschiedene Instrumente, um möglichst viele Menschen subtil beeinflussen zu können. Er bezahlte etwa glaubwürdige und berühmte Personen dafür, vermeintlich spontane Reden vor Beginn eines Kinofilms zu halten, um die Anwesenden davon zu überzeugen, welche Gefahr von den »Hunnen« für die ganze Welt ausging. Die Erfahrungen, die Bernays hier machte, prägten seine gesamte weitere Karriere. Nachdem der Krieg für die USA und ihre Verbündeten 1918 gewonnen war, legte er den Grundstein für eine gänzlich neue Branche und bezeichnete sich fortan als »Berater für Public Relations«. Im Kern erfand er also das, was wir heute als Werbung, Sponsoring oder Influencing bezeichnen.

Es dauerte nicht lange, bis sich reiche Industrielle und Großkonzerne um die Dienste des ersten PR-Managers der Welt rissen. Denn mit Ende des Ersten Weltkriegs musste die moderne, industrialisierte Produktion von Waffen und Kriegsgütern wieder auf Friedenszeiten umgestellt werden – und irgendwer musste die Produkte, die millionenfach von den Fließbändern rollten, schließlich kaufen.

Bernays Kund:innen einte eine gemeinsame immense Sorge: dass die Menschen aufhören würden zu kaufen. Und sie so auf den ganzen funkelnagelneuen Produkten sitzen bleiben würden, die in ihren Fabriken voller moderner Maschinen unaufhaltsam hergestellt wurden. Aus der *Massen*produktion nach kapitalistischem Modell war eine *Über*produktion geworden.

Und Edward Bernays war einer der Männer, der der modernen Konsum- und Wegwerfgesellschaft Tür und Tor öffnen sollte.

3. HALT: WIE DIE WERBUNG DAFÜR SORGT, DASS MAN UNS BUCHSTÄBLICH ALLES VERKAUFEN KANN

Wie verkauft man etwas an Menschen, die eigentlich schon alles haben?

Edward Bernays kannte die Antwort: Er rückte ab von der »klassischen« Produktwerbung, die sich an die rationale Seite von uns Menschen wendet und dabei stets Eigenschaften wie Qualität, Haltbarkeit oder Komfort in den Mittelpunkt stellt.

Stattdessen nutzte Bernays fortan die damals noch relativ neuen Erkenntnisse der Psychologie, um Menschen subtil zu manipulieren. Und das funktioniert, auch heute noch, so: Anstatt Produkte aufgrund ihrer praktischen Vorzüge bei ihrem Gebrauch anzupreisen, lädt der PR-Berater der bernaysschen Schule Waren und Dienstleistungen mit emotionalem, oft irrationalem Wert auf. Ein Paradebeispiel dafür sind Autos, die durch die industrielle Massenproduktion immer erschwinglicher wurden.

Hätten »klassische« Werbende hier vielleicht noch auf die gute Verarbeitung und die exzellente Haltbarkeit des Motors gepocht, konstruierte Bernays das Bild vom Auto als Symbol für Maskulinität – schließlich bestimmten Männer in der damals noch wesentlich patriarchaler geprägten Gesellschaft darüber, wie das Geld eines Haushalts ausgegeben werden sollte.

Auf diese Weise tritt das *Gefühl beim Kauf eines Produktes* in den Vordergrund und verdrängt dessen eigentlichen Gebrauchswert, für den es ursprünglich hergestellt worden ist. Oder anders gesagt: Statt ein echtes Problem durch ein neues Produkt zu lösen, wird durch Werbung ein abstraktes Bedürfnis oder ein fiktives Problem konstruiert. Das Produkt rückt in den Hintergrund, der Akt des Kaufens wird zum Selbstzweck. Wer sich die Bilder von vor Apple-Stores campierenden Menschen vor Augen ruft, weiß, was gemeint ist.

Heute ist es für uns selbstverständlich, dass Werbung und PR eine Multimilliardenindustrie sind. Dank der Digitalisierung sind wir inzwischen besser empfänglich dafür, als es sich Edward Bernays je hätte erträumen können. Über unsere Smartphones, das Internet und die »sozialen« Medien sind wir nicht nur für Freund:innen und Familie erreichbar, sondern auch für die Werbeindustrie. Und zwar 24 Stunden am Tag, sieben Tage die Woche.

All das ist kein Zufall. Diese Form der Konsumpropaganda ist ein unverzichtbarer Bestandteil unseres kapitalistischen Wirtschaftssystems und somit systemrelevant. Sie garantiert, dass Wachstum auch dann noch stattfindet, wenn die meisten von uns eigentlich schon alles haben - während andere, vor allem im globalen Süden, aber auch hier bei uns, nach wie vor ausgebeutet werden.

Also einfach »back to the basics«, möglichst wenig konsumieren, und alles wird gut?

Jein. Denn es spricht eine ganze Menge dafür, dass wir allein durch individuellen Konsumverzicht die Lokomotive des Kapitalismus, die inzwischen alles in ihrem Weg niederzuwalzen droht, nicht so leicht wieder unter Kontrolle bekommen.

Um zu verstehen, warum das so ist, müssen wir uns noch eine weitere kritische Weichenstellung ansehen.

4. HALT: WIE DER KAPITALISMUS SEINE LETZTEN FESSELN SPRENGTE

Es war das Jahr 1947, als sich Unternehmer:innen und Intellektuelle auf Einladung des Ökonomen Friedrich August von Hayek in einem unscheinbaren Dorf nahe des Genfer Sees einfanden. Ihr Ziel: die Welt für immer zu verändern. Sie gründeten die Mont-Pèlerin-Gesellschaft (MPG), benannt nach einer nahe gelegenen Bergkette, um ihre politische Ideologie, die bald als Neoliberalismus bekannt werden sollte, zum absoluten Prinzip wirtschaftlicher und sozialer Organisation zu machen.[186]

Die Mitglieder der fortan beständig wachsenden, aber dennoch öffentlich kaum wahrgenommenen Organisation waren sich sicher: Der Markt kann alles besser als der Staat, daher sind möglichst viele Regulierungen abzuschaffen, da diese dem freien Spiel der Wirtschaft im Wege stehen. Je weniger Regeln es gibt, desto freier sind die Menschen - und wer könnte schon ernstlich etwas gegen Freiheit haben?

Was die Vorkämpfer:innen des Neoliberalismus nicht verrieten: Die Freiheit, die sie propagierten, galt nicht für alle, sondern in erster Linie für die Reichen und Mächtigen.

Über die Finanzierung von Universitäten, Massenmedien und Interessenverbänden steigerten sie ihren Einfluss kontinuierlich, bis mehr und mehr politische Entscheidungsträger:innen und viele weitere Menschen an dieses Konzept von »Freiheit« glaubten - obwohl sie selbst meist nicht zu den Profiteur:innen zählten.

In den 1970er-Jahren kam es schließlich zur sogenannten neoliberalen Wende, die Deregulierung, Individualisierung und Wettbewerb zunehmend ins Zentrum des politischen Handels rückte. Derart entfesselt, legte der Kapitalismus den Turbo ein - und mit ihm die Ausbeutung von Mensch und Natur.

Das zentrale Versprechen, dass am Ende alle von dem deregulierten Kapitalismus profitieren würden, blieb währenddessen nichts als Augenwischerei. Seit dem Jahr 1990 habe sich die Zahl der Menschen, die in extremer Armut leben, von 1,9 Milliarden auf 736 Millionen (2015) mehr als halbiert, heißt es etwa immer wieder.[187]

Wem das zu verdanken sei? Dem modernen Kapitalismus natürlich!

Der ehemalige UN-Sonderberichterstatter für extreme Armut und Menschenrechte Philip Alston sieht das ganz anders und bezeichnete diese Erzählung als »höchst irreführend«. Sie basiere einzig und allein auf einem fragwürdigen Maßstab, den die Weltbank selbst festgelegt hat: dem Grenzwert für extreme Armut, der bei 1,90 Dollar pro Tag liegt.

»Der dramatische Rückgang ist nur mit einem skandalös unambitionierten Maßstab möglich, der darauf abzielt, einen lediglich miserablen Lebensunterhalt zu sichern. [...] Er verschleiert die Armut unter Frauen und derjenigen, die in offiziellen Umfragen oft ausgeschlossen werden, wie etwa Wanderarbeiter und Flüchtlinge. Ein großer Teil des angekündigten Rückgangs ist auf steigende Einkommen in einem einzigen Land, China, zurückzuführen.«[188]

Die Ärmsten der Armen sind also arm geblieben – trotz der von vielen Politker:innen und Ökonom:innen verkündeten Heilsgeschichte des entfesselten Kapitalismus.

Doch selbst wir, die vermeintlichen Gewinner dieses Systems, profitieren seit Jahrzehnten kaum noch vom System Kapitalismus. Denn seit der neoliberalen Wende vor fast 50 (!) Jahren stagnieren die Reallöhne der durchschnittlichen Arbeitnehmer:innen auch bei uns in Deutschland. Der Großteil der Gewinne fließt in die Taschen derjenigen, die schon vorher reich waren – und inzwischen eine ganz neue Klasse von milliardenschweren Superreichen bilden.

Als wäre das nicht ungerecht genug, setzen einige von ihnen ihr unvorstellbares Vermögen sogar für die Finanzierung von Studien ein, die die fatalen Folgen ihres Tuns für die Umwelt widerlegen sollen. Allein die US-Industriellen Koch-Brüder haben in den letzten 20 Jahren 127 Millionen Dollar in bis zu 92 Organisationen gepumpt, die die Klimakrise verleugnen oder relativieren.[189]

»Der Großteil der Gewinne fließt in die Taschen derjenigen, die schon vorher reich waren.«

5. HALT: DIE GEGENWART. WIE STELLEN WIR DIE WEICHEN FÜR DIE ZUKUNFT?

Immer mehr, immer schneller, koste es, was es wolle. An dieser grundlegenden Dynamik hat sich seit den Anfängen des Kapitalismus nicht viel geändert. So rasen wir heute, im Jahr 2021, in unserer Lokomotive durch die Zeit nahezu ungebremst auf den Abgrund zu. Denn nach nur 200 Jahren der rasanten Fahrt sind die Grenzen unseres Planeten in greifbare Nähe gerückt. Überschreiten wir diese, erreichen wir Kipppunkte des Weltklimas, von denen es, einmal überschritten, kein Zurück mehr gibt. Dazu zählt vor allem die Steigerung der globalen Durchschnittstemperatur und in der Folge das Schmelzen von Polareis, Gletschern und Permafrostböden, die wiederum für weitere Aufheizung sorgen.[190]

»Wer die Vergangenheit versteht – (und aus ihr lernt!), kann die Zukunft gestalten.«

Unsere kurze Reise hat uns zudem gezeigt, dass ein kollabierender Planet und die extreme soziale Ungleichheit zwei Seiten der gleichen Medaille sind. So fanden Forschende zuletzt heraus, dass ein:e Angehörige:r des reichsten Prozents der Weltbevölkerung für 175-mal mehr Treibhausgase verantwortlich ist als ein:e Angehörige:r der ärmsten zehn Prozent.

Spätestens seit der Jahrtausendwende waren die Folgen dieser Politik für die Umwelt und Milliarden von Menschen nicht länger zu verleugnen: der moderne, deregulierte Kapitalismus, der in alle Bereiche unseres Lebens vorgedrungen ist, hat auf katastrophale Art und Weise versagt.

Doch trotz alledem besteht auch Hoffnung, wie ausgerechnet einer der einflussreichsten Neoliberalen der Welt, Milton Friedman, deutlich macht:

»Nur eine Krise [...] produziert echten Wandel. Wenn diese Krise auftritt, hängen die getroffenen Maßnahmen ab von den Ideen, die gerade so herumliegen.«[191]

Auf diese Weise erklärte er rückblickend, wie er und seine Mitstreiter:innen sich mit ihrer Ideologie nach zwei Jahrzehnten des Lobbyierens in den 70er-Jahren doch noch durchsetzen konnten. Nachdem das Prinzip des »Immer mehr, immer schneller« bereits Ende der 60er an seine Grenzen gestoßen war und Produktion, Profite und Lohnzuwächse stagnierten, kam es immer häufiger zu Streiks.

Spätestens die wirtschaftlichen Folgen der Ölpreiskrise im Jahr 1973 machten den Tiefstand komplett. Und die neoliberale MPG war vorbereitet. Sie hatte dafür gesorgt, dass ihre Ideen herumlagen, nämlich: Weg mit dem Staat, hoch lebe der Markt!

Heute, in Jahr zwei der weltweiten Coronakrise, muss unsere Frage also lauten: Wie wollen wir die Krisen nutzen? Welche Ideen wollen wir vorantreiben? Wie wollen wir unsere Weichen für die Zukunft stellen?

Womit wir wieder beim Versprechen vom Beginn unserer Reise angelangt sind: Wer die Vergangenheit versteht (und aus ihr lernt!), kann die Zukunft gestalten.

Die ausdauernden weltweiten Proteste von Fridays for Future und einer neuen Generation von Politiker:innen wie zum Beispiel der amerikanischen Kongressabgeordneten Alexandria Ocasio-Cortez, die einen »Green New Deal« und eine faire Besteuerung der Reichen fordern, zeigen, dass die Welt eine andere sein könnte. Dass es Alternativen gibt – abseits von Ausbeutung, Profitmaximierung und Umweltzerstörung.

Nur eine Krise produziert echten Wandel... Wenn nicht jetzt, wann sollte ein besserer Zeitpunkt dafür sein?

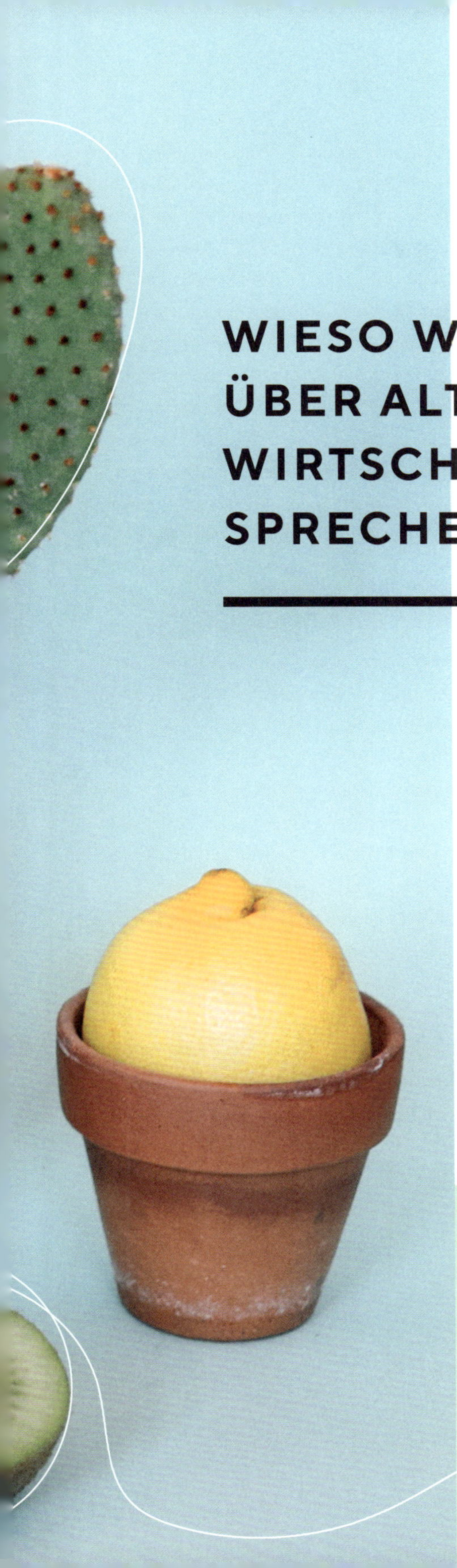

WIESO WIR ÜBER ALTERNATIVE WIRTSCHAFTSSYSTEME SPRECHEN MÜSSEN

Von Milena Zwerenz

Obwohl ich mich in vielen Entscheidungssituationen gelähmt gefühlt habe, konnte ich mir lange nicht so richtig erklären, woher diese Unfähigkeit zum Handeln rührte. Es fehlte mir schließlich nicht an Bewusstsein für meine Entscheidungen, sondern vielmehr plagte mich sogar zu viel Bewusstsein. Als wir anfingen, über dieses Buch zu brainstormen, warf Jenni den Begriff Postwachstumsökonomie in den Raum. Post… was? Obwohl mir klar war, dass wir innerhalb eines kapitalistischen Systems leben, hatte ich noch nie wirklich hinterfragt, was für Alternativen es dazu geben könnte. Wohl auch, weil es mir innerhalb des Ganzen so weit gut geht. Dass der Markt sich frei regelt, ist doch eigentlich auch eine Errungenschaft, oder? Was wäre die Alternative? Wohin eine kommunistische Planwirtschaft - so ziemlich das einzige andere Modell, das ich kannte - geführt hatte, lässt sich anhand der DDR-Geschichte schließlich bestens nachvollziehen.

Doch je mehr ich mich in unsere Recherchen eingrub, desto mehr begann ich zu verstehen, wie eng soziale und ökologische Ungerechtigkeit mit dem Streben nach Wirtschaftswachstum an vielen Stellen verstrickt ist. Wie sehr wir uns im globalen Norden anderer Länder bedienen, wie über Menschen- und Umweltrechte getrampelt wird, um das System möglichst am Laufen zu halten. Ein System, das wachsen muss, um gut auszusehen. Ein System, das das Wohlbefinden einer Gesellschaft nur daran misst, wie viel konsumiert wird.

Um nachhaltig wirklich etwas zu verändern, brauchen wir also auch gesamtwirtschaftlich eine Neuausrichtung. Wenn der Kapitalismus von Menschen gemacht ist, dann können wir doch auch in eine andere Richtung lenken, oder? Welche Ansätze es für alternative Wirtschaftssysteme bereits gibt, wollte ich mir genauer anschauen.

WIE WOLLEN WIR WOHLSTAND MESSEN?

Wenn ich mir die Welt so angucke, geht es der Erdbevölkerung objektiv betrachtet ziemlich gut. Ja, da ist immer noch Luft nach oben. Aber im Vergleich zur Vergangenheit, hat sich schon vieles gebessert. Es leben immer weniger Menschen weltweit in extremer Armut[192], unsere Lebenserwartung liegt bei 72 Jahren, in Deutschland sogar bei über 80 Jahren[193], auch das Bildungsniveau nimmt zu. In immer mehr Ländern erstarken die Rechte der Frauen, und Joe Biden hat gerade die US-Wahl gewonnen.

Wie sehr Wohlstand hierzulande (und in vielen Industrienationen) jedoch vor allem von wirtschaftlichem Wachstum abhängig gemacht wird, zeigt das dafür wohl wichtigste Messwerkzeug: das jährliche Bruttoinlandsprodukt, kurz BIP. Es misst den Wert der im Inland hergestellten Waren und Dienstleistungen. Wenn es wächst, wächst auch die Lebensqualität, so die grundlegende Idee. Denn dann haben die Menschen mehr Einkommen zur Verfügung, und das Angebot an Produkten und Dienstleistungen steigt. Im Grunde steckt da viel Wahres drin, denn natürlich hängt eine sichere finanzielle Versorgung häufig auch mit einem allgemeinen Wohlbefinden zusammen.

Allerdings kalkuliert das BIP soziale und ökologische Nebenkosten nicht ein, zum Beispiel wie viel CO_2 durch ein verkauftes Produkt ausgestoßen wird oder auf wen der Reichtum in einem Land verteilt ist. Im Gegenteil: Das BIP wächst immer, wenn beispielsweise ein Auto verkauft wird - ganz gleich, ob das darin verbaute Aluminium einen abgeholzten Regenwald und durch Rotschlamm verseuchte Flüsse zurücklässt oder nicht. Zudem misst das BIP nur monetär sichtbare Zustände. Über unbezahlte Care-Arbeit etwa oder unsere persönlichen Lebensverhältnisse sagt es nichts aus. Wie realitätsnah ist so ein Messwerkzeug dann überhaupt?

Wenn wir darüber reden, wie wir eine sozial und ökologisch gerechtere Welt schaffen können, die sich nicht mehr rein an Profit orientiert, dann stellt sich auch die Frage, wie wir Wohlstand stattdessen, abseits von rein wirtschaftlichem Wachstum, messen können.

Alternative Ideen gibt es bereits, jedoch hat sich davon noch keine global durchgesetzt. So berechnet beispielsweise das südasiatische Königreich Bhutan den Lebensstandard lieber als Bruttonationalglück. Das hört sich nicht nur schöner an, es ist auch ein Versuch, Wohlstand ganzheitlicher zu erfassen. Eine sozial gerechte Gesellschaft spielt ins BNG genauso rein wie die Wahrung kultureller Werte, gute Regierungsstrukturen und der Schutz der Umwelt. Bereits in der Verfassung im 18. Jahrhundert wurde Glück als Staatsziel definiert: »Wenn die Regierung kein Glück für ihr Volk schaffen kann, dann gibt es keinen Grund für die Existenz der Regierung.«[194]

Auch der Better Life Index der Organisation für wirtschaftliche Zusammenarbeit und Entwicklung (OECD) vergleicht seit 2011 das gesellschaftliche Wohlergehen von rund vierzig Ländern[195] anhand von elf Themenfeldern wie Wohnverhältnissen, Einkommen und Beschäftigung, aber auch Umweltfaktoren, Sicherheit oder Work-Life-Balance. So sind die Menschen in Deutschland dem Index zufolge unter anderem aufgrund des hohen Bildungsgrades oder der guten Trinkwasserqualität, zufriedener als der OECD-Durchschnitt (7,0 vs. durchschnittlich 6,5). Wie weit Arm und Reich in Sachen Wahlbeteiligung, aber auch Ein-

kommensverteilung auseinanderliegen ist in diese Zahl ebenfalls eingeflossen. Gerade können vor allem Bürger:innen ihre eigenen Werte mit diesem Tool vergleichen, politische Relevanz scheint es nicht zu haben. Dabei ließe sich mit einem solchen oder ähnlichem Messinstrument deutlich besser darstellen, wie es wirklich um die Welt steht. Ob und wann sich eine zum BIP alternative Zahl überhaupt durchsetzt, ist aber auch eine Frage der Zeit. In einem Interview mit *ZEIT Online* prognostiziert OECD-Wissenschaftlerin Lara Fleischer, dass das 30 Jahre dauern kann.[196]

WIE KANN GRÜNES WACHSTUM AUSSEHEN?

Jedes Jahr berechnet das Global Footprint Network aufs Neue, wann die natürlichen Ressourcen, die die Erde innerhalb

eines Jahres wiederherstellen kann, weltweit, aber auch in einzelnen Ländern aufgebraucht sind. Der Earth Overshoot Day, der sogenannte Erdüberlastungstag, rückt dabei Jahr für Jahr ein Stückchen weiter nach vorne (außer 2020, da durch die Maßnahmen im Zusammenhang mit Corona alles etwas anders aussah). Deshalb ist das Jahr 2019 wohl am repräsentativsten: Während der Earth Overshoot Day 1970 noch Anfang Januar des darauffolgenden (!) Jahres lag, markierte er 2019 schon den 29. Juli - den frühesten Erdüberlastungstag in der Menschheitsgeschichte. Die Menschheit verbrauchte 75 Prozent mehr als das, was der Planet erneuern kann. Oder anders: Die Weltbevölkerung bräuchte 1,75 Erden, um den heutigen materiellen Bedarf der Menschen dauerhaft zu decken. Wir leben also deutlich über unsere Verhältnisse beziehungsweise die Verhältnisse anderer. Denn es sind nicht alle Länder, die die Ressourcen des Planeten gleichermaßen verbrauchen. Wenn die Weltbevölkerung wie die USA leben würde, bräuchte es fünf Erden, für Deutschland drei, für Indien nur 0,7. Aber, wie es auch immer wieder auf Plakaten bei Klimademos heißt: *There is no Planet B.*[197]

Eine Frage, die in den Diskussionen rund um Nachhaltigkeit immer wieder auftaucht, ist deshalb: Lässt sich der Ressourcenverbrauch vom Wirtschaftswachstum entkoppeln oder nicht? Die einen argumentieren, dass mit dem richtigen technischen Fortschritt ein umweltschonendes Wirtschaftswachstum möglich sei. Stichwort: Green Economy oder auch Green Growth. Im Jahr 2012 war sie das zentrale Thema des UN-Nachhaltigkeitsgipfels Rio+20. Dieses »grüne Wachstum«, das Ökonomie und Ökologie miteinander vereinen soll, hat sich danach auch die deutsche Regierung vorgenommen, unter anderem durch den Ausbau der erneuerbaren Energien, aber auch Recycling oder die Weiterentwicklung der Kreislaufwirtschaft. Dass die Fokussierung auf technische Neuerungen allein aber nicht reicht, stellte schon das Umweltbundesamt 2016 in einer Studie fest. Das Wachstum einer grünen Wirtschaft, schreiben sie dort, würde noch zu sehr in Analogie zu herkömmlichem Wirtschaftswachstum gemessen: »Es geht darum, welchen Anteil ›saubere‹ Sektoren am Bruttoinlandsprodukt erzielen und wie sie zur Zunahme des Bruttonationaleinkommens beitragen.«[198] Oder anders gesagt: Was nützt es, wenn der Kauf von Elektroautos dank »Umweltbonus« sogar staatlich subventioniert wird, aber die Produktionsbedingungen der Lithium-Batterien unmenschlich sind? Und inwiefern ändern die neuen Gefährte etwas an unserem verschwenderischen Verhalten? Dementsprechend wird immer wieder kritisiert - und auch die Protagonist:innen für dieses Buch haben uns das bestätigt -, dass das grüne Wirtschaften eigentlich nur eine Ausrede sei, um weiterhin so zu konsumieren wie bisher - nur eben unter einem grünen Deckmantel. So bezeichnet Journalistin Kathrin Hartmann im Gespräch mit mir Green Economy als »die politische Variante des Greenwashings«: »Man verlässt sich auf eine Technologie, rührt nicht an den Ursachen und richtet am Ende eher mehr Schäden an.« Als klassisches Beispiel dafür nennt sie Biosprit, der letztlich gar nicht so bio ist, da er Palmöl enthält. »Wozu das geführt hat, kann man in Indonesien und Malaysia sehen - nämlich zu einer extremen Zerstörung der Wälder. Es ist also überhaupt nichts für den Klimaschutz gewonnen.« Die grünen Effekte, von denen gern die Rede ist, treffen häufig nur auf die ökologischen Vorteile hierzulande zu. Was es für ein Ökosystem oder die Gesellschaft, bei denen sich für diese Technologien bedient wird, bedeutet, wird außen vor gelassen.

Hinzu kommt ein weiteres Problem. Grüne Technologien sorgen nicht zwangsläufig dafür, dass wir weniger von etwas konsumieren. Im Gegenteil: Wenn eine Lampe besonders energieeffizient ist, lassen wir sie länger brennen. Wenn wir Geld bei der Stromrechnung sparen, kaufen wir uns davon etwas anderes. Der Ökonom und Germanwatch-Klimaexperte Tilman Santarius schätzt, dass mindestens die Hälfte der Effizienzvorteile neuer Technologien aufgrund des Rebound-Effekts (= Mehrnachfrage aufgrund einer Produktivitätssteigerung) hinfällig seien.[199] Sprich: Weil etwas beispielsweise energiesparsamer ist, wird es noch mehr genutzt. Diese These bestätigt auch ein Beispiel aus der Vergangenheit: Als der Erfinder James Watt vor Hunderten Jahren eine Dampfmaschine entwickelte, die alle bisherigen Modelle deutlich übertraf, stieg der Kohleverbrauch rapide an - auch weil der Brennstoff durch die sparsamere Anwendung billiger geworden war. So sanken die Gesamtkosten, die Dampfmaschinen wurden bezahlbarer und stärker nachgefragt. Paradoxerweise hatte die effizientere Nutzung von Energie den Verbrauch insgesamt erhöht.[200] Das zeigt sich auch in der heutigen Zeit. Obwohl elektronische Geräte immer effizienter werden, nutzen wir sie nicht weniger. So hieß es 2017 in einem Report zu grünen Produkten in Deutschland: »Pro Kopf steigt die Wohnfläche kontinuierlich an, elektronische Geräte werden vermehrt angeschafft und häufiger genutzt, es werden längere Wege zurückgelegt, und der Fleischkonsum ist anhaltend hoch.« Das schmälere Effizienzgewinne, die dank des verstärkten Absatzes grüner Produkte erzielt würden: »Weil Effizienzgewinne oft auch mit Kosteneinsparungen verbunden sind, stehen auch mehr Mittel für den privaten Konsum und für potenziell umweltbelastende Konsumoptionen zur Verfügung.«[201] So kommt auch Santarius in seiner Studie sehr wissenschaftlich ausgedrückt zu dem Schluss: »Erst, wenn das Volkseinkommen aufhört, stetig weiter zu wachsen, können Effizienz- und Konsistenzstrategien einen uneingeschränkt positiven Beitrag zur Nachhaltigkeit leisten und ihre technisch möglichen Einsparpotenziale realisieren.« Wenn die Wirtschaft wirklich grüner werden soll, dann braucht es mehr als nur gute Technik.

Warum ich das alles noch mal erzähle: weil wir auch bei von der Regierung als nachhaltig kommunizierten Maßnahmen nicht aufhören sollten zu hinterfragen, inwiefern das tatsächlich zutrifft. Das heißt nicht, dass es nicht auch sinnvolle und zum Teil auch sehr gute Ansätze gibt. DIE eine perfekte Lösung gibt es sicher nicht - das haben wir an diesem Punkt bereits gelernt. Wir sollten aber nie vergessen mitzudenken: Wer profitiert von dieser Maßnahme gerade wirklich? Geht das nicht auch sozial und ökologisch gerechter?

»Wir verheizen mit unserer Konsumweise den Planeten.«

GESPRÄCH MIT DER POLITIKWISSENSCHAFTLERIN NINA TREU

WENIGER IST MEHR

Von Milena Zwerenz

Tatsächlich machen sich darüber bereits viele Ökonom:innen Gedanken: Wie kann ein Wirtschaftssystem aussehen, das nicht auf Wirtschaftswachstum angewiesen ist? Diese Frage beschäftigt auch das Konzeptwerk Neue Ökonomie in Leipzig. 2011 hat Politikwissenschaftlerin Nina Treu die unabhängige und gemeinnützige Organisation mit Freund:innen und Kommiliton:innen gegründet, um über eine neue Wirtschaft zu sprechen, die von allen für alle, ökologisch und sozial ist: Degrowth oder auch Postwachstumsökonomie. »Die Idee, dass wir mit unserem Wachstum die Grenzen des Planeten sprengen, ist ja so alt wie der Bericht des Club of Rome 1972«,[202] erklärt sie mir schnell sprechend am Telefon. »Wir verheizen mit unserer Konsumweise den Planeten.«

»Wir brauchen eine sozialökologische Transformation. Bewusster zu konsumieren allein reicht nicht.«

Degrowth, das klingt im ersten Moment radikal, abwertend, ein bisschen traurig. Laut gleichnamiger Website des Konzeptwerks passt der Begriff genau deshalb gut: »Ein Vorteil des zunächst negativ klingenden Wortes ist, dass es unbequem ist und sich nicht leicht einverleiben lässt. Es ist unbequem in einer Welt, in der die selbstverständliche Tatsache, dass auf einem endlichen Planeten unendliches Wachstum unmöglich ist, eine radikale Position ist.«[203] Dabei geht es nicht einfach nur um einen klassischen Konjunkturabschwung, es geht um eine Umstrukturierung des Systems, erklärt mir Nina: »Eine Rezession ist keine Veränderung des Systems, sondern nur eine Disfunktion von diesem System. Wenn jemand krank wird und starke Symptome hat, kann man die Symptome behandeln, oder man sieht sich die Ursache an: Was muss verändert werden, damit ich diese Krankheit nicht mehr habe? Da setzt Degrowth an.« Denn wenn wir einfach nur für einen Wirtschaftsrückgang sorgen würden, so Nina, erzeuge das viel Leid: »Dann würde an den Schwächsten gespart, und das, was wir eigentlich wollen – Kohleausstieg, Abschaffung der Rüstungsindustrie, eine Umwandlung der Autoindustrie –, würde gar nicht angegangen.« Auch dass die Wirtschaft im Zuge der Coronamaßnahmen runtergefahren wurde, habe mit Postwachstumspolitik wenig zu tun, so Nina. Schließlich habe sich nichts Grundlegendes am System verändert, es wurden keine Arbeitskräfte im Bildungs- und Gesundheitsbereich aufgestockt oder andere Sektoren umweltverträglicher gemacht.

Trotzdem sieht sie darin ein Fünkchen Hoffnung: »Um die Gesundheit der Bevölkerung zu schützen, wurde die Wirtschaft runtergefahren. Das ist ein positiver Unterschied zu einer normalen Rezession und zeigt, dass wir staatlich die Wirtschaft verändern können, wenn wir wollen.« Denn um die Wirtschaft umzubauen, brauche es mehr als einzelne Reformen, es brauche eine sozialökologische Transformation: »Wenn wir nicht an den Strukturen ansetzen, werden wir den Klimawandel nicht beherrschen, keine soziale Gerechtigkeit und kein demokratischeres System erreichen können. Das ist alles miteinander verbunden.« Nur national etwas zu verändern reiche deshalb nicht, so Nina. »Es gibt weltweit über eine Milliarde Menschen, die an Hunger leiden, die in Armut leben. Das ist Teil des ausbeuterischen Systems, weil in Entwicklungsländern beispielsweise Ressourcen abgebaut werden, die wir hier in den Industriestaaten verwenden.« Globales Umdenken ist also gefragt.

NINA TREU

Nina studierte in Heidelberg und Paris Politikwissenschaft, VWL und Recht und hat sich dabei viel mit Fragen globaler Nachhaltigkeit und Gerechtigkeit auseinandergesetzt. Sie ist Mitbegründerin des Konzeptwerk Neue Ökonomie, schreibt zu unterschiedlichen Themen rund um gesellschaftliche Transformation und moderiert Gruppenprozesse.

An der Stelle muss ich an den Sachbuch-Bestseller *All You Need is Less* des deutschen Ökonomen Niko Paech denken. Wer sich einmal mit alternativen Wirtschaftsweisen auseinandersetzt, stolpert zwangsläufig früher oder später über seinen Namen und seine Idee der Postwachstumsökonomie. Eine Idee, die in eine ähnliche und doch etwas andere Richtung als der Degrowth-Ansatz geht. Auch Paech wendet sich von »grünem« oder »nachhaltigem« Wachstum ab und davon, dass eine ökologische Entkopplung durch technische Innovationen möglich ist. Aber Paech versteht unter Postwachstum eine Wirtschaft, in der vor allem weniger konsumiert wird und die dennoch alle versorgt. Er bezweifelt, dass Wirtschaftswachstum für alle gleichermaßen Wohlstand bringt beziehungsweise Hunger, Armut und Verteilungsungerechtigkeiten allein durch ökonomische Expansion zu beseitigen sind. Außerdem sieht er keinen Nutzen darin, stetig weiterzukonsumieren, da ein höheres Einkommen oder mehr Konsum das individuelle Wohlbefinden ab einem bestimmten Punkt nicht mehr steigern.[204] In der Umsetzung erachtet Paech deshalb auch ganz simple Ansätze als wichtig, etwa sich dessen zu entledigen, was zeitliche, finanzielle, räumliche oder ökologische Ressourcen verbraucht, aber nur minimalen Nutzen stiftet (»Suffizienzstrategie«). Es geht ihm dabei nicht um Verzicht, sondern um das Genug. Aber auch die Nutzungsdauer von Produkten zu verlängern oder verstärkt auf lokale Wertschöpfungsketten, Community-Projekte oder Regionalwährungen zu setzen[205], ebnet laut

Paech den Weg zur Postwachstumsökonomie. Zusätzlich schlägt er jährliche CO_2-Emissionskontingente pro Person vor, die handelbar und – alle zusammengerechnet – mit der Einhaltung des 2°C-Klimaschutzziels vereinbar wären.[206] Im Jahr 2018 erzeugte eine Person in Deutschland rund 10,5 Tonnen CO_2-Äquivalente pro Jahr[207], Paech setzt zwei bis drei Tonnen an.

Nina Treu ist das zu wenig: »Wir kritisieren an dem Begriff Postwachstum, dass er in Deutschland häufig zu sehr suffizienzorientiert ist, also auf die individuellen Veränderungen reduziert wird. Wir vom Konzeptwerk Neue Ökonomie haben eine antikapitalistische Sichtweise und sehen uns eher in einer internationalen Debatte um dieses Thema verbunden. Wir haben uns den Begriff Degrowth angeeignet, um eine Diskursverschiebung voranzutreiben.« Damit es nicht zu verwirrend würde, könnten wir aber in diesem Buch auch beide Begriffe synonym verwenden, versichert sie mir.

Auf dem Weg zu einer Postwachstumsgesellschaft hat der individuelle Konsum für Nina eine genauso hohe Bedeutung wie Unternehmen, die anders denken. In die richtige Richtung geht aus ihrer Sicht die Gemeinwohlökonomie, ein ethisches Wirtschaftsmodell. Doch selbst Unternehmen, die sich daran orientierten, stünden vor Herausforderungen: »Manchmal ist es fast unmöglich, Rohstoffe fair gehandelt zu bekommen. Solange wir keine staatlichen Strukturen haben, die faire Handelsbedingungen gewährleisten, ist es für ein einzelnes Unternehmen relativ schwierig.« Bewusster zu konsumieren allein reiche nicht, so Nina.

Es sei auch wichtig, sich auszutauschen, in lokale Gruppen zu gehen, soziale Bewegungen zu starten. Nicht zuletzt brauche es auch ordnungspolitische Maßnahmen. Als Beispiele nennt sie eine radikale Arbeitszeitverkürzung auf 20 Stunden und eine Lohnangleichung für alle, die unterdurchschnittlich verdienen. »Damit unbezahlte Arbeit mehr Zeit bekommt und besser verteilt wird, etwa Care-Arbeit, demokratische Arbeit, Lernen. Aber auch, damit wir entschleunigen und wieder mehr Zeit haben für das, was uns wichtig ist.« Eine weitere Maßnahme wäre eine sozialökologische Steuerreform, »die es ernst meint«. Damit meint Nina eine starke Besteuerung von Kapitalerträgen, von Vermögen, von Erbschaften, eine Senkung der Mehrwertsteuer für Dinge des täglichen Bedarfs, eine Erhöhung für Luxusgüter und eine CO_2-Steuer.

Ob uns Wachstum nicht auch dahin gebracht hat, wo wir heute sind, frage ich Nina gegen Ende unseres Gesprächs mit Absicht etwas naiv. »Wachstum hat uns auf jeden Fall dahin gebracht, wo wir heute sind«, meint sie. »Deshalb stehen wir vor dem Problem, dass wir gerade den Planeten verheizen.« Die Frage sei auch, wer mit *uns* gemeint ist. »Wenn wir über eine *weiße* privilegierte Gesellschaft in Deutschland oder anderen Teilen des globalen Nordens sprechen, dann brachte es diesen Menschen in materieller Hinsicht viel. Aber das fand immer auf Kosten anderer Menschen statt. Dass der Klimawandel auf dem Rücken der Ärmsten als Erstes seine Folgen zeigt, ist ein Teil davon. Diese Menschen würden nicht sagen, das System habe sie dahin gebracht, wo sie hinwollten.«

DIE WELT KÖNNTE EIN DONUT SEIN

Von Milena Zwerenz

Um die Forderungen der Postwachstumsbewegung noch sichtbarer zu machen, appellierten über 200 Forscher:innen, auch Nina selbst, im Herbst 2018 an die EU, sich nicht mehr auf Wachstum zu fokussieren. In ihrem Schreiben erklärten sie, dass es Zeit sei, die Abhängigkeit vom Wirtschaftswachstum zu beenden, da die negativen Folgen unseres Wirtschaftens auf die Umwelt immer weiter zunehmen und wir ökologische Grenzen überschreiten würden. Auch um soziale Probleme in den europäischen Ländern zu lösen, brauche es kein weiteres Wachstum, sondern eine gerechtere Verteilung der Einkommen und des bereits vorhandenen Reichtums. Außerdem, so heißt es in dem Brief, sei es immer schwieriger, überhaupt Wachstum zu erzeugen: »In dem Versuch, das Wachstum doch noch anzukurbeln, werden momentan mehr Schulden gemacht, Umweltregulierungen beseitigt, Arbeitszeiten verlängert und soziale Absicherungen gekürzt. Dieses aggressive Streben nach Wachstum um jeden Preis spaltet die Gesellschaft, schafft wirtschaftliche Instabilität und untergräbt die Demokratie.« Die Sozial- und Naturwissenschaftler:innen forderten die Institutionen und Mitgliedstaaten deshalb auf, eine Sonderkommission im EU-Parlament einzurichten, die sich damit befasst, wie eine Zukunft nach dem Wachstum aussehen kann. Außerdem wünschen sie sich alternative Indikatoren zum BIP und ein Ministerium für wirtschaftliche Transformation in jedem Mitgliedstaat.[208]

Zu den Unterzeichnenden des Briefes zählte damals auch die britische Ökonomin Kate Raworth. Ihre viel zitierte Idee, wie die Zukunft der Wirtschaft aussehen kann, hat die Form eines Donuts. Jap, richtig gelesen. 2017 hat sie ihren Ansatz der »Doughnut Economics« in einem Buch veröffentlicht. Der Teigrand in der Mitte des Donuts stellt die innere Grenze dar, die die grundlegenden Lebensbedürfnisse der Menschen definiert, etwa Nahrung, Trinkwasser, aber auch Bildung oder politische Mitsprache. Der äußere Rand repräsentiert die Grenzen der Natur. Wenn wirtschaftliches Handeln die Grundbedürfnisse der Menschen und die natürlichen Ressourcen gleichermaßen berücksichtigt, so Raworths Idee, dann könnten wir alle auf dem Donut-Teig leben, einem »sicheren und geschützten Raum für die Menschheit«. So ließen sich die Bedürfnisse aller Menschen mit den Mitteln des Planeten langfristig erfüllen. Raworth geht es nicht um reines Wachstum und Wohlstand, sondern um Wohlergehen: »Unsere heutigen Volkswirtschaften benötigen Wachstum, unabhängig davon, ob es den Menschen nutzt. Wir brauchen aber eine Wirtschaft, die den Menschen nutzt, unabhängig davon, ob sie wächst oder nicht.«[209]

Während die einen das Konzept als veraltet oder naiv bezeichnen[210], setzen es andere bereits um. So arbeitet die niederländische Hauptstadt Amsterdam als eine der ersten Städte mit Raworths Ansatz, um politische Entscheidungen zu treffen, die sozial und ökologisch gerechter sind. Mithilfe des Donut-Modells konnte die Stadt veranschaulichen, wo Grundbedürfnisse nicht erfüllt und planetare Ressourcen überschritten werden. Amsterdam bräuchte beispielsweise mehr bezahlbaren Wohnraum. 20 Prozent der Stadtbevölkerung kann nach Abzug der Miete ihre Grundbedürfnisse nicht mehr erfüllen. Damit der Wohnungsbau möglichst wenig Emissionen ausstößt, will die niederländische Hauptstadt nun regulieren, dass so oft wie möglich recycelte oder natürliche Materialien wie Holz verwendet werden. Doch auch Faktoren, die keinen direkten Einfluss auf das Stadtleben haben, veranschaulicht der Donut. Etwa, dass der Amsterdamer Hafen der größte Importeur von Kakaobohnen ist, vor allem aus Westafrika - einem Land, in dem Arbeiteri:nnen und vor allem auch Kinder oft ausgebeutet werden.[211] Die Stadtverwaltung von Amsterdam will in Bezug auf ihr Versorgungswesen deshalb verstärkt auf die globalen Arbeitsbedingungen achten. Ginge es nach den Mitwirkenden, wäre der »Amsterdam City Doughnut« ein Pionier für eine gedeihende (»thriving«) und nicht einfach nur wachsende Stadt.[212] Oder, um es in Kate Raworths Worten auszudrücken: »Thriving means our wellbeing lies in balance. We know it so well in the level of our body. This is the moment we are going to connect bodily health to planetary health.«[213] Wenn es den Menschen gut geht, sollte es auch dem Planeten gut gehen - und umgekehrt.

INTERVIEW MIT DER KULTURANTHROPOLOGIN LENA PAPASABBAS

UNTERNEHMEN: UNDER GREEN PRESSURE

Von Milena Zwerenz

Wenn ihr jetzt denkt: Donut hin oder her, was heißt diese Postwachstumsökonomie für mich? Wann wird sie jemals kommen? Good News: Sie ist bereits da – zumindest in Ansätzen. Denn letztlich sind es nicht nur politische Entscheidungen, die unser Wirtschaftssystem prägen, sondern eben auch die Mühlsteine des Systems, die es formen: die Unternehmen. Was bedeutet es für sie, wenn Nachhaltigkeit nicht mehr reines Konsumthema bleibt? Das Zukunftsinstitut aus Frankfurt am Main, ein Beratungsunternehmen für zukunftsweisende Strategien und wirtschaftliche Transformation, hat das in ihrer *Trendstudie Neo-Ökologie* auf Grundlage von Forschungsergebnissen und Expert:inneninterviews untersucht und veranschaulicht. »Neo-Ökologie«, heißt es da, »ist einer der wichtigsten Megatrends unserer Zeit.«[214] Kulturanthropologin Lena Papasabbas hat als Studienleitung an der

Publikation mitgeschrieben und setzt sich beruflich täglich damit auseinander, wie sich die Wissensgesellschaft, ihre Menschen, Werte und Technologien verändern. Da sich der Trendreport vor allem an Unternehmen richtet, hoffe ich, dass Lena Papasabbas mir noch etwas näherbringen kann, inwiefern Firmen bereits umdenken beziehungsweise umdenken müssen - und wer sie unter Druck setzt. Ein Telefonat.

»Mittlerweile herrscht ein gewisser Druck, wir nennen ihn Green Pressure, den alle möglichen Branchen und Unternehmen spüren.«

Lena Papasabbas, was ist so neu an der »Neo-Ökologie«?

Ein Ökologieverständnis an sich gibt es schon viele Jahrzehnte, also das Bestreben, die natürliche Umwelt zu erhalten und wenig Schäden anzurichten, den eigenen Lebensstil zu ändern, zu verzichten. Dieses »Neo« kommt seit ein paar Jahren dazu. Es ist eine neue Gedankenwelt, die das ökologische Leben als das gute und auch als ein genusserfülltes Leben betrachtet. Dabei geht es um ein neues, ganzheitlicheres Denken. Man braucht Technologie, aber auch soziale und kulturelle Innovation. Das muss Hand in Hand gehen, um ein gutes Leben für alle zu ermöglichen.

Gab es einen bestimmten Punkt, an dem sich das Ökologieverständnis verändert hat?

Das sind natürlich total fließende Prozesse, man kann keinen Punkt definieren. In den letzten Jahren ist das Thema plötzlich von den Nischen in den Mainstream gesickert und cool geworden. Jede:r hat von Minimalismus gehört, das Ökoding hat nicht mehr so ein verstaubtes Image, die begehrten Designermarken und die tollen Start-ups ziehen mit. Man hat einen coolen Job, wenn man was mit Nachhaltigkeit macht. Wenn diese Sachen für eine größere Masse erstrebenswert werden, kündigt sich ein Zeitgeist-Shift an.

Ist das alles aber nicht auch wieder nur für eine bestimmte soziale Gruppe cool und erschwinglich?

Natürlich ist Neo-Ökologie nicht in dem Sinne Mainstream, dass keine:r mehr Tiere aus Massentierhaltung isst oder Fast-Fashion-Produkte kauft, aber es verändert sich eben. Es ist fast undenkbar, dass die Entwicklung noch in eine andere Richtung geht. Es gibt jetzt sogar von einem Supermarkt-Discounter eine Filiale, in der alle tierischen Produkte mit einem Preis versehen sind, der auch die wahren Kosten anzeigt - also das, was dazu kommt, wenn man beispielsweise die Umweltschäden der Produktion mitrechnet. Und das ist ein Discounter, also wirklich kein klassisch elitärer Laden für irgendwelche Linksintellektuellen. An so was merkt man schon, dass Nachhaltigkeit viele Menschen interessiert, wenn auch nicht gleichermaßen stark.

Sie würden solche Aktionen also eher positiv auslegen. Man könnte ja auch sagen: Der Discounter versucht, sich als grün zu verkaufen, aber letztlich ist er nur ein Supermarkt von vielen.

Ja, ich würde das jetzt auch nicht beklatschen. Man kann das auch nur als Marketing-Tool sehen. Interessanterweise reagieren aber sogar diese Läden, die sonst gar nichts mit Nachhaltigkeit zu tun haben. Lebensmittel-Discounter sind ja eigentlich ein absolutes Feindbild. Aber es zeigt sich, dass auch sie auf jeden Fall reagieren müssen. Mittlerweile herrscht ein gewisser

»Grünes Wachstum ist eine Scheindiskussion. Was wir brauchen, was auch viele wollen und begreifen, ist, das System zu hinterfragen und zu verändern.«

Druck, wir nennen ihn Green Pressure, den alle möglichen Branchen und Unternehmen spüren.

In eurer Trendstudie heißt es auch: »Nachhaltigkeit ist heute kein Konsumtrend mehr, sondern ein Wirtschaftsfaktor.« Wo liegt da der Unterschied?

Das eine, der Konsumtrend, ist ein Lifestyle-Thema: ob ich Biofleisch, die coolen, nachhaltigen Designermarken kaufe und dann noch Fairtrade-Kaffee trinke. Auf diese Art von Wandel kann man als Unternehmen noch sehr gut reagieren, etwa mit Greenwashing oder bestimmten Aktionen. So wie H&M das mit der Conscious Collection, einer Kollektion aus nachhaltigen Materialien, macht. Die Leute kaufen diese Kleidung, fühlen sich gut damit und prüfen vielleicht auch nicht so genau, was das eigentlich bedeutet. Doch 2019 hat sich plötzlich eine junge Generation in einer globalen Bewegung formiert, die Fridays-for-Future-Generation. Der Anspruch, den diese Menschen vertreten, ist extrem ernst gemeint. Es geht nicht mehr nur um Konsum, sondern auch um die Frage: Wo möchte ich arbeiten? So tragen sie das Thema »Soziale und ökologische Gerechtigkeit« auch in die Wirtschaft. Das setzt Unternehmen, die diese jungen Leute als Arbeitskräfte beschäftigen wollen, ganz anders unter Druck. Die müssen sich jetzt fragen, wie sie überhaupt gute Mitarbeiter:innen bekommen oder wie sie mit Unternehmen konkurrieren können, die mit ihrem Businessmodell schon einen Purpose, also einen Sinn, anbieten. Hinzu kommt, dass nun Millennials in Führungspositionen kommen, die sich sowieso schon mehr mit Nachhaltigkeit auseinandersetzen und so ebenfalls einen Shift auslösen. Das alles trägt dazu bei, dass Nachhaltigkeit jetzt wirklich ein Wirtschaftsfaktor wird.

Inwiefern deckt sich das mit euren Beobachtungen dazu, welche Themen den öffentlichen Diskurs dominieren?

Wir sprechen beispielsweise viel über grünes Wachstum, was auch in der Politik als Ziel gilt. Dabei ist das nur ein Versuch, ein bestehendes System weiterzuführen, ihm aber einen grünen Anstrich zu verleihen. Im Grunde ist das eine Scheindiskussion. Was wir brauchen und was auch viele wollen und begreifen, ist, das System als solches zu hinterfragen und zu verändern.

LENA PAPASABBAS

Lena Papasabbas studierte Kulturanthropologie in Frankfurt am Main und arbeitet seit 2015 als Redakteurin, Autorin, Social-Media-Managerin und Speakerin für das Zukunftsinstitut. Sie befasst sich mit dem Wissen, den Werten und Technologien in unserer immer heterogener werdenden Kultur und interessiert sich für die zentralen Entwicklungsdynamiken. Zu ihren Themenfeldern gehören unter anderen Megatrends, demografischer Wandel und Neo-Ökologie.

Das heißt konkret?

Wenn man mit Ökonom:innen spricht, zeigt sich, dass es Richtung Postwachstum gehen muss. Es geht gar nicht anders: Die Wirtschaft kann nicht für immer weiterwachsen, es gibt nur einen Planeten mit begrenzten Ressourcen. Der Wachstumskapitalismus, wie wir ihn kennen, muss sich ändern. Das ist auch total spürbar. Aus ökonomischer Sicht heißt es zum einen, die Wachstumsraten steigen nicht mehr. Und auch im Alltag zeigt sich das: Wie viele Handys pro Jahr soll ich mir noch kaufen? Wie viele Modekollektionen kannst du noch auf den Markt bringen? Egal, wie viel Geld Unternehmen in die Marketingindustrie reinballern, irgendwann ist eine Übersättigung da. Wir müssten also mehr darüber nachdenken, wie wir in eine Postwachstumsökonomie kommen. Was können wir vom alten System behalten, um es von innen heraus Schritt für Schritt zu verändern?

Mit Ihrem Beratungsunternehmen geben Sie Unternehmer:innen Tipps, wie sie nachhaltiger agieren können. Gleichzeitig sprechen Sie davon, dass grünes Wachstum nicht die Lösung sein kann. Wie passt das zusammen?

Wir glauben schon, dass große Unternehmen, die in Verruf geraten sind und

»Wie messe ich Unternehmenserfolg? Messe ich diesen nur monetär? Oder gibt es nicht auch andere Messparameter, wie etwa die Wirkung?«

die man kritisieren kann und muss, trotzdem genau die Player sind, die an krassen Hebeln sitzen. Wenn jemand auf uns zukommt, dem es nur um Profitdenken und Wachstum geht, darum, wie man am Markt bestehen und Konkurrenten ausstechen kann - dann haben wir inzwischen eine klare Position: Dieses Denken, dieses »alte Spiel« interessiert uns einfach nicht. Im »neuen Spiel« löst man sich davon und versucht, in Kreisläufen zu denken, verfolgt die Idee der Gemeinwohlökonomie weiter und sieht sich das Nachhaltigkeitsthema genau an. Wir gehen auch der Frage nach: Wie messe ich den Unternehmenserfolg? Messe ich diesen nur monetär? Oder gibt es andere Messparameter, wie etwa die Wirkung?

Blick in die Zukunft: Welche Themen werden uns in zehn Jahren (noch) bewegen?
Das kann man selbst dann nicht beantworten, wenn man sich jeden Tag mit der Zukunft beschäftigt. Aber ich würde sagen, dass die Klimabewegung noch lange nicht ihren Peek erreicht hat und das Thema in zehn Jahren noch präsent sein wird. Manche glauben ja, dass es durch Corona erledigt wäre, aber das sehe ich nicht so. Der ganze Diskurs um Nachhaltigkeit wird immer mehr mit der generellen Frage nach dem guten Leben verschwimmen. Es ist kein Zufall, dass sich Fridays for Future extrem mit den Anliegen von Black Lives Matter und der Forderung nach sozialer Gerechtigkeit solidarisiert. Dieses Bewusstsein wird ein neuer Konsens, eine neue Normalität und Handlungsmoral, an der sich auch immer mehr Unternehmen messen werden.

Am meisten bleiben mir von unserem Gespräch zwei Aspekte im Kopf. Zum einen macht es mir Hoffnung, dass sich in wirtschaftlicher Hinsicht tatsächlich etwas ändern könnte - wenn sogar Unternehmen, die die Wirtschaft beraten, eine Postwachstumsgesellschaft als einzig richtige Richtung ansehen. Zum anderen verdeutlicht die Umbruchstimmung, dass wir nicht nur Konsument:innen und Bürger:innen sind. Wir sind auch Mitarbeitende, Gründende, Chef:innen. Wir können unsere Werte auch in unsere Jobs einfließen lassen. Dessen sollten wir uns viel mehr bewusst sein.

CRADLE TO CRADLE: DAS KREISLAUF-KONZEPT IN DER PRAXIS

Von Jennifer Hauwehde

Wir müssen das System verändern, sagt Lena Papasabbas. Während die Millenials vielerorts langsam in die Führungspositionen aufsteigen und (hoffentlich) den dringend benötigten Wandel anstoßen, ist nachhaltiges Wirtschaften in einigen Betrieben schon lange kein Fremdwort mehr, sondern Teil der Unternehmens-DNA. Wir reisen nach Oberösterreich, um uns das genauer anzusehen.

Wenn man nach Melk fährt, das rund eine Autostunde von Wien entfernt ist, und sich die typische Österreichidylle rundherum anschaut, kommt man gar nicht auf den Gedanken, dass in diesem verschlafenen Dorf nichts weniger als Nachhaltigkeitsgeschichte geschrieben wurde. Wir - der Verlag &Töchter und ich - brechen von München aus auf und sind seit vier Stunden unterwegs, als wir endlich einen langen, gewundenen Weg entlangfahren, der uns zum unscheinbar aussehenden Firmengelände von gugler*[215] führt.

Es ist Ende August, unfassbar heiß, und wir beginnen gerade mit der Arbeit an diesem Buch, das hier gedruckt werden soll: In der ersten Druckerei weltweit, die sich im Jahr 2011 dem Cradle-to-Cradle-Verfahren (C2C) verschrieben hat. Denn wir wollen es richtig machen: nicht nur über Nachhaltigkeit schreiben, sondern auch das Medium, mit dem wir unsere Ge-

danken und die vieler weiterer engagierter Menschen transportieren, so klima- und umweltschonend wie möglich produzieren lassen. Nachhaltiger als Cradle to Cradle geht nach aktuellem Wissensstand nicht.

Als wir in den holzverkleideten Neubau eintreten, schlägt uns sofort ein erleichternd kühles Klima entgegen, und es riecht ein wenig nach Erde. Obwohl das Gebäude sehr weitläufig konstruiert ist und neben Holz viele Stahlelemente verwendet wurden, herrscht keine kalte Atmosphäre. Wir erfahren später, dass der erdige Geruch von dem Lehm stammt, der vor allem in den Wänden in Anlehnung an sehr alte Bautraditionen verwendet wurde. Und tatsächlich: Die unverputzten Wände duften und tragen zum angenehmen Raumklima bei.

Hier beginnt bereits die lange Reihe an Besonderheiten des 1989 gegründeten Familienunternehmens (mittlerweile wird es in der zweiten Generation geführt): Auf dem 17.000 Quadratmeter großen Firmenareal wird nichts dem Zufall überlassen. Der Neubau, durch den wir eintraten, ist hoch prämiert: Es handelt sich um ein cradle-to-cradle-inspiriertes Plus-Energie-Gebäude,

das aus 95 Prozent recycelbaren Materialien besteht, von denen wiederum 43 Prozent selbst bereits recycelt sind. Die Dächer sind begrünt, gekühlt wird das Gebäude mit Grundwasser, das durch das Gebäude geleitet wird, geheizt mit der Abwärme von den Druckmaschinen.

Der Strom wird über Fotovoltaik-Anlagen erzeugt, die Mitarbeiter:innen fahren E-Autos, und aus der hauseigenen Kantine, in der nur vegetarische Biospeisen zubereitet werden, hat man durch bodentiefe Fenster einen guten Blick auf die angrenzenden Grünflächen. Sie enthalten den betriebseigenen Gemüsegarten, in dem nach den Prinzipien der Permakultur gearbeitet wird, ein Insektenhotel - und vor allem: sehr viel weitgehend unberührte Rasen- und Buschfläche. Biodiversität und Kreislauffähigkeit werden hier in jeder Hinsicht großgeschrieben, im Sommer kommen ein paar Schafe zur biologischen Rasenpflege vorbei.

gugler* DruckSinn wurde als grünste Druckerei Österreichs ausgezeichnet, die hauseigene Marketingagentur gugler* MarkenSinn, die ein paar Kilometer entfernt in St. Pölten sitzt, als grünste Marken- und Digitalagentur Österreichs. Das Unternehmen vernetzt sich über die Forschungsgenossenschaft Print the Change mit anderen Druckereien in ganz Europa, um den Mitglieder-Unternehmen das vorhandene Know-how über Kreislauffähigkeit zur Verfügung zu stellen und weitere Zertifizierungen zukünftig gemeinsam zu stemmen. Außerdem bietet die Akademie gugler* Sinn. Bildung unter anderem einen Lehrgang zum:zur Nachhaltigkeits- und Transformations-Manager:in an. Dann gibt es da noch die gugler* Sinnstiftung, das Bürger:innen-Beteiligungsmodell für nachhaltiges Investment. An großen Plänen mangelt es nicht: In den nächsten Jahren soll ein weitläufig gestalteter Permakulturgarten entstehen, und zwischen den beiden bereits bestehenden Gebäuden ist ein zweistöckiger begrünter Turm als Verbindungsstück geplant, der im Wesentlichen die Akademie, Ausstellungen über Natur und Kunst sowie ein Lab für die Zusammenarbeit mit Universitäten beherbergen soll.

WAS IST CRADLE TO CRADLE?

Cradle to Cradle bedeutet »Von der Wiege zur Wiege« und meint ein Wirtschaftssystem, das ohne Müll auskommt - weil es davon ausgeht, dass Müll ein menschengemachtes Konzept ist: In der Natur existieren nur geschlossene Kreisläufe, alles wird wiederverwertet. In der idealen Welt der Zukunft haben wir, wenn es nach den Vertreter:innen von Cradle to Cradle geht, also keinen Müll mehr, der verbrannt oder verklappt werden muss, sondern nur »gesunde« Wertstoffe, die sich theoretisch unendlich recyceln lassen. »Gesund« meint hier: In dem jeweiligen Nutzungsszenario sind die Stoffe unschädlich für Mensch und Natur und verbleiben nicht in der Umwelt. Das funktioniert, indem man jedes einzelne Material, aus denen Produkte (zum Beispiel eine Waschmaschine oder eben auch ein Buch) zusammengesetzt sind, bis in das letzte Lieferkettenende prüft und untersucht, was da eigentlich alles drin ist. Sobald ein Material (vom Kleber oder den Fäden über die verwendete Farbe oder ein Metall in einer Legierung) in der Kette nicht den strengen Richtlinien entspricht, muss es ausgetauscht werden - andernfalls kann das Produkt nicht nach C2C-Maßstäben hergestellt werden.

Das Designkonzept von Cradle to Cradle unterscheidet einen biologischen und einen technischen Kreislauf. Im technischen Kreislauf befinden sich (vereinfacht gesagt) Gebrauchsgüter: Möbel und technische Geräte. Die Produkte müssen am Ende ihres Gebrauchszyklus wieder auseinandergenommen und ihre Materialien den Hersteller:innen zurückgeführt werden können. Diese speisen sie in einen Material-Pool ein, aus dem dann wieder neue Produkte zusammengesetzt werden.

Das bedeutet auch: Konsument:innen kaufen die Produkte nicht, um sie zu besitzen - sondern nur für eine bestimmte Nutzungsdauer (zum Beispiel tausend Waschmaschinenwäschen). Danach werden sie in den Kreislauf zurückgeführt, und alles beginnt von vorne.

Produkte aus dem biologischen Kreislauf sind vor allem Verbrauchsgüter und müssen theoretisch kompostierbar sein. Dazu können Schuhsohlen, die über Abrieb in die Umwelt gelangen, aber auch Kosmetika oder Verpackungen gehören. Praktisch darf man diesen Begriff allerdings noch nicht benutzen, weil es zu lange dauert, bis sich Produkte aus dem biologischen Kreislauf wieder vollständig zersetzt haben. Diese beiden Kreisläufe sind nicht streng voneinander getrennt - es geht vor allem um die angemessene Nutzung des Materials. So können Produkte, die eigentlich für den biologischen Kreislauf hergestellt wurden, nach der Nutzung von einer Person an eine andere weitergegeben werden (was dem technischen Kreislauf entsprechen würde) und müssen nicht sofort zerstört werden.

Der Begriff Cradle to Cradle wurde erstmals in den 1980ern verwendet - allerdings noch mit einem deutlich begrenzteren Bedeutungshorizont als heute. Rund zehn Jahre später haben der Designer William McDonough und der Chemiker Michael Braungart den Begriff erweitert und das Cradle-to-Cradle-Designkonzept begründet. In Deutschland wird das Konzept von Cradle to Cradle aktuell unter anderem durch die Arbeit der Cradle to Cradle NGO[216] vorangetrieben, die von der Umweltwissenschaftlerin Nora Sophie Griefahn und dem Wirtschaftswissenschaftler Tim Janßen geführt wird.[217]

In Fragen der Zukunftsgestaltung darf es der NGO zufolge nicht nur darum gehen, dass viele Menschen im globalen Norden auf bestimmte Dinge verzichten werden müssen (wie es zum Beispiel die Postwachstumsökonomie fordert), sondern auch darum, intelligente Wirtschaftskonzepte zu entwerfen, die eine neue Geschichte erzählen: Anstatt den Menschen nur als Schädling zu verstehen, der den Planeten, auf dem er lebt, vernichtet, sollten wir uns überlegen, was wir Gutes und Konstruktives zu einem Wandel beitragen können - und wie das konkret aussehen kann.[218] »Irren ist menschlich«, schreiben Griefahn und Janßen, »die Irrtümer unserer jetzigen Wirtschaftsweise schwimmen als Müllkontinente im Meer. Ebenso menschlich ist es aber auch, Fehler zu korrigieren. Dafür müssen wir nach dem Vorbild der Natur wirtschaften und alles in endlosen Kreisläufen zirkulieren lassen. So können wir gut leben und dabei in eine positive Zukunft schauen.«[219]

WIE FUNKTIONIERT EINE ZERTIFIZIERUNG?

Cradle to Cradle baut auf drei Prinzipien: Müll eliminieren, erneuerbare Energien nutzen und Diversität feiern. Über den reinen nachhaltigen Gedanken hinaus sind die fairen Beziehungen innerhalb der Lieferkette, die Förderung von Biodiversität und das Erkunden vielfältiger technischer Lösungsmöglichkeiten ein wesentliches Zertifizierungskriterium.

Es gibt fünf Kategorien, in denen Produkte zertifiziert werden müssen, wollen sie das Cradle-to-Cradle-Siegel erhalten:

MATERIALGESUNDHEIT

Die Produkte dürfen kein einziges Material enthalten, das den Richtlinien widerspricht und in seinem jeweiligen Verwendungskontext (man spricht von »Nutzungsszenario«) nicht gesund für Mensch und Umwelt ist.

WIEDERVERWERTBARKEIT

Je besser sich die Komponenten eines Produktes (theoretisch) kompostieren lassen und damit in den Kreisläufen bleiben, desto höher ist die Wertung für diese Kategorie.

ERNEUERBARE ENERGIEN UND KOHLENSTOFFMANAGEMENT

Je höher der Anteil an erneuerbaren Energien ist, der für die Produktion eingesetzt wird, desto besser. Außerdem soll möglichst viel Kohlenstoff in der Erde gelassen werden - dort, wo er hingehört.

WASSERQUALITÄT

Wasser ist eine kostbare Ressource. Produzenten müssen dokumentieren, wie viel Wasser sie verbrauchen und in welcher Qualität sie es wieder an lokale Ökosysteme abgeben. Für alle Menschen und Organismen, die im Produktionsprozess involviert sind, ist außerdem sauberes Wasser jederzeit zugänglich.

SOZIALE GERECHTIGKEIT

Entlang der gesamten Lieferkette müssen Mitarbeitende und Umwelt fair behandelt werden.

Für jede Kategorie erhält das Produkt ein separates Auszeichnungslevel - von Basic über Bronze, Silber und Gold bis hin zu Platinum. Der Platin-Standard ist erreicht, wenn in allen Kategorien 100 Prozent der Vorgaben erfüllt werden. Dabei bestimmt der niedrigste Wert in einer Kategorie das gesamte Auszeichnungslevel: Wenn ein Unternehmen beispielsweise ein T-Shirt zertifizieren lassen möchte und im Bereich Wasserqualität nur Bronze, in allen anderen Bereichen aber Silber oder sogar Gold bekommt, wird es am Ende mit dem C2C-Bronze-Label ausgezeichnet. Außerdem muss die Zertifizierung alle zwei Jahre erneuert werden - und bei jedem Durchlauf muss ein Produkt besser sein als vorher. Auf den Lorbeeren ausruhen gibt es hier nicht.[220]

INTERVIEW MIT ROSWITHA SANDWIESER UND DORIS RASSHOFER VON DER DRUCKEREI GUGLER*

WAS BEDEUTET CRADLE TO CRADLE IM BUCHDRUCK?

Von Jennifer Hauwehde

Puh, das klingt ganz schön kompliziert – und vor allem nach einer Menge Arbeit (und Geld). Wie kann ich mir das jetzt konkret vorstellen? Nach einer ausführlichen Führung habe ich die Gelegenheit, mit Roswitha Sandwieser und Doris Raßhofer über das Unternehmen und alternatives Wirtschaften mit Kreislaufgedanken zu sprechen. Roswitha ist Nachhaltigkeitsbeauftragte und Produktentwicklerin bei gugler*, Doris leitet die Kommunikationsabteilung und die Akademie.

Ihr wart weltweit eine der ersten Druckereien, die Cradle to Cradle angeboten hat, und ihr seid immer noch eine der wenigen in Europa. Woran liegt das, warum arbeiten nicht mehr Druckereien nach Cradle to Cradle?

Doris: Eine Cradle-to-Cradle-Zertifizierung ist ein sehr aufwendiger Prozess, weil man

»Eine Cradle-to-Cradle-Zertifizierung ist ein sehr aufwendiger Prozess, weil man tief in die Lieferketten hineingehen muss.«

tief in die Lieferketten hineingehen muss. Das heißt, wir müssen mit unseren Zulieferern verhandeln und die wiederum mit ihren Zulieferern. Wir lassen uns nicht einfach etwas bescheinigen, das dann von Lieferant zu Lieferant in blindem Vertrauen weitergegeben wird. Durch Geheimhaltungsvereinbarungen können sie uns ihre chemischen Rezepte vorlegen - die lassen wir in einem unabhängigen ökotoxikologischen Labor prüfen, um zu wissen, was genau zum Beispiel in einer Druckfarbe enthalten ist. Sollten krebserregende oder erbgutverändernde Stoffe enthalten sein, muss der Lieferant diese Stoffe gegen bekannte und unschädliche Stoffe austauschen. Es kann sein, dass er ein paar Bestandteile wiederum selbst von einem Lieferanten bezogen hat, dann muss dieser zweite Lieferant die Stoffe austauschen und so weiter. Das ist sehr aufwendig, und man braucht ein gutes Verhältnis zu den Zulieferern, vor allem aber die Bereitschaft und das Commitment für diesen Prozess. Und es ist natürlich auch ein sehr kostspieliger Prozess - was sich nicht jede Druckerei leisten will und kann.

Kostet das sehr viel Geld?

Roswitha: Das war schon eine große Investition. Vor allem die erste Zertifizierung war ein großer Schritt für uns als mittelständische, familiengeführte Druckerei - gerade in einer Branche, die nicht sonderlich viel Profit abwirft. Für Ernst Gugler [den Gründer von gugler*] gab es allerdings nur ein Ja oder Nein: Entweder wir verändern etwas, oder wir produzieren nicht mehr. Er wollte auch den Mitarbeiter:innen nicht mehr zumuten, mit potenziell

»Wenn man die Probleme erkennt, muss man etwas gegen sie unternehmen.«

gesundheitsgefährdenden Materialien zu arbeiten - wenn man die Probleme erkennt, muss man etwas gegen sie unternehmen. Die hohen Kosten sind allerdings der Grund, weshalb wir unsere Arbeit nicht sofort zu 100 Prozent optimiert haben, sondern Schritt für Schritt vorgegangen sind. Wir haben immer noch Komponenten, die wir zertifizieren lassen möchten.

Ihr nehmt also das System, das schon da ist, und versucht, es so weit zu optimieren, wie es geht.

Doris: Richtig. Mit unseren Zulieferern versuchen wir, das System zu optimieren und gesunde, saubere und rückstandsfreie Inhaltsstoffe zu generieren. Aber natürlich können wir weder die gesamte Druckbranche noch die gesamte Welt revolutionieren. Wir gehen einfach mal vor und versuchen zu zeigen, wie es gehen könnte. Ohne zu glauben, selbst schon perfekt zu sein. Inzwischen gibt es viele Firmen, die unter anderem im Rahmen unserer Akademie zu uns kommen und sich zeigen lassen, wie Cradle to Cradle funktioniert und was man dabei beachten muss.

Habt ihr keine Angst, euer Wissen zu teilen?

Doris: gugler* hat in den letzten zehn Jahren die gesamten Forschungs- und Entwicklungskosten getragen. Natürlich können wir dieses erworbene Wissen aus wirt-

Nützlingshotel

»Wir wünschen uns eine radikale Konsument:innen-Orientierung.«

schaftlicher Sicht nicht einfach als Open Source ins Internet stellen. Wir sind dennoch daran interessiert, dass sich unser Ökologisierungs-Know-how in der Welt verbreitet. Deshalb haben wir die Print-the-Change-Genossenschaft gegründet, in der wir unser Wissen mit ausgewählten Partnern teilen, dabei aber durch Vereinbarungen und Verträge abgesichert sind. So können wir neue Zertifizierungen innerhalb dieser Genossenschaft gemeinsam verwirklichen und die Kosten gemeinschaftlich tragen. Das Ziel wäre, dass viele Druckereien in Europa und weltweit der Genossenschaft angehören und wir uns das Know-how und die Kosten teilen können. Dadurch wäre gewährleistet, dass immer mehr Stoffe immer schneller zertifiziert werden könnten, sodass Cradle to Cradle für immer mehr Druckereien interessant wird und sich zum Standard entwickelt.

Wir stehen unter dem verglasten Dach bei gugler*, das ohne Zweifel eine beeindruckende Aussicht auf den freien Himmel und viel Lichteinfall bietet, unter dem ich mir in der Sommersonne allerdings auch vorkomme wie in einem Gewächshaus: Ich zerfließe. Trotzdem möchte ich noch ein paar Dinge wissen - zum Beispiel, wie man hier mit Kritik an Cradle to Cradle umgeht. Die kommt vor allem aus Richtung der Postwachstumsökonomie und lautet in etwa: »Kreislauffähigkeit gut und schön - aber Cradle to Cradle verbraucht ja immer noch wertvolle Ressourcen. Am Ende muss der Verzicht auf Wachstum stehen - sonst läuft man Gefahr, einfach mit einer neuen Technologie so weiterzumachen wie bisher oder sogar noch mehr Ressourcen zu verbrauchen, weil die Produktion jetzt besonders nachhaltig ist.«

Roswitha sieht das ganz genauso: »Ich glaube, es braucht eine Mischung: Reduktion und eine Veränderung der Produkte. Wir verstehen die Kritik und sind auch der Ansicht, dass nicht maßlos produziert werden sollte, auch nicht nach Cradle to Cradle.« Die Wirtschaft von morgen kann nicht endlos so weiterwachsen - auch nicht, wenn man sie grün anmalt. Und: Wie bei vielen Dingen wird vermutlich nicht *die eine* Lösung, sondern vor allem eine Kombination aus mehreren Ansätzen zum Ziel führen.

Wie könnte die ideale Wirtschaft von morgen aussehen? Roswitha meint, die Produktionsabhängigkeit sollte sich im besten Falle umdrehen: Die Wirtschaft richtet sich nach dem aus, was Kund:innen fordern - und zwar *nur* nach diesen Wünschen. »Bisher werden Produkte hergestellt, im Anschluss wird massenhaft Werbung für sie gemacht, und so werden Konsument:innenwünsche geweckt. Wir wünschen uns eine radikale Konsument:innenorientierung. Das bedeutet auch, dass Wirtschaft und Politik diesbezüglich im Einklang stehen.« Müssen die Unternehmen der Zukunft also immer auch politisch sein? »Das wird so sein müssen«.

GESPRÄCH MIT PROF. DR. KARIN KREUTZER,
LEITERIN DES IMPACT INSTITUTS DER EBS UNIVERSITÄT

WIRTSCHAFT ALS MITTEL ZUM ZWECK: SOCIAL BUSINESSES

Von Milena Zwerenz

Ein veganer Rasierer in Pastelltönen, der ein Prozent des Verkaufs an Terre des Femmes spendet. Biolimonade in Glasflaschen, die gemeinnützige Projekte unterstützt. Die Liste an Produkten, die mir täglich online vorgeschlagen werden, könnte ich noch ewig weiterführen. Alles Produkte, die mir versprechen, meine, eure, unsere Welt etwas schöner und nachhaltiger zu machen. Doch können sie das wirklich? Fakt ist: Die Grenzen zwischen Aktivismus und Wirtschaft verschwimmen. Immer mehr Unternehmen sehen sich nicht mehr nur als reine Geldmaschinerien, ihnen dient Wirtschaft als Mittel zum Zweck. Es ist die Stunde der Social Businesses: Unternehmen, die versuchen, mit betriebswirtschaftlicher Herangehensweise die Welt ein Stückchen besser zu machen. »Positiver Impact«, nennt das Prof. Dr. Karin Kreutzer, die an der EBS Universität in Oestrich-Winkel den Lehrstuhl für Social Business innehat. Sie beschäftigt sich seit Jahren mit der Frage, wie auf unternehmerische Art und Weise sozialer Mehrwert geschaffen werden kann. »Sozialunternehmen sind in den letzten Jahren aus der verstaubten Ecke rausgekommen. Während das früher Fairtrade-Läden mit einem bestimmten Image waren, sind es jetzt auch hippe Start-ups, die eine breite Zielgruppe ansprechen - von Kund:innen, Förder:innen, Mitarbeiter:innen, Gründer:innen.«

Laut Untersuchungen der Europäischen Union steigt der Anteil neu gegründeter Sozialunternehmen. Dass Sozialunternehmen trenden, passt dazu, dass eine neue Generation die Start-up-Welt aufmischt, wie es auch Lena Papasabbas vom Zukunftsinstitut anmerkte. Kreutzer bestätigt: »Social Businesses sind unglaublich attraktive Arbeitgeber für die Millennials und Generation Y, bei denen das große Schlagwort *Purpose* reinspielt. Diese Generation sucht nach einem größeren Sinn in ihrer Arbeit und fragt nach dem ›Warum‹ ihrer Tätigkeit.«

»Social Businesses sind unglaublich attraktive Arbeitgeber für Millenials und die Generation Y.«

Wie viele Sozialunternehmen es in Deutschland mittlerweile gibt, kann aber auch Professorin Kreutzer nicht genau sagen: »Das liegt daran, dass Sozialunternehmen keine eigene Rechtsform haben.« Laut Kreutzer dürfe sich in Deutschland auch Social Business nennen, wer sich nicht nur allein über den Markt finanziert, sondern zusätzlich auch staatlich bezuschusst wird oder Spenden entgegennimmt. »Ich kenne aber keine Unternehmen, die sich fälschlicherweise als Sozialunternehmen bezeichnen«, betont sie.

Eine Definition, auf die sich Wissenschaft und Wirtschaft gern beziehen, ist die des bengalischen Wirtschaftswissenschaftlers und Friedensnobelpreisträgers (2006) Muhammad Yunus, der als Pionier auf diesem Gebiet gilt. Dessen 1983 gegründete Grameen Bank vergibt Mikrokredite an Menschen ohne Einkommenssicherheiten in Bangladesch und will damit die Armut der Bevölkerung verringern. Für Yunus zeichnen sich soziale Unternehmen durch folgende Punkte aus:

- soziale Mission,
- alle Profite werden zu 100 Prozent reinvestiert, um diese gesellschaftlichen Ziele zu erreichen,
- von benachteiligten Menschen, denen es dient, gegründet oder primär für sie gegründet.[221]

Doch diese Definition lässt sich laut Kreutzer nicht auf alle Sozialunternehmen anwenden, da sie in ganz unterschiedlichen Branchen und Bereichen tätig sind. »Es gibt nicht das Sozialunternehmen als solches«, betont die Professorin. »Sie unterscheiden sich zum Beispiel durch die Beneficiaries, also die Leistungsempfänger:innen oder die zu unterstützende Bevölkerungsgruppe.« So könnten es einmal die Kund:innen sein, an die nachhaltige und sozialverträgliche Produkte verkauft würden. Aber etwa auch eine Werkstatt, die mit Behinderten arbeitet, sei ein Sozialunternehmen, da sie benachteiligte Menschen in den Produktionsprozess einbindet. »Es gibt aber auch Geschäftsmodelle, bei denen die Wertschöpfung beispielsweise der Umwelt zugutekommt. Der soziale Mehrwert liegt dort entsprechend im Bereich des Umweltschutzes, wie bei Solarstrom oder nachhaltiger Energie.« Ob Sozialunternehmen denn sonst auch ökologisches Handeln integrieren würden, will ich wissen. »Laut Yunus darf und kann ich nicht nur in einer Kategorie gut sein, um als Sozialunternehmen glaubwürdig zu sein. Es reicht also nicht nur, einer Empfängergruppe etwas Gutes zu tun. Ich muss zum Beispiel gleichzeitig auch auf meinen CO_2-Footprint achten«, meint Kreutzer. In der Realität gäbe es aber sowohl Unternehmen, die diesem Ideal zu 100 Prozent gerecht würden, als auch solche, die noch auf dem Weg sind.

In unserem Gespräch merke ich immer wieder, wie leidenschaftlich – ja, es ist schließlich auch ihr Themengebiet, aber trotzdem – Professorin Kreutzer vom Sozialunternehmertum spricht. Ich fühle mich ein bisschen, als hätte ich Social Businesses unrecht getan, indem ich an deren Integrität gezweifelt habe. Wer ist schon perfekt? Tatsächlich fallen mir durchaus einige Un-

»Ein Grundmerkmal der Sozialunternehmen ist, dass sie keine Gewinnmaximierung anstreben.«

ternehmen ein, die mit ihren Einfälle mehr verbessert haben als so manche politische Maßnahme: reCup mit dem Pfandsystem für Coffee-to-go-Becher, die Lebensmittelretter:innen von SirPlus oder Conflictfood, deren Lebensmittel aus Krisen- und Konfliktregionen stammen.

Trotz allem juckt mich das Konzept Sozialunternehmen noch ein bisschen. Wäre es nicht zu einfach, wenn sich die Welt so retten ließe? Ich kann das Thema - noch mal verstärkt, nachdem wir uns mit dem Zusammenhang von Konsum, Wirtschaftswachstum und Klimaungerechtigkeit auseinandergesetzt haben - nicht ganz unkritisch sehen. Viele dieser Social-Business-Produkte und Dienstleistungen, die dort auf dem Markt herumschwirren, bräuchten wir überhaupt nicht. Ein Nussriegel, mit dem eine Person in Not etwas zu essen bekommt? Schöne Idee, aber warum sollte ich den kaufen, wenn ich Nussriegel sowieso unnütz finde? Ein veganer Rasierer? Guter Gedanke, aber ich benutze doch bereits einen anderen. So betrachtet verursachen solche Produkte eher das Gegenteil von dem, was sie verkaufen wollen, nämlich mehr Müll, mehr Ressourcenverschwendung, mehr Klimaungerechtigkeit.

Es geht aber offensichtlich nicht nur mir so. In der medialen Berichterstattung werden Social Businesses, insbesondere solche, die Produkte verkaufen, häufig sehr kritisch beäugt. Bereits 2015 habe ich in der *brand eins* einen Artikel über Lemonaid gelesen, Titel: *Die Krux mit der Moral.*[222] Auch dort konnte der Autor nicht glauben, dass die Macher dahinter nur Gutes im Sinn haben, ließ sich dann aber von deren Biografien besänftigen: »Dass es den Lemonaid-Gründern um die Bekämpfung von Armut geht, nimmt man ihnen aufgrund ihrer Biografien und ihres Engagements ab.«[223] Und auch Jan Böhmermann (wer hätte gedacht, dass er hier auftaucht?) wetterte auf Twitter gegen das Geschäftsmodell Sozialunternehmen: »Hey, Entrepreneurs, wenn es Euch wirklich um Umwelt, Gesellschaft, Nachhaltigkeit und Gerechtigkeit geht, warum macht Ihr dann nicht Eure superwoken Social StartUps dicht und engagiert Euch ohne Gewinnmaximierungsantrieb?«[224]

Als ich Kreutzer frage, ob wir Social Businesses denn wirklich vertrauen könnten, muss sie lachen. »Diese Frage bekomme ich leider öfter gestellt, und ich kann sie überhaupt nicht nachvollziehen«, beklagt sie sich. »Man kann den Sozialunternehmen schon einen Vertrauensvorschuss geben.« Wenn man sich die Geschäftsmodelle anschaue, dann sehe man, dass sich da keiner selbst bereichere: »Das ist auch der Grund dafür, warum es ihnen jetzt während der Coronakrise so schlecht geht. Viele soziale Geschäftsmodelle sind so sehr auf Kante genäht, dass keine großen Reserven da sind.« Böhmermanns Kommentar kann sie deshalb wenig abgewinnen: »Ein Grundmerkmal der Sozialunternehmen ist, dass sie eben keine Gewinnmaximierung anstreben.« Außerdem seien Organisationen, die sich ausschließlich über Spendengelder und Steuergelder finanzieren, oft bürokratischer und langsamer: »Um den Sozialstaat ein Stück weit zu entlasten und nicht nur davon abhängig zu sein, Spenden einzunehmen - auch der:die Spender:in hat ja einen Willen, wofür sein:ihr Geld ausgeben wird -, finde ich das Modell, am Markt zu operieren und dafür unternehmerische Freiheiten zu nutzen, richtig und wichtig. So können Sozialunternehmen schnell, flexibel und innovativ Probleme lösen.«

Die Frage ist ja auch: Nährt sich das Misstrauen gegenüber diesen Unternehmen davon, dass wir nicht glauben können, dass solche Konzepte aufgehen, oder rührt es eher daher, dass so viele große Konzerne den Glauben an ernst gemeinte Verbesserung zerstört haben? Wenn sich Unternehmen beispielsweise im Sinne des Purpose-Marketings politische Botschaften aneignen und - weil es sich gut verkauft - sich damit als sozialere Firmen präsentieren, als sie eigentlich sind. Bestes Beispiel: die vielen Statements zu #BlackLivesMatter oder #LeaveNoOneBehind. »Purposewashing« löst gefühlt gerade das »Greenwashing« ab. Wie bereits erwähnt, halten Begriffe wie »grün« und »nachhaltig« schon lange keine Versprechen mehr ein - vielmehr haben sie sich mit dem Main-

stream vermischt und dadurch stark an Bedeutung verloren. Nicht ohne Grund konnte unter anderem die Journalistin Kathrin Hartmann ganze Bücher damit füllen, wie uns Firmen blenden: »Alles, was einmal als schädlich und schändlich galt, dient heute der Weltrettung«, schreibt sie. »All das gibt es heute auch in Nachhaltig, Grün oder Verantwortungsvoll.«[225] So zertifiziert sich beispielsweise Nestlé munter mit eigenen Siegeln und inszeniert sich als Umweltretter, während derselbe Konzern für die Zerstörung verantwortlich ist. »Man darf schon hinterfragen, wie das zu bewerten ist, wenn ein Unternehmen, das eigentlich erst mal einen negativen Impact auf unsere Umwelt und das gesellschaftliche Zusammenleben hat, ein paar Löcher mit öffentlichkeitswirksamen Kampagnen stopft«, meint Kreutzer dazu. »Was auch ein berechtigter Vorwurf ist: Bei solchen CSR-Projekten (Corporate-Social-Responsibility-Projekte) ist das Budget für die Kommunikation manchmal größer als das eigentliche Projektbudget.«

Dennoch oder gerade deswegen sehen sich auch Sozialunternehmen Kritik ausgesetzt. Insbesondere das Buy-one-give-one-Modell, das etwa share, Viva con Agua oder Tom's Shoes fahren, findet nicht nur Fürsprache. Der besagte Schuhkonzern setzt beispielsweise darauf, dass nach dem Kauf von einem Paar Schuhen bei uns einem Kind in einem Entwicklungsland ein Paar Schuhe geschenkt wird. Sogar Entwicklungsarbeit hat ihre Schattenseiten, wieso soll es ausgerechnet bei wirtschaftlichen Akteuren anders sein? Der afrikanische Ökonom James Shikwati etwa bemängelt seit Jahren, dass diese mehr Schaden anrichtet, als Nutzen stiftet, da sie die Abhängigkeit von den Empfängerstaaten verfestigt und die Eigeninitiative der Bürger lähmt.[226] »Kann Konsum die Welt retten?«, fragt auch Alexandra Endres in einem Arti-

PROF. DR. KARIN KREUTZER

Karin Kreutzer ist Inhaberin des Lehrstuhls für Social Business und Leiterin des Impact Instituts an der EBS Universität für Wirtschaft und Recht. In Lehre und Forschung beschäftigt sie sich mit Non-Profit-Organisationen, Sozialunternehmertum und der gesellschaftlichen Verantwortung von Unternehmen. In zahlreichen Studien, die in internationalen Fachzeitschriften publiziert wurden, untersucht sie, wie unternehmerische und soziale Ziele vereinbart werden können.

kel für *ZEIT ONLINE* kritisch. Sie stellt fest, dass in der Regel zwar beide Seiten etwas von solchen Aktionen haben, die Unternehmen aber stärker vom Cause-Related-Marketing profitierten. Außerdem kann das Modell regionale Wertschöpfungsketten zerstören. Problematisch ist aber auch, dass so ausgelegte Business-Modelle nichts an den globalen Extraktions-, Produktions- und Handelsbeziehungen, die Armut erzeugen und gerade durch große wachstumsorientierte Unternehmen hervorgebracht werden, ändern. Sie werden sogar oft nicht einmal thematisiert.[227] Auch Kathrin Hartmann kritisiert in *Die Grüne Lüge*, dass etwa Mode aus Ozeanplastik von den eigentlichen Problemen ablenkt: Damit würde die Katastrophe nicht nur ästhetisiert, sondern auch legitimiert.[228] Am Ende geht es also wieder um Wachstum und mehr Konsum in den reichen Industriestaaten.

In unserem Gespräch erklärt Professorin Kreutzer, dass es durchaus Methoden gibt, um die Wirkung von Sozialunternehmen zu bestimmen. So unterschiedlich wie die Geschäftsmodelle, Branchen und Lösungsansätze, so verschieden sei auch der soziale Mehrwert. »Nicht jedes Unternehmen verändert gleich die ganze Welt. Müssen sie aber auch gar nicht. Jedes weitere Unternehmen, das gesellschaftlichen Mehrwert generiert, ist erst einmal eine positive Entwicklung und bringt Menschen zum Umdenken.« Sie findet es zwar wichtig, kritisch beim Konsumieren zu sein, aber es - aus Angst, es sowieso nicht richtig machen zu können - gar nicht erst mit nachhaltigem Verhalten zu versuchen sei auch nicht die Lösung: »Kein Produkt ist perfekt. Also kaufe ich lieber den Müsliriegel, bei dem der Hersteller versucht, diesen so fair und nachhaltig zu produzieren wie möglich.«

Da sind wir wieder am Ausgangspunkt. Ist nachhaltiger Konsum nicht ein Widerspruch in sich? Im Gegensatz zu Kathrin Hartmann schätzt Karin Kreutzer die Macht des nachhaltigen Konsums als durchaus positiv ein - zumindest bezogen auf die Macht, die wir Konsument:innen haben: »Natürlich hat die Politik mit der Gesetzgebung eine ganz andere Hebelwirkung. Aber da stellt sich immer die Frage, wann und wie etwas passiert. Wer heute ein faires Produkt kauft, zeigt ja schon, dass er:sie sich informiert. Letztendlich entscheiden wir mit unserem Geldbeutel, wie viele nachhaltige Produkte hergestellt werden. Denn: Je mehr solche Produkte nachgefragt werden, desto mehr Druck entsteht auch auf konventionelle Hersteller, umzudenken.«

Was von dem Gespräch übrig bleibt: Obwohl »Recycle, Reduce, Reuse« ein richtiger und wichtiger Slogan für ein ökologisches Leben sein mag, werden wir auch in der Zukunft nicht drumherum kommen, irgendetwas zu konsumieren. Essen und Kleidung werden wir vermutlich weiterhin brauchen. Und selbst wenn wir auf Verkehrsmittel verzichten und nur noch laufen würden, müsste das Material für unsere Schuhe irgendwo herkommen. Wenn wir also wirklich etwas Bestimmtes neu brauchen, dann könnten Social Businesses eine mögliche bessere Lösung liefern. Außerdem können solche Unternehmen durch ihre Reichweite politische Botschaften weiter tragen als Einzelpersonen oder kleine Gruppen. Diese Art des Wirtschaftens muss also gar nicht so schlecht sein, wie Jan Böhmermann behauptet.

GESPRÄCH MIT CHRISTOPH BIETZ, EXPERTE FÜR ALTERNATIVE UNTERNEHMENSFORMEN

UNTERNEHMEN, DIE SICH SELBST GEHÖREN

Von Milena Zwerenz

Was wäre, wenn Jeff Bezos durch eine Bestellung bei Amazon nicht jede Sekunde um 3.500 US-Dollar reicher würde? Was wäre, wenn die Profite ins Unternehmen und seinen Zweck, bestenfalls sogar in gesellschaftlich relevante Projekte fließen würden? Klingt utopisch? Dabei verfolgt ein Ansatz, der in Deutschland und vielen anderen Ländern gerade verstärkt diskutiert wird, genau diesen Gedanken: Unternehmen in Verantwortungseigentum, also Unternehmen, die sich quasi selbst gehören. Die Idee: Indem eine Firma keinen Investor:innen, nur Menschen gehört, die eng mit dem Unternehmen verbunden sind, kann - ähnlich wie bei einem Familienunternehmen - die Kontrolle immer innerhalb des Unternehmens weitergegeben werden. Und: »Normalerweise hat der:die Eigentümer:in kompletten Zugriff aufs Unternehmensvermögen. Bei Unternehmenseigentum hingegen bezieht sich der Eigentumsbegriff nur auf die Verantwortung für Unternehmen, nicht aber auf das Vermögen«, erklärt mir Christoph Bietz von der Purpose Stiftung, die mit Firmen in Verantwortungseigentum arbeitet oder solchen, die es werden wollen.[229] »Personen, denen eine Firma gehört, sind dementsprechend ›Verantwortungseigentümer:innen‹ und nicht ›Vermögenseigentümer:innen‹. Gewinne werden nicht ausgeschüttet, sondern dienen dem Betriebszweck, werden reinvestiert oder gemeinnützig gespendet. Außerdem kann ein Unternehmen in Verantwortungseigentum nicht einfach für den persönlichen Gewinn verkauft werden.«

Ganz neu ist der Ansatz nicht, in Dänemark etwa kommen Unternehmen in Verantwortungseigentum relativ gesehen 20-mal häufiger vor als in Deutschland. Auch hier existieren mit Bosch oder Zeiss seit Jahrzehnten Unternehmen in dieser Eigentumsform. So gehören 91,99 Prozent des Traditionsunternehmens Bosch der Robert Bosch Stiftung, die ihre Tätigkeit aus den Dividenden dieser Beteiligung finanziert. Sie ist nicht der Gewinnmaximierung unterworfen, sondern verfolgt ihre gemeinnützigen

Ziele überparteilich und selbstbestimmt. Seit ihrer Gründung 1964 hat die Stiftung rund 1,6 Milliarden Euro für gemeinnützige Arbeit eingesetzt.[230]

»Bei Bosch und Co. funktioniert Verantwortungseigentum über eine komplexe Stiftungskonstrukion, die Start-ups und mittelständische Unternehmen aus Kosten- und Kapazitätsgründen kaum umsetzen können«, so Bietz. Purpose Economy bietet solchen Unternehmen deswegen einen Umweg zum Verantwortungseigentum an. »Dabei hält unsere Stiftung ein Prozent an einer Firma und besitzt damit einen sogenannten Veto-Share. Sollte das Unternehmen die Prinzipien von Verantwortungseigentum ändern wollen, legen wir unser Veto ein.« Rund vierzig Unternehmen hat die Stiftung so bei der Umsetzung geholfen, etwa der grünen Suchmaschine Ecosia, dem Magazin-Start-up *Neue Narrative* oder Soulbottles, die Trinkflaschen fair herstellen. Da es momentan keine Rechtsform gibt, die die Prinzipien von Verantwortungseigentum sicherstellt, soll das nun vereinfacht werden. Anfang Oktober 2020 forderte die Stiftung Verantwortungseigentum, die Purpose-Co-Gründer Armin Steuernagel ebenfalls mitgegründet hat, gemeinsam mit 600 Unterstützer:innen in einem Aufruf an die Bundesregierung eine Gesetzesänderung, um die Unternehmensform »Gesellschaft mit gebundenem Vermögen« als Variante der GmbH zu ermöglichen. Können wir Unternehmen in Verantwortungseigentum also mehr vertrauen? Vielleicht schon. Bietz weist auf eine feine Unterscheidung hin: »Verantwortungseigentum an sich ist ja erst mal frei von irgendeiner Moralvorstellung. Aber wer sein Unternehmen so aufstellen möchte, dass er:sie sich nicht maßlos selbst bereichern kann, der:die hat – neben dem Unternehmenszweck – natürlich häufig auch noch andere Sachen im Kopf, zum Beispiel das Wohlergehen anderer Menschen und des Planeten. Viele dieser Leute treten auch ganz grundsätzlich für eine neue Form des Wirtschaftens ein.«

CHRISTOPH BIETZ

Christoph Bietz studierte in Köln Medienwissenschaften, Anglistik und Musikwissenschaften und hat zum Thema *Narrativität der Nachrichten* promoviert. Er war Redakteur bei der ARD-Sendung *Anne Will* und ist nun Head of Communications bei der Purpose Stiftung. Die internationale Organisation hinterfragt herkömmliche Unternehmensstrukturen und entwickelt alternative Eigentums- und Finanzierungsmodelle. Sie berät und unterstützt sinnorientierte Unternehmen auf ihrem Weg zu Verantwortungseigentum.

INTERVIEW MIT
WALDEMAR ZEILER UND
ELISA NARANJO
VON EINHORN

WIE KÖNNEN UNTERNEHMEN DIE »ECONOMY UNFUCKEN«?

Von Milena Zwerenz

Ein Social Business, das sich 2019 für das Verantwortungseigentum entschieden hat, ist das Berliner Unternehmen einhorn, das vegane Kondome und Menstruationsprodukte herstellt.[231] Wer jetzt vor lauter Omnipräsenz der Firma schon innerlich die Augen verdreht: I feel you. 2020 wollte einhorn ein »Demokratie-Festival« mit 90.000 Menschen im Olympiastadion Berlin veranstalten, bei dem die Teilnehmenden eine Petition nach der anderen hätten abzeichnen können. Dabei stellte sich vielen

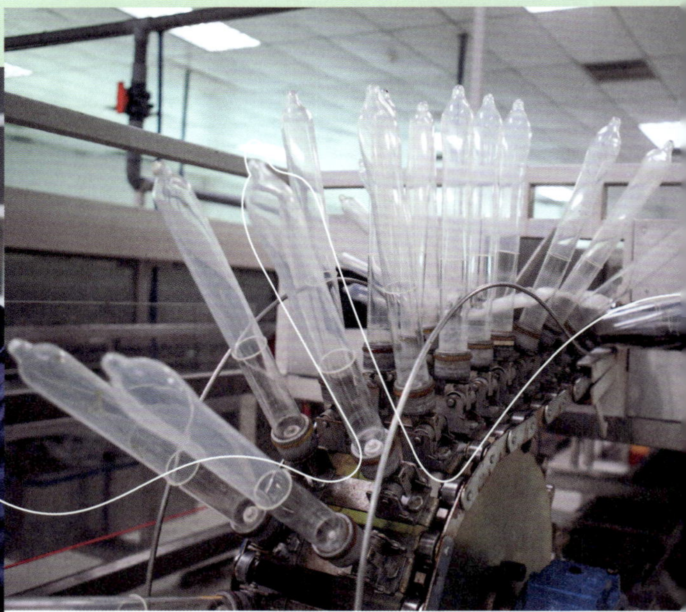

die Frage, ob ein Unternehmen überhaupt aktivistisch sein darf. Als es um die erfolgreiche Senkung der sogenannten Tamponsteuer ging, spielte sich das Unternehmen für einige zu sehr in den Vordergrund - und überblendete damit die bereits geleistete Arbeit der Aktivistinnen Nanna-Josephine Roloff und Yasemin Kotra.[232] So umstritten einige Aktionen des Unternehmens sind, so spannend ist dennoch, was sie alles ausprobieren - intern wie extern. Andererseits war auch genau das der Grund, warum ich mich mit Gründer Waldemar Zeiler und Head of Fairstainability Elisa Naranjo treffen wollte. Das einhorn-Team testet alle Grenzen der konventionellen Arbeitswelt aus, die es gibt. Intern etwa mit einer Urlaubs-Flatrate, mehr Gehalt für Eltern sowie keinen monetären Unternehmenszielen. Auch in Sachen Nachhaltigkeit hat das Unternehmen, das Waldemar mit Philip Siefer 2014 gegründet hat, einen eigenen Ansatz: Von Anfang an flossen 50 Prozent der Gewinne in Fairness und Nachhaltigkeit oder, wie sie es nennen, »fairstainability«.

Gerade hat Waldemar ein Buch mit dem Titel *Unfuck the Econonmy* geschrieben, eine Art Ansage, was wirtschaftlich falsch läuft und inwiefern Unternehmen anders denken müssen, um sozial und ökologisch verträglicher zu handeln. Darin meint er: »Die Wirtschaft trägt eine große Schuld, aber sie kann auch der Schlüssel zur Lösung werden.«[233] Der perfekte Moment also, ihn und Elisa zu fragen, wie dieser Schlüssel aussehen kann.

»Genau das ist der Knackpunkt: Man darf Fairness und Sustainability nicht getrennt voneinander betrachten.«

Waldemar, ein Motto von einhorn und auch der Titel deines Buches lautet *Unfuck the Economy*. Wann hast du gemerkt, dass unser aktuelles Wirtschaftssystem kaputt ist?

Waldemar: Ich habe lange an die Story von Milton Friedman geglaubt, dass die Wirtschaft die Antwort auf alles ist, dass man sie machen lassen und bloß nicht regulieren soll. Mittlerweile sehe ich das ganz anders. Damit es überhaupt fair zugehen kann, braucht es ein Spielfeld mit Regeln. Vor einhorn habe ich viele Start-ups gegründet, die rein nach dem Shareholder-Value[234] betrieben waren. Das hat außer den Investor:innen niemanden glücklich gemacht. Auf den Planeten oder auf Menschen zu achten wäre schließlich nur Geld- und Zeitverschwendung gewesen. In meinem letzten Start-up konnte ich nicht mehr in den Spiegel schauen, weil ich sehr viele Entscheidungen vor den Mitarbeiter:inenn argumentieren und ständig meine Meinung ändern musste. Dabei waren das gar nicht meine Ansichten, ich war getrieben von Investor:innen. Dann habe ich die Reißleine gezogen, ein Jahr Auszeit genommen, war in Südamerika und habe überlegt, wie es anders gehen kann. Zusammen mit Philip habe ich dann das Testlabor einhorn gegründet. Wir haben uns gesagt: Wir wissen nicht, wie Wirtschaft nachhaltig geht, aber wir wissen, wie es nicht geht.

Bei einhorn gab es zuerst eine Nachhaltigkeitsabteilung, bevor es Sales gab. Wie kam das?

Waldemar: Als es anfangs nur das Gründerteam gab, war ich für Fairstainability verantwortlich, Philip für Produkt und Design. Diese Gewichtung wollten wir auch in unserem Team abbilden und deshalb als Erstes jeweils jemanden in den beiden Bereichen einstellen. Die Fairstainability-Abteilung ist bei uns auch die einzige Abteilung, die ein Budget hat. 50 Prozent der Profite stehen ihr zur Verfügung. Damit sicherten wir uns ab, dass dieser Bereich wichtig bleibt und personell stark wächst. Dann kam Elisa und hat ihn zu dem geformt, der er jetzt ist.

Elisa: Mein Papa stammt aus dem globalen Süden, und ich empfand es immer als extrem normativ, wie Entwicklungszusammenarbeit ablief. Auch als ich bei Oxfam gearbeitet habe, der größten NGO, die sich gegen Armut einsetzt, fand ich es immer komisch, dass wir in unserem Büro in Kreuzberg saßen und definiert haben, was die Leute im globalen Süden wollen - ohne wirklich mit ihnen gesprochen zu haben. Deshalb wollte ich in die Wirtschaft und bin in der Nachhaltigkeitsabteilung eines Online-Versandhändlers gelandet. Da war es ähnlich. Das Businessmodell stand, und erst im Nachhinein prüfte man, wie man da noch einen grünen Haken dransetzen kann. Alles lief auf Kostenreduzierung hinaus und in meiner Abteilung haben wir meist erfolglos versucht, Richtung faire

DEAR PATRIARCHY,
SCHÖNE SCHEIDE
MACH TAM TAM

Bezahlung und Ökostandards zu lenken. Aber wir waren zu dritt für 600 Lieferanten zuständig. Unmöglich, die Nachhaltigkeitsstandards von allen anständig zu prüfen.

Inwiefern unterscheidet sich davon dein jetziger Job als Head of Fairstainability?

Elisa: Am Anfang habe ich mich nur um die Kondome gekümmert und versucht, das System des Kautschukanbaus vor Ort in Malaysia zu verstehen und Transparenz herzustellen. Wie sieht die Lieferkette aus, wo müssen wir ansetzen, was heißt nachhaltiger Latex, welche Ökostandards gibt es, und was decken diese ab? Acht Monate lang habe ich nur recherchiert, wer Expert:in dafür ist. Mit der Zeit ist das Team gewachsen, und mittlerweile haben wir inhouse jemanden, der uns direkt eine Ökobilanz für alle Prozesse erstellen kann. Eigentlich ist unsere Abteilung ein ständiges Research Lab innerhalb von einhorn, ein Navigieren zwischen Wissen und Unwissen, und wir prüfen, wie nachhaltig wir schon sind, wie wir es sein wollen, welche Lösungen es schon gibt und welche wir selbst etablieren müssen.

Bei euch stehen Fairness und Sustainability auf dem gleichen Level wie Profit. Wie passt das zusammen?

Waldemar: Warum sollte es nicht funktionieren? Das ist ja genau der Knackpunkt, dass man beides nicht voneinander getrennt betrachten darf. Wieso kann auf dieser Welt überhaupt jemand agieren, aus welchem Grund auch immer, um den Planeten abzufucken, die Menschen abzufucken? Dieses Recht hat niemand, auch kein Unternehmen. Wir sollten weniger die rausstellen, die versuchen, es richtig zu machen, als die, die es nicht richtig machen.

Elisa: Ich finde den Vergleich mit Sklavenarbeit ganz gut. Da hinterfragen wir auch nicht mehr, ob es nicht billiger wäre, vielleicht Sklaven zu haben. So sollte es bei dem Thema Nachhaltigkeit auch sein. Es stellt sich eher die Frage, ob wir trotz oder wegen einer authentischen Nachhaltigkeit erfolgreich sind. Die Motivation darf nicht sein, nachhaltig zu handeln, weil es Gewinn bringt, sondern die Motivation muss es sein, es ernst zu meinen, dann bringt es auch Gewinn.

Seit 2019 gehört einhorn nur sich selbst. Warum?

Waldemar: Es gibt viele Marken, die mit einem krassen Purpose angefangen haben und dann verkauft wurden. Ich habe mich zum Beispiel gerade mit dem Bionade-Gründer getroffen, der damals von einem multinationalen Konzern unter Druck gesetzt und dessen Unternehmen dann verkauft wurde. Durch das Verantwortungseigentum ist unser Unternehmen rein rechtlich jetzt unverkäuflich. Da kann kein großer Konzern kommen, uns 50 Millionen, bieten, und wir werden doch schwach. Außerdem kann niemand Gewinne rausziehen. Alles, was erwirtschaftet wird, was über den Kosten liegt, bleibt im Unternehmen und steht ihm zur Verfügung. Das Steuerrad der Firma ist immer bei den Leuten mit Arbeitsvertrag, nicht bei einer Bank oder eine:r Investor:in. Wir haben uns dafür entschieden, weil es für uns nicht zusammengepasst hat, einerseits über die Ungleichheit auf der Welt zu predigen und auf der anderen Seite die Ungleichheit in unserem

EINHORN

2014 gründeten Waldemar Zeiler und Philip Siefer einhorn, ein Unternehmen, das nachhaltige, vegane Kondome und Periodenprodukte herstellt. 2019 entschieden die Gründer, dass sie keine Chefs mehr sein wollen - seitdem ist einhorn in Verantwortungseigentum. Das Social Business gilt als Vorreiter im Bereich New Work: Die Mitarbeiter:innen können, basierend auf einem Mix aus einem Stufenmodell und Selbstbestimmung, über ihr Gehalt selbst entscheiden, außerdem ihre Arbeitsstunden und ihren Urlaub frei verantworten. 50 Prozent der Gewinne fließen in den Arbeitsbereich »Fairstainability« (eine Wortbildung aus »fairness« und »sustainability«), in dem unter anderem Lieferketten, faire Arbeitsbedingungen und möglichst nachhaltige Materialien ständig geprüft und verbessert werden.

kleinen Universum zu leben. Diese Fokussierung auf Wachstum und das BIP als Wohlstandskennzahl vieler Nationen hat dazu geführt, dass heute 26 Leute 50 Prozent des Weltvermögens besitzen. Wir wollten nicht Teil dieses Apparats sein. Deshalb gehört das Unternehmen nun sich selbst.

Elisa: Für Philip und Waldemar war es ein total großer Schritt, für uns Mitarbeiter:innen die logische Konsequenz. Schließlich hieß es bei uns immer, wir seien ein Testlabor, alle auf Augenhöhe. Aber de facto gab es natürlich immer einen Unterschied. Die beiden hatten - auch wenn sie das nicht gemacht hätten - die Option, das Unternehmen zu verkaufen oder sich mehr Gewinn auszuschütten.

»Wir reden hier nicht über eine leichte Adaption der Wirtschaftswelt. Wir brauchen einen krassen Umbruch.«

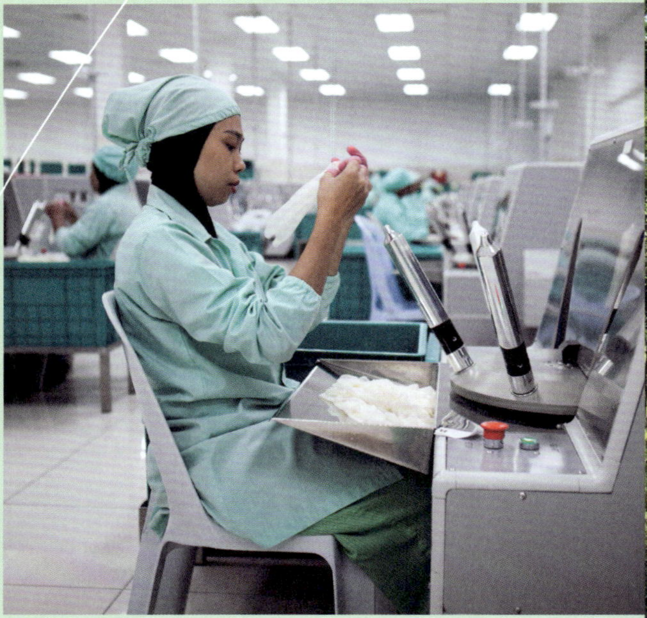

Ihr seid nur ein kleines Unternehmen. Inwiefern lässt sich euer Konzept auf größere Firmen übertragen?

Elisa: Es geht echt viel darum, Prioritäten zu setzen. Ich war die erste Festangestellte. In anderen Unternehmen stellst du als Erstes die ein, die Geld bringen. Bei uns sind vier Leute, also etwa 20 Prozent des Unternehmens, im Fairstainability-Bereich. Wenn VW das Gleiche machen würde, wären das 130.000 Mitarbeiter:innen. Ein Diesel-Skandal wäre dann vermutlich nicht entstanden. Die Frage ist auch, wie du Nachhaltigkeit in dein Unternehmen einbaust. Ist die strategische Ausrichtung, schnell und billig möglichst große Autos zu verkaufen, aber am besten in Grün, oder fragt man sich erst mal, welche Produkte man überhaupt unter welchen Bedingungen machen kann? Wir bekommen hier viel Zeit und Raum, diese Fragen in unsere Ausrichtung einfließen zu lassen.

Waldemar: Wir reden hier nicht über eine leichte Adaption der Wirtschaftswelt. Wir brauchen einen krassen Umbruch. Ich rate immer dazu: Um herauszufinden, ob es jemand ernst meint, sieh dir an, wer das Unternehmen besitzt, die Aktionär:innen, die Fonds. Wenn 80 Prozent der Firma jemandem gehören, dessen Auftrag und Ziel es ist, aus einem Euro zehn Euro zu machen, dann wird er:sie das durchziehen.

Auch große Unternehmen können sich verändern, aber dann wird es über die Mitarbeiter:innen passieren und nicht über die Leute, die sie besitzen, oder die Topmanager-Vorstände.

In der Vergangenheit wurdet ihr häufiger dafür kritisiert, Unternehmertum und Aktivismus zu verbinden.
Waldemar: Das ist auch total berechtigt, wenn man sich anschaut, was Unternehmen gemacht haben, die sich Aktivismus auf die Brust geschrieben haben. Es ging letztlich um Profitmaximierung. Deshalb verstehe ich diese Kritik und Vorsicht. Auf der anderen Seite muss man auch etwas hinter die Kulissen blicken, ob es nicht vielleicht doch ein kleines Pflänzchen gibt, das etwas anders machen will. Das Problem ist ja, dass auch die Unternehmen, die wirklich Gutes für die Umwelt und Gesellschaft tun wollen, Geld einnehmen müssen, um die Mitarbeitenden zu finanzieren. Gleichzeitig werden wir immer Dinge produzieren müssen, um ein Fahrrad zu haben oder Kleidung. Vielleicht geht Unternehmertum und Aktivismus aber auch einfach nicht zusammen, und wir gründen irgendwann eine NGO, mit der wir die Welt retten. Ich habe auch keine Angst, radikal andere Wege zu gehen.

Woran arbeitet ihr gerade?
Waldemar: Wir sind stetig am Hinterfragen und führen uns vor Augen, was wir machen und warum wir das machen. Wir sind gerade dabei, unseren Purpose wieder anzugehen. Grob ist das positiver gesellschaftlicher Wandel, aber wie passt das mit Kondomen- und Menstruationsprodukten zusammen? Sollten wir nicht lieber eine NGO sein? Aber wie finanzieren wir uns? Dann sind wir auf die Spenden reicher Milliardär:innen angewiesen, das macht auch keinen Sinn. Wir sind kein klassisches Unternehmen, aber was sind wir dann? Welche Verantwortung, welche Pflicht haben wir? Wir probieren viel aus. Wir wollen Plattform sein, manchmal auch Sprachrohr für Themen, die schon da sind. Vielleicht sind wir Teil der Speerspitze einer Bewegung für etwas ganz anderes.
Elisa: Die ersten drei, vier Jahre ging es bei uns vor allem darum, faire und nachhaltige Produkte zu machen. Aber mit der Zeit gruben wir immer tiefer, und jetzt denken wir uns eher, wir müssen das System unfucken. Dafür eine Antwort zu finden ist schwer. Nur Produkte zu machen ist nett, aber reicht halt nicht.

»Heute denken wir, wir müssen das System unfucken. Nur Produkte zu machen ist nett, aber reicht halt nicht.«

GESPRÄCH MIT MICHA HOHENADLER UND JANKA ECKERT VON RADIKAL:KLIMA

RADIKAL:KLIMA – DA MUSS DOCH JETZT MAL WAS PASSIEREN!

Von Jennifer Hauwehde

Es ist Ende August und mild, aber es regnet. Das ist der Grund, warum das Café am Neuen See in Berlin so leer ist, meint Micha. Normalerweise sei es hier um diese Jahreszeit so voll, man verstünde sein eigenes Wort nicht mehr. Jetzt steigen wir über matschigen Boden ins Innere, legen die klammen Jacken ab und bestellen uns dreimal Rhabarberschorle, die große.

Ich erzähle Micha und seiner Kollegin Janka, dass ich sofort begeistert war, als ich zum ersten Mal von dem Projekt gelesen habe, bei dem sie mitwirken: eine neue Partei, die so richtig ernst machen will mit Klimaschutz. Wie die Grünen damals. Frischen Wind ins Berliner Abgeordnetenhaus bringen und keine schalen Kompromisse mehr eingehen! Für mich klingt das richtig gut, und ich frage mich, wie das gehen kann: Politik neu denken, in diesen Zeiten. Oder: Gerade in diesen Zeiten? Wer seid ihr, und was habt ihr vor, radikal:klima?

Als die Rhabarberschorlen kommen, besprechen wir schon, wie radikal:klima eigentlich entstand und Janka und Micha zu der neuen Partei kamen, die sich aus sehr vielen unterschiedlichen Menschen zusammensetzt. Eines haben sie jedenfalls alle gemeinsam: ihre Leidenschaft für den Klimaschutz.

»Die Idee zu radikal:klima kam hauptsächlich von Leuten, die letztes Jahr im Sommer eine Petition gestartet und über den Sommer 40.000 Unterschriften gesammelt hatten, um Druck auf den Berliner Senat auszuüben – damit der den Klimanotstand ausruft. Das hat funktioniert«, sagt Janka. Dann sei man in den Klimaausschuss gegangen und habe vor dem Senat gesprochen – mit frustrierenden Ergebnissen: »Die Differenz zwischen dem, was Politiker:innen wissen, und dem, was sie bezogen auf die Klimakrise tun, ist extrem groß.« Also musste etwas Eigenes her.

Auch weil Aktivismus irgendwann an Grenzen stößt, wirft Micha ein: »Fridays for Future kann allein in Berlin 250.000 Leute

»Vision:
ein klimapositives und sozial-gerechtes Berlin, das unsere städtischen Lebensgrundlagen und globalen Ökosysteme achtet und schützt.«

radikal:klima[235]

auf die Straßen bringen - wenn die Politik keine Maßnahmen ergreift, bringt das alles aber nicht wirklich viel. Der Klimabewegung - unter anderem eben auch Fridays for Future und den Aktivist:innen rund um den Klimanotstand - ist es in den letzten Jahren gelungen, das Thema in die Politik zu bringen. Viel passiert ist aber nicht.« Da habe man sich gefragt: Wie kann man diese Forderungen nun im wahrsten Sinne des Wortes nachhaltig in der Politik verankern? »Es gab unterschiedliche Ansätze. Einige haben überlegt, ob es Sinn mache, als große Gruppe bei den Grünen einzutreten und zu versuchen, dort etwas zu verändern. Von dieser Idee ist man relativ schnell abgerückt. Das Einzige, was dann noch übrig geblieben ist, war: eine eigene Partei zu gründen.«

Das ging dann sehr zügig - viele der Gründungsmitglieder hatten bereits Erfahrung mit aktivistischen Strukturen und wussten, wie man eine große Menge an Menschen effektiv koordiniert, andere konnten spezialisiertes Wissen zum Thema Parteigründung beisteuern. radikal:klima vereint unter anderem Menschen, die sich zuvor bei Demokratie in Bewegung, den Scientists for Future und anderen For-Future-Untergruppen oder Extinction Rebellion engagiert haben, zu einer neuen und professionalisierten Gemeinschaft.

So kam es, dass die aufstrebende Partei nur drei Wochen nach der Gründung bereits im Sommerinterview mit Annalena Baerbock besprochen wurde: Die Grünen mussten aufgrund des großen Zulaufs, den radikal:klima verzeichnete, Stellung beziehen. Ein Ereignis, von dem die beiden mit Stolz erzählen, und wir fragen uns: Was ist

»Die Differenz zwischen dem, was Politiker:innen wissen, und dem, was sie bezogen auf die Klimakrise tun, ist extrem groß.«

möglich in acht Wochen, in zwölf, in zwanzig? »Das hätten wir niemals geschafft, wenn wir als radikaler Flügel bei den Grünen eingetreten wären«, meint Janka entschlossen. »Von außen können wir effizienter Druck auf die Grünen ausüben, damit sie eine bessere Klimapolitik machen.«

radikal:klima fordert unter anderem:

- Berlin muss eine sozial-gerechte, 1,5°C-konforme und klimapositive Stadt werden.
- Wissenschaftliche Erkenntnisse müssen in klimapolitischen Entscheidungen berücksichtigt werden.
- Das gesamte Handeln der Stadt Berlin soll am Wohlbefinden der Menschen und den planetaren Grenzen ausgerichtet werden - dafür soll man sich an alternativen Wirtschaftsmodellen orientieren, die nicht in erster Linie profitorientiert sind.
- Das Bruttoinlandsprodukt (BIP) wird durch alternative Wohlstandsindikatoren abgelöst, in denen das Wirtschaftswachstum keine tragende Rolle mehr spielt.

- Der Energiebedarf der gesamten Stadt Berlin wird zu 100 Prozent durch erneuerbare Energien gedeckt, die Versorgung ist dezentral und in Bürger:innen-Hand.
- Privilegien und gesellschaftliche (Mehrfach-)Diskriminierung müssen bereits in der Schule kritisch reflektiert und im gesellschaftlichen Diskurs in der Öffentlichkeit immer wieder besprochen und abgebaut werden.
- Die Forschung muss von wirtschaftlichen Zwängen befreit werden.
- Klimaschädliche Investitionen und Subventionen müssen in allen Sektoren ausgeschlossen sein.
- Die Stadt Berlin muss sich bei der Bundesregierung und im Bundesrat für eine Steuer auf Emissionen einsetzen.[236]

Bei radikal:klima, so scheint mir, weiß man, dass der radikale Wandel vor allem erst einmal eines bedeutet: radikal viel Arbeit. Jahrhundertealte Strukturen knackt man nicht im Vorbeigehen, das braucht Zeit. Die wir mit Blick auf schmelzende Gletscher und Rekordsommer nicht haben. Es ist frustrierend. Ich jedenfalls, die ich von der Persönlichkeit her eher zum halb leeren Glas neige, frage mich, woher die beiden, die da gerade an dem kleinen Holztisch sitzen, ihre Energie nehmen.

Beide strahlen eine motivierte Entschlossenheit aus, und ich habe den leisen Verdacht, dass ihre Zuversicht etwas mit der Art, wie in ihrer Partei gearbeitet wird, zu tun haben könnte: Abgesehen davon, dass die beiden genau *die Sache* gefunden hätten, in der sie ihre persönlichen Ressourcen sinnvoll eingesetzt sehen, zeichne sich das Arbeiten von radikal:klima durch sehr flache Strukturen aus, in denen sich alle Mitglieder aktiv einbringen könnten, erklärt Micha.

Man habe nicht diese nervigen bürokratischen Wege, meint Janka: »Wenn jemand eine Idee hat, kann er:sie sich auf den Weg machen, andere davon zu überzeugen. Wenn das Vorhaben im Großen und Ganzen zu dem passt, wofür radikal:klima steht, kann man das frei umsetzen.« Auch die Arbeitsgruppen würden sich selbstständig aussuchen, welche Themenfelder sie gerade besonders wichtig finden und behandeln möchten – da werde viel Vertrauen investiert. »Strategische Entscheidungen müssen natürlich trotzdem mit dem Vorstand besprochen werden – weil er für das haftet, was passiert.«

Auch auf persönlicher Ebene kümmere man sich in einer Weise umeinander, die ansonsten in der politischen Landschaft unbekannt ist: Es gibt den Arbeitskreis »Community«, dessen einzige Aufgabe darin besteht, dafür zu sorgen, dass es allen Mitgliedern der Partei gut geht. Dazu werden regelmäßig Feedbackgespräche geführt, in denen Anregungen und Kritik offen in kleiner Runde besprochen werden können – gerade für die eher leisen Engagierten, die nicht gerne im großen Plenum sprechen, seien diese Gelegenheiten besonders wichtig. Es gebe viel Team-Building, viele gemeinsame Events zur Stärkung des Gemeinschaftssinns.

»Wir sind sehr wertschätzend«, fasst Micha zusammen. »Wir wollen weg von einer Politik, die über Leichen geht und in der alle auf Platz eins sein wollen. Wir wollen als

»Vernünftige Klimapolitik funktioniert nicht in dem kapitalistischen System, in dem wir aktuell wirtschaften.«

Gruppe funktionieren. Das ist ja auch unser langfristiges Ziel: gesellschaftlich an einem Strang zu ziehen. Und das funktioniert nicht, wenn wir uns in unseren eigenen Strukturen bekämpfen.«

»Es muss natürlich Leute geben, die politische Forderungen stellen, Reden halten und bei den Demos dabei sind«, sagt Janka. »Aber es braucht genauso die Leute, die das alles zusammenhalten und diese Arbeit im Vordergrund möglich machen.«

Man muss an das System ran, meint Janka irgendwann. »Vernünftige Klimapolitik funktioniert nicht in dem kapitalistischen System, in dem wir aktuell wirtschaften.« radikal:klima will Wirtschaft nach dem Donut-Modell von Kate Raworth gestalten: Sie muss in dem Zwischenraum zwischen den planetaren Grenzen (der ökologische Decke) und einem sozialen Fundament stattfinden.

Das Wirtschaften von morgen muss auf vielen Ebenen neu gedacht werden, betont Janka: »Da spielt herein, Kreislaufwirtschaft zu fördern, aber auch, darüber nachzudenken, was Wohlstand ist. Ist das BIP wirklich das, worin wir den Wohlstand einer Nation messen wollen, oder brauchen wir andere Indikatoren dafür? Das geht auch in Richtung einer realistischen CO_2-Bepreisung und darum, andere Wirtschaftsformen, die jetzt schon mehr im Blick haben als rein monetäres Wachstum - Purpose Economy zum Beispiel -, zu fördern.«

Konkrete Möglichkeiten auf vergleichsweise kleiner, weil städtischer Ebene sind beispielsweise die Förderung von Recycling- und Kreislaufmodellen, aber auch, genossenschaftliche Konzepte wie die solidarische Landwirtschaft zu stärken und neue Indikatoren für die Definition und Messung von Wohlstand aufzusetzen - radikal:klima kann sich vorstellen, diesen Findungsprozess für Berlin mithilfe von Bürger:innenräten maximal demokratisch zu gestalten.

Dabei ist ihnen bei allen visionären Konzepten und aller Kritik an den aktuellen Zuständen klar: Das System werden wir nicht von heute auf morgen stürzen können - und vielleicht würde das sogar auch eher schaden als nützen. radikal:klima gehe es vor allem darum, die Perspektive zu ändern und neue Dinge in den Fokus des Machbaren zu verschieben, gerne auch mit Belohnungsmechanismen: Warum sollen nicht die, die klimafreundlich handeln, einen Vorteil davon haben?

»Wir müssen nicht darüber diskutieren, dass Wachstum als Paradigma in den Köpfen der Leute drinsteckt«, meint Micha dazu. »Wenn du sagst, du willst den Kapitalismus abschaffen, fragen alle: Wie soll das gehen? Wir sind aber nicht an dem Punkt, an dem wir nur das ständige Wachstum vor uns haben: Gerade leben wir darüber hinaus in einem System, in dem man mit Umweltzerstörung Geld verdient. Das könnten wir umdrehen: Wir beginnen die Systemänderung damit, dass man jetzt mit Umweltschutz Geld verdient. Das ist eine kleine Änderung, die nicht sofort die gesamte kapitalistische Denkweise umwälzt - aber schon einen positiven Effekt hat.«

Es brauche politische Anreize, die die gesellschaftliche und vor allem wirtschaftliche Transformation anstoßen, dessen ist Janka sich sicher und betont mehrfach: Das Gemeinwohl muss im Vordergrund stehen, nicht der wirtschaftliche Gewinn von Ein-

»Die Herausforderung ist, Menschen dazu zu bekommen, dass sie alle an einem Strang ziehen. Da sehen wir unsere Verantwortung.«

zelpersonen. »Wir hatten ein Gespräch mit Herrn Braungart [dem Mitbegründer von Cradle to Cradle], der gefragt hat: Warum gibt es kein Pfandsystem auf alle Plastikhohlkörper? Shampoo-und Spüli-Flaschen sind im Prinzip dasselbe wie eine PET-Trinkflasche. Allein diese Änderung würde die Recyclingquote erhöhen und den Plastikmüll deutlich reduzieren! Man muss nicht sofort riesige Schritte machen, sondern sich langsam in Richtung Kreislaufwirtschaft vorarbeiten.«

Und auf diesem Weg dahin muss man möglichst viele unterstützen, die es jetzt schon gut machen, ergänzt Micha: »Man darf auch die Wirtschaft nicht über einen Kamm scheren - nicht alle Menschen, die wirtschaften, sind schlecht. Unverpacktläden gehören auch zur Wirtschaft.« radikal:klima veranstaltet regelmäßig »radikale Stadtspaziergänge«, um lokale Unternehmen und Initiativen, die sich für Nachhaltigkeit und eine soziale Gesellschaft einsetzen, bekannter zu machen. Dazu gehören Tauschgeschäfte, verkehrsberuhigte Plätze oder auch die Prinzessinnengärten in Berlin, ein gemeinschaftlicher Stadtgarten, der nach dem Prinzip der Permakultur bewirtschaftet wird.

»Diese Sachen sind ja unter anderem auch durch Volksinitiativen entstanden. Es gibt sehr viele aktive Leute, die sich einsetzen - man vergisst das nur schnell. Die Herausforderung ist, diese Menschen dazu zu bekommen, dass sie alle an einem Strang ziehen. Da sehen wir unsere Verantwortung als radikal:klima: Wir reden mit Wissenschaftler:innen, Unternehmer:innen, Kulturtreibenden, um gemeinsam einen Klimaplan auszuarbeiten. Dafür sind alle notwendig - wir könnten zum Beispiel nicht nur basierend auf dem Rat der Wissenschaftler:innen arbeiten. Man muss alle aus der Gesellschaft zusammenbringen. Bei sehr vielen Menschen ist die Bereitschaft dafür da.«

Ich sage Janka und Micha, dass ich glaube, mit radikal:klima würde gerade ein Nerv getroffen. Die Leute wollen, dass es weitergeht. Kürzlich hat Jakob Blasel, einer der wichtigsten Vertreter:innen von Fridays for Future, angekündigt, sich zukünftig für die Grünen in den Bundestag wählen lassen zu wollen[237], die Bewegung selbst ist eine Allianz mit der Genossenschaft ver.di eingegangen.[238] Soziale Protestformen tun sich - endlich, möchte man sagen - zögerlich zusammen, bündeln ihre Kräfte und loten neue Möglichkeiten aus. Eine radikale Klimapartei scheint die nächste logische Konsequenz zu sein für all diejenigen, denen Demonstrationen und Protestaktionen nicht mehr ausreichen.

Dabei sind gerade politische Parteien in der Klimabewegung nicht unumstritten, gibt Micha zu bedenken: Viele Aktivist:innen wollten sich nicht abhängig machen und arbeiteten lieber überparteilich - auch um von außen Druck ausüben zu können. »Aus unserer Perspektive ist das aber nicht ausreichend, weil die Politik immer beschließen kann, dich zu ignorieren, wenn du nicht selbst dabei bist.«

Man kann - wie man es dreht und wendet - eigentlich nicht mehr nicht involviert sein, wenn es um Klimaschutz geht. Das Thema ist überall. Und das ist gut so. Allerdings sind wir mit der allgemeinen Aufmerksamkeit bekanntermaßen ein bisschen spät dran. Micha ist eigentlich Biologe und hat vorher als Ingenieur im Bereich Wassermanagement gearbeitet: »Ich habe die Modellrechnungen aus den 90ern noch vor Augen, in denen die Drei-Grad-Szenarien berechnet wurden, und man meinte, das sei alles total abgehoben. Sich noch einmal bewusst zu machen, dass wir in diesem Extremszenario drin sind, vor dem Wissenschaftler:innen vor 20 Jahren gewarnt hatten, ist sehr beunruhigend. Und es geht noch schneller, als wir gedacht hatten - diese Kettenreaktion und die Kipppunkte folgen immer schneller aufeinander. Zu sehen, wie schnell sich die Welt aktuell verändert, schockiert sogar diejenigen, die sich jahrzehntelang mit der Materie auseinandergesetzt haben. Es ist also nicht mehr nur hip, Klimaschützer:in zu sein. Es geht um das Überleben unserer Art.« »Der Natur ist alles egal, sie ist nicht auf uns angewiesen«, betont Janka. »Wir müssen Menschenschutz betreiben.«

Ich habe das Gefühl, sage ich den beiden, und mittlerweile hat der Regen nachgelassen, es gebe das Klima, und es gebe das Leben. Ich male Linien in die Luft: Das laufe beides so nebeneinanderher, aber es berühre sich nicht. »Das müssen wir hinkriegen«, sagt Janka entschlossen wie zu Beginn, »dass diese beiden Dinge sich einander nähern und wir begreifen, was unser Handeln für Auswirkungen hat.« Auch Micha hat sich für die Hoffnung entschieden: »Wenn Dinge radikal angepackt werden, kann man viel verändern. Man kann zwar nichts mehr zurückdrehen, höchstens verlangsamen und Schlimmeres verhindern. Die Welt unserer Kinder wird definitiv eine andere sein, aber ich glaube noch nicht an den Untergang der Menschheit.«

»Der Natur ist alles egal, sie ist nicht auf uns angewiesen. Wir müssen Menschenschutz betreiben.«

RADIKAL:KLIMA

Die neue Partei engagiert sich als Teil der Klimagerechtigkeitsbewegung für eine klimapositive und sozial gerechte Stadt Berlin. Basierend auf wissenschaftlichen Erkenntnissen erarbeitet radikal:klima einen Klimaplan für die Politik. Sie vereint die Überzeugung, dass die Klimakatastrophe durch einen radikalen gesellschaftlichen Wandel in den nächsten zehn Jahren vermeidbar ist.

INTERVIEW MIT LISA JASPERS, GRÜNDERIN VON FOLKDAYS

HIER HÖRT DIE MACHT DER KONSUMENT:INNEN AUF

Von Milena Zwerenz

Als ich Lisa 2015 zum ersten Mal getroffen habe, hatte sie gerade ihr eigenes Fair-Fashion-Label Folkdays gegründet.[239] Damals habe ich sie in ihrem kleinen Büro mit den großen Fenstern besucht, überall lagen Teppiche, Ringe, Körbe herum. Aufregung lag in der Luft. Schon da hat mich ihre Entschiedenheit und Energie beeindruckt. Inzwischen hat sie einen eigenen Laden in Berlin-Kreuzberg eröffnet, ein Team von mittlerweile acht Mitarbeiter:innen um sich aufgestellt und (gefühlt) nebenbei noch zwei Kinder bekommen. Obwohl ein paar Jahre und viele Veränderungen zwischen unserer letzten Begegnung liegen, ist Lisa in der Zwischenzeit nie aus meinem Blickfeld verschwunden. Sie taucht regelmäßig in Beiträgen über nachhaltige Mode auf, hat mit *Starting a Revolution* ein Buch über Unternehmensführung geschrieben und außerdem die Petition #fairbylaw für ein Lieferkettengesetz gestartet, die über 175.000 Menschen unterschrieben haben. Zusätzlichen Druck erzeugte eine Petition der Initiative Lieferkette, initiiert von NGOs wie Oxfam, Germanwatch und Greenpeace. Im Juli 2020 legten Arbeitsminister Hubertus Heil (SPD) und Entwicklungsminister Gerd Müller (CSU) erste Eckpunkte für das Gesetz vor – noch in dieser Legislaturperiode soll es kommen.[240]

Genau dieses Lieferkettengesetz – dessen Name echt unsexy klingt, I know – setzt da an, wo wir im Alltag oft scheitern: Wie sollen wir uns nachhaltig in einer nicht nachhaltigen Welt verhalten? Um herauszufinden, was sich durch rechtliche Regelungen ändern könnte, treffe ich Lisa nun wieder.

Lisa, warum braucht Deutschland ein Lieferkettengesetz?
Eigentlich bräuchte jedes Land der Welt ein solches Gesetz. Es kann nicht sein, dass wir bei den Produkten, die wir in Deutschland kaufen können, Menschenrechtsverletzungen oder Umweltverschmutzungen innerhalb der Lieferketten in Kauf nehmen. Bisher unterliegen Unternehmen nur einer freiwilligen Selbstverpflichtung. Man sieht aber, dass sich immer noch viel zu wenige Firmen damit auseinandersetzen, wie und wo ihre Produkte produziert werden. Deshalb brauchen wir ein Lieferkettengesetz.

»Gerade wird unser Konsum dadurch subventioniert, dass am anderen Ende der Welt Leute ausgebeutet werden.«

Was hat das Ganze mit Nachhaltigkeit zu tun?
Gerade wird unser Konsum dadurch subventioniert, dass am anderen Ende der Welt Leute ausgebeutet werden. Die Kleidung, die wir kaufen, ist so billig, weil sie nicht hier, sondern woanders produziert wird. Dort, wo die Leute oft nicht ernsthaft gewinnorientiert an den Wertschöpfungs-

ketten beteiligt werden, sodass sie kein lebenswertes Leben führen können. Zum anderen herrscht kein nachhaltiges System auf unserer Seite. Wir überkompensieren und kaufen vieles, das wir gar nicht tragen. Im Grunde führen unser Konsum und dass Unternehmen bei ihren Lieferketten keine Verantwortung übernehmen dazu, dass das globale System in ein immer stärkeres Ungleichgewicht kommt und politische Instabilität erzeugt wird.

Das geforderte Gesetz adressiert insbesondere Menschenrechtsverstöße und Umweltschäden, die im Ausland stattfinden.

In Deutschland selbst gibt es bereits ein Gesetz, es heißt unternehmerische Sorgfaltspflicht. Das bedeutet beispielsweise, dass Unternehmen dafür haftbar gemacht werden können, wenn auf dem hauseigenen Parkplatz die Wege so blöd liegen, dass ständig jemand angefahren werden könnte. Im Lieferkettengesetz geht es im Grunde darum, diese Sorgfaltspflicht gegenüber Mitarbeiter:innen auch über Deutschland hinaus auszuweiten.

Was aber in dem Zusammenhang oft falsch dargestellt wird: dass man als Unternehmer:in dann mit einem Fuß im Gefängnis steht. Als ob man, sobald man innerhalb der Lieferkette nicht weiß, wo etwas herkommt, sofort verhaftet würde. Das stimmt nicht. Du musst als Kabelhersteller keine neue Mine eröffnen, wenn es dein Material - was übrigens ein riesiges Problem ist - schlichtweg nicht nachhaltig produziert auf dem Markt gibt. Du musst als Firma aber zeigen, dass du dich damit beschäftigt hast, wie deine Lieferkette aufgestellt ist, und dich bemüht hast sicherzustellen, dass dabei niemand zu Schaden kommt.

Es gibt sogar Branchen, die schon auf diese Weise arbeiten, zum Beispiel die Automobilbranche. Jeder Autohersteller weiß, woher jede Schraube kommt. Denn wenn etwas passiert, müssen sie wissen, wer dafür haftbar gemacht werden kann. Die Politik und manche Unternehmensverbände tun so, als wäre ein Lieferkettengesetz unmöglich umsetzbar, aber es wird tatsächlich schon so gemacht.

Müsste sich dann nicht eigentlich etwas in den Produktionsländern ändern?

Auch. Viele Länder haben bereits Mindeststandards. Aber was machst du, wenn die nicht eingehalten werden? Worum es also wirklich gehen soll, ist, dass Unternehmen haftbar gemacht und auf Schadensersatz verklagt werden können, wenn vor Ort etwas passiert. Aber der Druck auf die Regierung in diesen Ländern ist viel größer, wenn

»Ich habe bemerkt, dass das Lieferkettengesetz ein total wichtiges Thema ist, gerade für Konsument:innen.«

die Unternehmen sagen, dass Mindeststandards absolute Priorität für sie haben - und nicht der Preis, wie das gerade der Fall ist. Das heißt nicht, dass die Länder nicht auch stärker an diesen Themen arbeiten müssen.

Du hast im April 2018 die Initiative #fairbylaw gestartet, für die du über 175.000 Unterschriften sammeln konntest. Was war deine persönliche Motivation?

Ich habe Folkdays 2013 gegründet, das Jahr, in dem die Textilfabrik Rana Plaza in Bangladesch eingestürzt ist, wodurch 1.135 Menschen starben. Fünf Jahre später war ich auf zig Panels zum Thema nachhaltiger Konsum, und mir wurde klar, dass es viel zu lange dauert, bis unser Konsumverhalten wirklich einen Effekt hat. Das in Kauf zu nehmen - denn jedes Jahr kann wieder so etwas passieren wie in Bangladesch. Auf politischer Ebene wird die Verantwortung aber immer bei den Konsument:innen oder bei den Unternehmen gesucht. Ich habe dann innerhalb von vier Tagen die Petition auf change.org gestartet und war total geflashed. Nach einem Monat hatten sie über 100.000 Menschen unterschrieben. Ich habe bemerkt, dass das Lieferkettengesetz ein total wichtiges Thema ist, gerade für Konsument:innen. Weil du dann nicht mehr im Laden stehst und dich fragst, woher das ganze Zeug kommt. Du weißt mit so einem Gesetz zumindest, dass es einen Mindeststandard gibt. Das heißt nicht, dass damit alle Probleme aus der Welt geschaffen werden, aber zumindest wird anders über internationale Produktionsketten nachgedacht, als es bisher passiert. Ein Jahr später habe ich mir noch mehr Verbündete geholt. Daraus hat sich eine Taskforce entwickelt, die das Thema seitdem unter dem Hashtag #fairbylaw verbreitet.

Sagen wir, das Gesetz kommt. Braucht es dann noch Fair-Fashion-Labels wie dein eigenes?

Die Mindeststandards sind ein Anfang, aber da geht natürlich noch mehr. Die Leute werden schon denken, sie könnten wieder konventionell kaufen, ohne ein total schlechtes Gewissen zu haben. Wir Fair-Fashion-Labels können aber klarmachen, was der Unterschied ist zwischen der Bezahlung des Mindestlohns und der Bezahlung über dem Mindestlohn. Und was es bedeutet, wirklich respektvolle Beziehungen zu den Produzent:innen aufzubauen. Außerdem können wir durch Transparenz und Qualität punkten. Das Gesetz tut aber auch der Fair-Fashion-Bewegung gut, weil die Entscheidung für unsere Produkte dann auf unseren Stärken basiert und nicht auf dem »Wenn du woanders kaufst, bist du ein schlechter Mensch«-Gefühl.

Hast du Angst, dass das Gesetz einen gegenteiligen Effekt haben könnte, wenn Konsument:innen dann ein besseres Gewissen beim Shoppen haben? Stichwort: mehr kaufen.

Sehr gute Frage, darüber habe ich noch nie nachgedacht. Übertriebener Konsum hat aber aus meiner Sicht eher etwas damit zu tun, dass Menschen unglücklich sind oder eine innere Leere spüren und nicht unbedingt abhängig davon kaufen, wie viel etwas kostet oder wo es produziert wurde. Und selbst wenn es so wäre, wäre es trotzdem wichtig, Mindeststandards zu haben.

LISA JASPERS

Die studierte Politikwissenschaftlerin und Entwicklungsökonomin arbeitete für Oxfam und ein Beratungsunternehmen, bevor sie 2013 Folkdays gründete, ein Label für Fair Fashion und Design. Die Produkte bezieht Folkdays zu fairen Preisen von kleinen Unternehmen und Manufakturen im globalen Süden. Mit der Petition #fairbylaw fordert Lisa Jaspers ein Gesetz, das Unternehmen in die Haftung ihrer Wertschöpfungsketten nimmt. In *Starting a Revolution. Was wir von Unternehmerinnen über die Zukunft der Arbeitswelt lernen können* (Econ Verlag) sprachen sie und Naomi Ryland mit einigen der progressivsten Gründerinnen weltweit über die Zukunft der Arbeitswelt. Außerdem ist Lisa Mutter von zwei Kindern.

»Dass das Engagement von uns ›kleinen Menschen‹ auch einen großen Effekt haben kann, hat mir den Glauben an uns zurückgegeben.«

Was hast du durch diese Aktion über die Macht des Individuums, aber auch der Masse gelernt?

Das ist ein bisschen zweischneidig für mich. In den zweieinhalb Jahren habe ich auch viele Enttäuschungen erlebt, weil ich immer wieder versucht habe, viele Menschen zu aktivieren und zu kontaktieren, auch Musiker:innen, Schauspieler:innen, Schriftsteller:innen, die dann gesagt haben: Nicht mein Thema, nicht so spannend. Da habe ich kurz an der Menschheit und dem System gezweifelt. Aber dann zu sehen, wie viele Privatpersonen die Petition geteilt haben und dass das Engagement von uns »kleinen Menschen« auch einen großen Effekt haben kann, hat mir den Glauben zurückgegeben. Fast 200.000 Unterschriften ist nicht Nichts.

Nach dem Interview stehen Lisa und ich noch ein bisschen in ihrem Laden herum. Sie erzählt mir davon, dass Model und Unternehmerin Sara Nuru eine Initiative gestartet hat, fair gehandelten Kaffee von der Kaffeesteuer zu befreien: »Nachhaltige Produkte zu vergünstigen, indem die Steuern dafür gesenkt werden, finde ich total spannend. Aber auch die Frage, wie man als Staat Sozialunternehmen unterstützen und eine Wirtschaftsstruktur drumherum bauen kann, die sie begünstigt.« Ob sie noch einmal eine Petition starten würde, will ich von ihr wissen: »Der Erfolg von #fairbylaw entscheidet nicht, ob ich motiviert oder demotiviert bin. Wenn etwas nicht klappt, denke ich mir eher: Dann versuche ich es halt anders. Ich habe einfach diesen Antrieb, dass sich etwas ändert und verbessert, dafür finde ich unterschiedliche Wege und Formen.« Das glaube ich ihr sofort. Auch wenn wir uns fünf Jahre wieder nicht sehen, werde ich bestimmt von ihr hören.

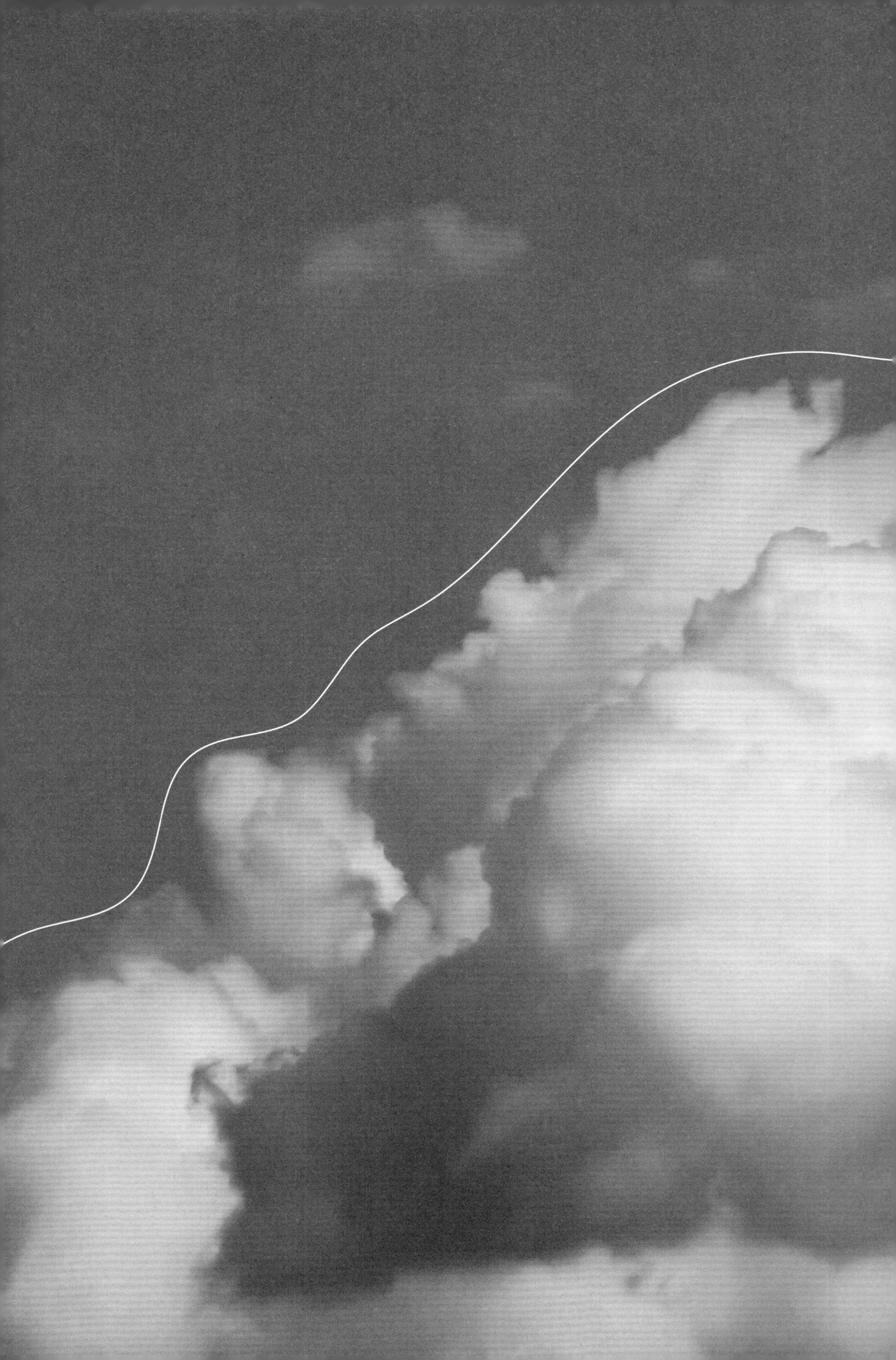

UND JETZT?

KAPITEL 4

»The thing about climate is that you can either be overwhelmed by the complexity of the problem or fall in love with the creativity of the solutions.«

Mary Annaïse Heglar[241]

WIE WERDEN WIR WIRKSAM?

Von Jennifer Hauwehde

Wenn wir all das zusammenfassen, was wir in diesem Buch bisher besprochen haben, kommen wir am Ende dabei raus, dass viele von uns ihr Weltbild auf den Kopf stellen und beinahe alles hinterfragen müssen, mit dem sie aufgewachsen sind. Das ist eine große Aufgabe - und eine, die Angst machen kann. Wo fange ich an? Was bleibt am Ende noch von mir übrig? Wie mache ich es, ohne mich zu verrennen?

REDET MITEINANDER!

Mindestens genauso wichtig wie die eigene Bildung im stillen Kämmerlein ist der Austausch mit anderen Menschen: um Argumente zu prüfen, neue Perspektiven kennenzulernen, selbst Wissen zu teilen und so die Vision einer besseren Welt für alle greifbarer werden zu lassen.

Moritz und Sophia vom Jugendrat der Generationen Stiftung zielen bei diesen Dialogen auf ein »versöhnliches Gemeinschaftsgefühl«. Abgesehen davon, dass es viele Menschen entspannen würde, wenn unser gesamtes Dasein nicht mehr darauf ausgelegt wäre, andere Menschen zu übertrumpfen und um jeden Preis immer die:der Beste zu sein, könnte das versöhnliche Miteinander auch unsere einzige Lösung sein, mit den vielen großen Problemen unserer Zeit umzugehen: eine widerstandsfähige und resiliente Gesellschaft zu schaffen, die die Kraft hat, die gegenwärtigen Herausforderungen anzugehen.

Damit berufen sie sich auf den vermutlich ältesten Grundsatz der Menschheit: Nur zusammen können wir große Dinge schaffen. Nur zusammen können wir überleben. »Wenn wir den ständigen Konkurrenzkampf und die soziale Spaltung, die wir in Deutschland, aber auch weltweit haben, nicht überwinden, sondern die ganze Zeit damit beschäftigt sind, gegeneinander zu kämpfen, ist die Gesellschaft die ganze Zeit im Kleinkrieg«, sagt Moritz. »Und dann wird sie es nicht schaffen, Aufgaben wie die Klimakrise geschlossen und gemeinsam anzugehen. Für unsere Utopie ist daher ein versöhnlicher Umgang entscheidend. Nur so kann man die große Veränderung erreichen.«

Das sieht auch Professorin Doris Fuchs so: Wenn es nach ihr ginge, würden wir alle viel mehr miteinander reden. »Die Antwort«, sagt sie, »kann nur gesellschaftlicher Dialog sein. Einander zuhören. Verstehen, warum jemand meint, dass eine bestimmte Sache ungerecht sei - und warum jemand anderes sie gerecht findet. Wir müssen die Emotionen der Menschen ernst nehmen und über konkrete Gestaltungsmöglichkeiten reden.« Brücken bauen. Von der Wissenschaft zur Öffentlichkeit, zum Beispiel. Aber auch von Alt nach Jung und umgekehrt. Vom Land in die Stadt, von den Reichen zu den Armen und zurück.

Doris Fuchs hat auch eine Idee, wie man das ganz konkret umsetzen kann: »Wenn ich Bundeskanzlerin wäre und entscheiden dürfte«, sagt sie nach kurzem Zögern, »würde ich versuchen, in Deutschland ein System von überlappenden Bürger:innendialogen auf allen Ebenen zu gestalten - von der lokalen Ebene vernetzt bis auf die nationale Ebene. In diesen Dialogen muss die ganze Bevölkerung mitgenommen werden. Das ist aufwendig im Design und wird Geld kosten - damit auch wirklich alle Gruppen teilnehmen können und nicht nur diejenigen, die sowieso schon überzeugt sind. Aber damit würde ich direkt morgen anfangen.«

Dieses Geld ist dort vermutlich deutlich besser investiert als in die Entwicklung neuer SUVs oder die Rettung der Lufthansa. »Gerade wird wider besseren Wissen Geld in sterbende Systeme investiert«, meint der Jugendrat - das müssen wir ändern. Dem Wissen müssen Taten folgen.

Wesentlich ist, das Individuum nicht nur als Kosument:in, sondern auch als Bürger:in zu begreifen. Gesellschaft passiert nicht im luftleeren Raum - sie muss gestaltet und immer wieder neu verhandelt werden. Dafür sind wir alle gefragt - abhängig von den individuellen Ressourcen, die uns zur Verfügung stehen. Aber bevor wir unsere Energie darauf verwenden, unseren Haushalt vorbildlich nachhaltig zu gestalten, meint Doris Fuchs, sollten wir darüber nachdenken, ob wir diese Zeit und Kraft nicht besser in gesellschaftliches Engagement investieren: »Ich sage meinen Studierenden immer: Bringt euch in die Politik ein, bevor ihr euer eigenes Kartoffelbeet anpflanzt.«

Ich möchte wissen, was die Leser:innen, die gleich den Buchdeckel zuklappen, als Erstes tun können, um am effektivsten mit ihrer Zeit wirksam zu werden. Die Antwort: »Gucken, was es in der Stadt, der Nachbarschaft und der Region an Möglichkeiten gibt, sich in Dialoge einbringen, die sich mit den fundamentalen Fragen beschäftigen: Was brauchen wir eigentlich? Wo wollen wir hin? Wie können wir dahin kommen? Und das auch durchaus im Familien- und Freund:innenkreis auf den Tisch bringen. Wer keine Möglichkeiten findet, solchen Gesprächen beizutreten oder Kommunal- und Landespolitik mitzugestalten, kann versuchen, diese Gespräche anzustoßen. Das kann in unterschiedlichsten Kontexten passieren, beispielsweise in der Gemeinde.«

INTERVIEW MIT DER RADIKALISIERUNGSEXPERTIN DANA BUCHZIK

WIE ÜBERZEUGE ICH ANDERE VON DEM GUTEN LEBEN FÜR ALLE?

Von Jennifer Hauwehde

Auch Dana Buchzik meint: Die effektivste Möglichkeit, etwas zu ändern, ist der Zusammenschluss mit anderen Menschen. Die Journalistin ist Radikalisierungsexpertin und beschäftigt sich damit, wie Menschen in den Bann von Verschwörungsideologien geraten und welche konkreten Hilfen es braucht, um ihnen einen Ausstieg zu ermöglichen.

Dabei untersucht sie, wie Gruppendynamik und überzeugende Kommunikation im Allgemeinen funktionieren, und setzt sich auch mit Klimakommunikation auseinander, also der Frage: Wie bringe ich meine Anliegen im Klimaschutz möglichst so unter die Menschen, dass mir a) zugehört wird und b) sich möglichst viele Leute anschließen?

Dana, findet der »echte« Aktivismus nur auf der Straße statt?

Es geht nicht um eine Grundsatzentscheidung zwischen Online- und Offline-Aktivismus, sondern darum zu beurteilen, welche Strategien für das konkrete Anliegen die zielführendsten sind. Die Politikwissenschaft unterscheidet zwischen drei Einflussfaktoren sozialer Bewegungen: direkte Wirkung, indirekte Wirkung, gemeinsame Wirkung.[242] Direkte Wirkung, also politische Einflussnahme allein aus eigener Kraft, ist selten. Indirekte Wirkung, also Einflussnahme auf die Politik über Umwege, zum Beispiel durch gelungene Überzeugungsarbeit in der Bevölkerung, zeigt nur begrenzte Effekte. Die mit Abstand besten Ergebnisse erreicht eine Kombination aus aktivistischer

Arbeit, Unterstützung seitens der Bevölkerung und politischen Allianzen.[243]

Es ist also wichtig, mehrere Strategien zu kombinieren. Natürlich können gut gemachte Online-Kampagnen wirkungsvoll sein - auch wenn viele Studien Online-Petitionen als praktisch wertlos bewerten. Es gibt aber zwei wichtige Ausnahmen: Petitionen, bei denen Politiker:innen sehen können, dass ihre »eigenen« Wähler:innen die jeweilige Petition unterschrieben haben, wie es etwa im britischen E-Petition-System der Fall ist.[244] Und Petitionen, die so groß werden, dass es massive Print-Berichterstattung in überregionalen Medien gibt, wie die Petition von Yasemin Kotra und Nanna-Josephine Roloff, die tatsächlich eine Gesetzesänderung zur Mehrwertsteuer bei Hygieneartikeln erreicht hat.[245] Wobei wir hier mitdenken müssen, dass das ein Thema war, das wenig polarisiert. Themen, auf die sich viele einigen können und die keine wirklichen strukturellen Veränderungen erfordern, sind immer leichter durchzusetzen.

An einer anderen Stelle hast du geschrieben, online betreiben viele Menschen »Schattenboxen«. Was meinst du damit?
Ich glaube, dass die sozialen Medien - und leider auch einige NGOs und Vereine - eine politische Haltung vermeintlich empowern, sie tatsächlich aber ins Leere laufen lassen.

Viele Aussteiger:innen aus Rechtsextremismus und Islamismus haben YouTube als wichtigen Bestandteil ihrer Radikalisierung bezeichnet. Bei Facebook ist seit 2016 bekannt, dass 64 Prozent aller Beitritte in extremistische Gruppen auf Facebooks eigene Empfehlungsalgorithmen zurückgehen.[246] Radikale Personen kommentieren und teilen Inhalte hochfrequent. Sie verbringen also nicht nur viel Zeit auf den Plattformen, sondern motivieren auch andere dazu. Radikale Personen waren für die sozialen Medien ein Jackpot, bis die öffentliche Empörung zu groß und das NetzDG[247] verabschiedet wurde. Jetzt muss Justiziables gelöscht werden.

Was tun die sozialen Medien also? Sie unterstützen NGOs und Vereine, die Gegenrede propagieren, also faktenbasierten Widerspruch und Diskussionen mit Fremden im Netz. Das nutzt ihnen doppelt: Zum einen wirken sie sozial und verantwortungsbewusst. Zum anderen verdienen sie dank

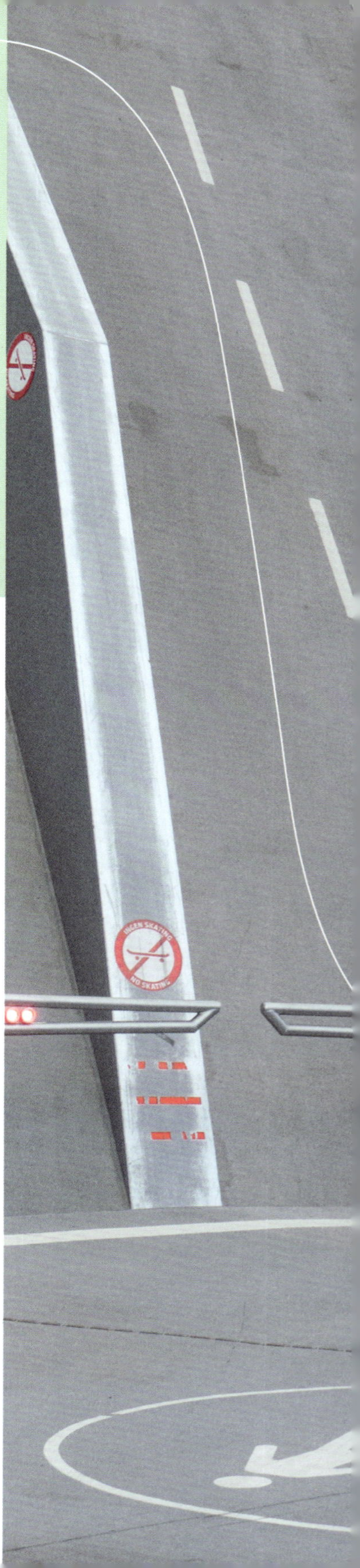

»Solange wir uns einreden lassen, dass Gegenrede wirkungsvolle Arbeit wäre, verpufft unsere Energie.«

Gegenrede eine Menge Geld. Erst haben sie mit ihren Empfehlungsalgorithmen dazu beigetragen, dass radikale Akteur:innen riesige Reichweiten bekommen, und jetzt suggerieren sie uns, dass es unsere Aufgabe wäre, diese Menschen mit Gegenrede umzustimmen. Das dauert natürlich - nicht zuletzt, weil Gegenrede sinnlos ist.

Die Sozialpsychologie zeigt uns schon seit den 1950er-Jahren, dass Menschen besonders hartnäckig an ihrer Meinung festhalten, wenn diese Meinung widerlegt wird.[248] Gegenrede löst also keine Erkenntnisse aus, sondern nur Abwehr. Dazu kommt, dass Diskussionen im Netz generell schneller entgleisen, weil wir die Regeln des gesellschaftlichen Miteinanders nicht mehr so gut spüren, wenn wir unser Gegenüber nicht sehen und hören können; die Psychologie nennt das Online Disinhibition Effect.[249]

Den Plattformen kommt das zugute: Je mehr Zeit wir dort verbringen, desto höher werden ihre Werbeeinnahmen. Solange wir uns aber einreden lassen, dass Gegenrede wirkungsvolle politische Arbeit wäre, verpufft unsere Energie. Das meine ich mit Schattenboxen: Wir reiben uns damit auf, online mit Fremden zu diskutieren, die wir nicht überzeugen können, und sind irgendwann ausgebrannt - und geben im Zweifelsfall auf, bevor wir die Strategien ausprobiert haben, die wirklich wirkungsvoll sind.

Was bedeutet das für mein Engagement als Einzelperson?

Zuallererst: sich einer Organisation anzuschließen oder selbst eine zu gründen und in dieser Organisation so viel Struktur wie möglich zu etablieren: »Bürokratische« Bewegungen sind breiter akzeptiert und

messbar erfolgreicher. Politische Allianzen schließen. Das Internet gezielt für Vernetzung und Bildungsarbeit nutzen, sich keinesfalls auf fruchtlose Diskussionen mit Fremden einlassen: Mit Fakten erreichen wir nur die, die ohnehin offen für unser Thema sind.

Rat außerhalb der eigenen Filterblase einholen: Wer sich auf ein Thema spezialisiert hat, setzt in Gesprächen oder Kampagnen oft zu viel Wissen und Interesse bei anderen voraus. Mit Werten arbeiten! Schnelle und umfängliche Klimaschutzmaßnahmen werden vor allem von konservativen Menschen abgelehnt. Zu den wichtigsten Werten Konservativer gehört das Bewahren von Traditionen. Wenn wir ihnen die Vision einer grünen, autofreien Stadt schmackhaft machen wollen, ein Paradebeispiel für krassen Traditionsbruch also, werden wir natürlich scheitern. Stattdessen sollten wir über Stabilität sprechen und beispielsweise auf die neuen Arbeitsplätze hinweisen, die dank Klimaschutz möglich werden. Nachhaltig wirksame Kommunikation sollte nicht mit Verzicht und Angst arbeiten, sondern Perspektiven und Vorteile aufzeigen. Wir Menschen verändern unser Verhalten nur dann, wenn wir darin Vorteile für uns erkennen können.

Der Protest gegen die Untätigkeit bei der fortschreitenden Klimakrise hat sich dezidiert in den Dienst der Wissenschaft gestellt: Als Argumentationsgrundlage gelten die harten Fakten, die renommierte Institute veröffentlichen und die Wissenschaftler:innen auch über das Kollektiv der Scientists for Future einer breiteren Bevölkerung zugänglich machen. Es mehren sich allerdings Zweifel, ob diese Strategie erfolgreich ist: Lassen sich Menschen, die sich wenig bis gar nicht fürs Klima interessieren, durch Statistiken und Fachaufsätze überzeugen?

»Nachhaltig wirksame Kommunikation sollte nicht mit Verzicht und Angst arbeiten, sondern Perspektiven und Vorteile aufzeigen.«

Fakten sind leider kein Allheilmittel. Ich nutze gern das Beispiel eines:einer passionierten Rauchenden: Wenn wir ihm:ihr erklären, dass Rauchen nicht gut für die Gesundheit ist, wird er:sie dann sofort die Zigarette wegwerfen und uns mit Tränen in den Augen für diese wichtige Information danken? Nein. Raucher:innen warten nicht sehnsüchtig darauf, dass wir ihnen die Welt erklären und den Weg zur nächsten Faktensammlung zeigen. Rauchen hat für sie eine Funktion, und auch für Klimaleugner:innen hat dieses Leugnen eine Funktion, die sich nicht einfach mit Statistiken und Fachaufsätzen aushebeln lässt. Wir müssen also andere Wege finden, um Menschen zu erreichen.

In der Gesundheitskommunikation hat sich gezeigt, dass Empathie ein wichtiger Faktor ist. Wer sich beispielsweise mit

DANA BUCHZIK

Dana Buchzik studierte Kreatives Schreiben, Kulturjournalismus und Philosophie an der Universität Hildesheim. Heute ist sie Autorin, freie Journalistin und Dozentin. In Vorträgen und Workshops erarbeitet sie mit ihren Kunden, wie zum Beispiel der Friedrich-Ebert-Stiftung, kommunikative Strategien, um Hass, Verschwörungsmythen und anderen Formen der Radikalisierung zu begegnen.

den Personen einer Gesundheitskampagne identifizieren kann, reagiert deutlich seltener mit Abwehr auf die Kampagnenbotschaft. Ich würde auch dafür plädieren, verstärkt auf prominente Stimmen zu setzen. Denken wir an »die bedeutsamste nationale HIV-Präventionsmaßnahme des vergangenen Jahrzehnts«: Das war keine Gesundheitskampagne, sondern ganz schlicht Charlie Sheens Bekanntgabe seiner HIV-Infektion.[250] Nie zuvor hat es mehr Google-Suchanfragen zu Test- und Präventionsmöglichkeiten von HIV gegeben. Prominente Akteur:innen, die sich für ein Thema einsetzen, werden im Zweifelsfall sehr viel mehr erreichen, als jede Faktensammlung es könnte.

Wie kommuniziert man Fakten und (alte wie neue) Informationen so, dass Menschen nicht überfordert sind, sondern sich ermächtigt fühlen?

Es gibt keine Information und keine Kampagne, die pauschal alle erreichen und überzeugen kann. An erster Stelle sollten aber diese Fragen stehen:

- Wer genau ist meine Zielgruppe, was sind ihre Werte, was sind ihre gesellschaftlichen Anliegen, haben diese Anliegen Platz in meinem Vorhaben?
- Habe ich diese Werte überhaupt mitgedacht, oder habe ich sie ignoriert, weil ich so sehr von meiner Vision überzeugt bin, dass ich kein Verständnis mehr aufbringen kann für Menschen mit anderen Ansichten?
- Was will ich konkret erreichen? Möchte ich, dass die Zielgruppe ihr Alltagsverhalten ändert? Möchte ich sie empowern, ihre politische Stimme zu erheben und gezielt öffentlichen Druck auszuüben?
- Was hätte die Zielgruppe davon, wenn sie mir zustimmt? Wenn sie im Alltag Zeit und Energie darauf verwendet, mein Vorhaben zu unterstützen?
- Wie sieht der gemeinsame Boden aus, auf dem wir einander begegnen können?
- Welche konkreten Vorteile hat mein Ziel anzubieten, was macht meine Vision hier und jetzt, im Alltag sexy?

DIE HELD:INNEN WECKEN

Auf die komplexe Bedrohung der Klimakrise reagieren Menschen unterschiedlich: Einige verfallen in eine Schockstarre. Andere kämpfen gegen die Bedrohung mit allen verfügbaren Mitteln an - das kann das Engagieren auf Klimademos genauso sein wie das Hetzen gegen Klimaaktivist:innen: In beiden Fällen geht es darum, die eigene Identität zu verteidigen. Und wieder andere gehen dem Problem aus dem Weg: Sie versuchen sich einzureden, es würde sie nicht betreffen, oder vertrauen darauf, dass sich in letzter Minute alles durch eine sagenhafte technische Innovation lösen lassen wird.

Sich totstellen, kämpfen oder fliehen - die evolutionären Grundmechanismen, wenn wir uns einer Gefahr gegenübersehen, greifen auch hier. Und je nachdem, welche Strategie gewählt wird, sind andere Reaktionen sinnvoll, um eine Person zum Handeln zu bewegen, schreibt Fabian Chmielewski, der sich bei den Psychologists for Future engagiert[251]:

EINGEFRORENE
brauchen konkrete Aufgaben und kleine Ziele, damit sie sich als selbstwirksam erleben und das Gefühl von Kontrolle zurückerlangen.

VERMEIDER:INNEN
erreicht man nicht über Fakten, sondern über Emotionen: Was verlieren sie selbst vor ihrer Haustür, wenn die Klimakrise voranschreitet?

KÄMPFER:INNEN
für das Klima müssen aufpassen, dass sie in ihrem Engagement nicht ausbrennen und genügend Zeit und Raum für Selbstfürsorge einplanen. Aus leeren Händen kann man nicht schöpfen. Kämpfer:innen gegen das Klima überzeugt man am ehesten, Verbündete zu werden, wenn man an ihre Werte appelliert: Sicherheit, Tradition, Sparsamkeit.[252]

Ein wichtiges menschliches Bedürfnis kann uns in die Karten spielen, wenn wir es richtig zu nutzen wissen: Die meisten Menschen wollen gesehen und anerkannt werden und einen Beitrag in der Gesellschaft leisten - sie wollen Held:innen sein. Verknüpft man ökologisches Verhalten nun mit Belohnungen (einer Auszeichnung oder öffentlichen Erwähnung beispielsweise), kann das dazu beitragen, den Selbstwert zu steigern - und nachhaltiges Verhalten in der Gesellschaft zu verankern.

Das Gute: Wenn man einmal damit angefangen hat, Menschen wieder mehr mit Naturelementen und -themen in Kontakt zu bringen, ist die Wahrscheinlichkeit, dass sie sich automatisch für mehr Klima- und Umweltschutz interessieren, hoch: Wir schützen, was wir kennen und zu dem wir eine sehr konkrete Verbindung haben.[253]

UND WIE BEHALTE ICH EINEN KLAREN KOPF?

Von Jennifer Hauwehde

Vor einiger Zeit habe ich mich mit dem Phänomen der Klimaangst beschäftigt, weil es mich selbst, aber auch viele Bekannte und Freund:innen betroffen hat. »Klimaangst beschreibt die Sorge, dass der Klimawandel das eigene Leben bedroht oder in absehbarer Zukunft massiv einschränken wird, und die generelle Angst, dass die menschliche Zivilisation oder alles Leben auf der Erde ernsthaft in Gefahr ist«[254], definiert der gleichnamige Blog *Klima-Angst*, der von dem Aktivisten Jan Lenarz geführt wird. Ein alternativer Begriff ist Ökotrauer (Ecological Grief) oder auch schlicht: Weltschmerz. Ecological Grief kann die psychische Belastung im Hinblick auf die drohenden Auswirkungen der Klimakrise genauso bezeichnen wie den tiefen Schmerz, den Indigene bei der Vernichtung der sie umgebenden Natur fühlen.[255]

Diese Angst oder Trauer kann eine Grundanspannung mit sich bringen und sich unter anderem in dauerhafter Muskelanspannung, Panikattacken, aber auch Lähmung und Apathie ausdrücken. Halten sie über einen längeren Zeitraum an, kann das zu Depressionen und/oder einer Form von Burn-out führen: Man fühlt sich leer, traurig, erschöpft und ausgebrannt. Einige Psycholog:innen warnen davor, das Phänomen der Klimaangst (climate anxiety), das insbesondere unter jungen Menschen verbreitet ist,[256] zu pathologisieren: Dann »rückt eine zu überwindende Angst in den Fokus der Bemühungen. Die Klimakrise würde damit individualisiert werden und als ein individuelles Anpassungsproblem erscheinen.«[257]

Außerdem handelt es sich bei Klimaangst um eine Reaktion auf die Klimakrise – sie ist keine psychische Störung oder

Krankheit. Angst zu haben ist nicht per se schlecht, sondern kann eine sehr gesunde Antwort sein. Es wäre merkwürdig, wenn wir angesichts der drohenden Zukunftsszenarien keine Angst hätten und keine Trauer über den drohenden Verlust verspüren würden. »In der Trauer liegen Macht und Ehre, denn es bedeutet, dass wir etwas geliebt haben und dass wir eine Verbindung zu einem Ort oder zu einer Spezies des Planeten hatten.«[258] Diese starken Gefühle können allerdings nicht nur paralysieren, sondern auch ins Handeln bringen: Angst zu haben bedeutet, dass man die Gefahr erkannt hat.

Ich persönlich hatte eine Zeit lang das sehr eindrückliche Gefühl, Klimaangst oder Ecological Grief zu kennen. Diese individuelle Erfahrung lässt sich im Rückblick gut analysieren: In dieser Episode setzte ich mich intensiv mit neuen Klimanachrichten auseinander, die Schlagzeilen waren mit Feuern, Eisbären und Erdbällen bebildert – und langsam, aber sicher schlich sich das Gefühl ein, diese sehr genau vermessene, riesige Katastrophe niemals aufhalten zu können. Vielleicht kennt ihr dieses Gefühl: Man sitzt vor dem Smartphone und scrollt und scrollt und scrollt und ist irgendwann in einem Rabbit Hole.

Meins war so tief, dass ich erst nach Monaten wieder herausfand. Die meiste Zeit über kam ich mir vor wie das Kaninchen vor der Schlange und starrte maximal paralysiert auf jede neue Alarmmeldung.[259]

Dass dieses Einfrieren meiner psychischen Gesundheit nicht gutgetan hat, versteht sich wahrscheinlich von selbst: Andauerndes Bombardement mit schlechten Nachrichten verleitet nicht unbedingt zu einem sonnigen Gemüt. »Nachrichten sind stressiger als die Realität«, schreibt Neurowissenschaftlerin Maren Urner in ihrem viel beachteten Buch *Schluss mit dem täglichen Weltuntergang*: »Werden wir über die Massenmedien - am besten auf allen Kanälen - über das Mammut informiert, ist das für uns stressiger, als dem Mammutangriff selbst beizuwohnen.«[260]

Der Punkt bei der Klimakrise ist: Der Mammutangriff hat noch gar nicht stattgefunden. Natürlich merken wir - und vor allem die Menschen in Teilen des globalen Südens - jetzt schon die ersten Auswirkungen der globalen Erhitzung. Die schlechte und gute Nachricht zugleich ist: Das ist erst der Anfang. Das eigentliche Spektakel hat noch gar nicht begonnen. Die Mehrheit der Klimaforscher:innen ist sich sicher, dass wir das Ruder noch herumreißen können - wir müssen aber sehr schnell und entschlossen handeln.

Der jährliche Bericht des United Nations Environment Programme (UNEP) für 2019 lässt beispielsweise verlauten: »Der Klimawandel kann immer noch auf 1,5°C Grad begrenzt werden. Wir müssen unsere Emissionen bis 2030 halbieren - das erfordert ab 2020 eine jährliche Emissionsreduzierung um 7,6 Prozent. Die gute Nachricht ist, dass wir über die Technologie und Wissenschaft verfügen, um unsere Energiequellen, Verkehrssysteme und Städte zu dekarbonisieren. Wir verfügen über das Wissen, um die Entwaldung und die Wiederaufforstung in großem Maßstab zu stoppen. Und diese Maßnahmen sind heute erschwinglich. Was wir brauchen, ist Engagement.«

Aber, heißt es weiter, wenn wir jetzt nicht anfingen, werde sich das Zeitfenster schließen. »Wenn wir über unsere derzeitigen, unzureichenden Verpflichtungen zur Eindämmung des Klimawandels hinaus nichts unternehmen, ist zu erwarten, dass die Temperaturen um 3,2°C über das vorindustrielle Niveau hinaus ansteigen werden, mit verheerenden Folgen.«[261]

Diese eine entscheidende Nachricht führte mich aus dem Rabbit Hole aus Verzweiflung, Sinnsuche und Apathie: Es ist noch nicht zu spät. Es ist alles Furcht einflößend, und es sieht echt nicht gut aus - aber es ist noch nicht zu spät. Es gibt Tage, an denen sage ich mir das auf wie ein Mantra. (Es hilft.) Und selbst *wenn* es zu spät wäre: Der Angst der Erkenntnis folgt die Wut über die Umstände, die sich direkt in Taten übersetzt. »Wer sich für das Richtige einsetzt, tut das nicht, weil er glaubt, es wird funktionieren. Er tut es, weil es das Richtige ist. Ethisches Handeln muss nicht skalierbar sein, um ethisch zu sein.«[262]

Ich entwickelte mich von der Eingefrorenen zur Kämpferin, indem ich mir vier grundlegende Fragen stellte:

Will ich, dass die Welt so bleibt, wie sie ist?[263] Nein.

Machen mich die aktuellen Umstände wütend? Ja.

Habe ich Schuld, wenn ich in einer privilegierten Rolle im globalen Norden verharre und nichts mit meiner Kraft, Zeit und den vorhandenen Ressourcen anfange, um es besser zu machen? Ja.

Was kann ich konkret und maximal effektiv dazu beitragen, dass sich die Dinge ändern?

Auf Schlagzeilen zu starren fällt nicht unter maximale Effizienz. Informiert bleiben: ja und unbedingt. Aber mit den entsprechenden Grenzziehungen: Ich muss nicht jeden Artikel zum schmelzenden Eisschild lesen. Ich muss nicht jedes Detail wissen über die

Brände in Australien. Das meiste, was ich an Informationen brauche, um selbstbestimmt handeln zu können, habe ich bereits. Das, was dazukommt, wähle ich gezielt aus.

Konstruktiver Journalismus hilft dabei ungemein: Er erklärt nicht im Sekundentakt, wie schlimm es um die Welt steht (und wie viel schlimmer es noch werden wird), sondern fragt: Wieso ist das so? Was können wir ändern? Wer lebt die guten Ideen von morgen bereits? Medien, die den Ansatz des konstruktiven Journalismus verfolgen, publizieren in der Regel weniger, aber fundiertere Artikel und Recherchen und haben die Ermächtigung der Lesenden im Fokus. Empfehlenswerte Beispiele sind: *Perspective Daily, enorm, transform, Neue Narrative, FuturZwei Magazin* und *Krautreporter.*

Die frei gewordene Zeit und Energie kann ich investieren, um mit diesem Wissen etwas Konstruktives anzustellen. Dabei geht es nicht um Perfektionismus. Wir existieren weiterhin in dem System, das wir kritisieren, springen morgens hektisch aus dem Bett, um uns für die Lohnarbeit fertig zu machen, versuchen, uns und die Kinder heile durch den Alltag zu bugsieren, und fallen abends erschöpft aufs Sofa - unendlich dankbar dafür, dass es Beruhigungsmechanismen wie Netflix gibt. Wir werden trotzdem Sachen kaufen, die wir nicht brauchen, weil wir den Kick wollen und irgendein Loch stopfen müssen. Die Kunst liegt darin, diesen Zwiespalt auszuhalten - und sich nicht selbst zu geißeln für Bewältigungsmechanismen, die uns anerzogen und auf die wir trainiert wurden: Wenn es schwierig und anstrengend wird, dann brauchen wir die neue Yogamatte, die Schokolade, das Retreat in den Alpen, den Blockbuster, das fünfte rote Kleid, die Salzkristall-Lampe, den Eskapismus. Das muss sich niemand vollkommen versagen, und wenn es der mentalen Gesundheit dient, go for it. Aber uns sollte klar sein, warum wir tun, was wir tun. Dass die wirklichen Lösungen anders lauten.

Apropos mentale Gesundheit: Einer der besten Wege, sich um sie zu kümmern, ist gleichzeitig auch das, was von allen Expert:innen in diesem Buch als wichtigstes Handlungsfeld gegen die multiplen Krisen genannt wurde: das gemeinsame Streiten für eine Angelegenheit in der Gruppe. Es arbeitet sich leichter, wenn die Menschen um einen herum dieselben Ziele, Wünsche und Träume und vielleicht sogar konkrete Ideen haben, wie man dort hingelangt. Das Wirken im Kollektiv kann Energie in aktives Handeln umleiten, die sonst vielleicht in einem der Rabbit Holes gelandet wäre. [264]

Gleichzeitig ist die politische Ebene auch die, auf der am wirksamsten und umfassendsten Entscheidungen getroffen werden können, die konkrete und schnelle Veränderungen bewirken. Das tut dem Planeten, den Tieren und den Menschen gut - und (hier schließt sich der Kreis) wiederum unserer psychischen Gesundheit: »Erst [...] wenn die Bedrohung glaubhaft verringert wird, können wir weniger Angst haben.«[265]

GESPRÄCH MIT SEGGEN MIKAEL UND DAVID EHLERS VON DISCHECK

KÄMPFEN DIE *WEISSEN* NUR FÜR SICH?

Von Jennifer Hauwehde

Wer aber ist dieses »Wir«? Welches Bild habt ihr vor eurem inneren Auge, wenn ihr darüber nachdenkt, euch in einer Klimagruppe zu engagieren? Wie sehen die anderen aus, die mit euch laut sind?

Seggen und David arbeiten im Kollektiv DisCheck und beraten Unternehmen und Institutionen, die ihre Medienhalte diskriminierungssensibel gestalten möchten. Denn: Werbung, Pressetexte, Artikel und Bücher reproduzieren immer noch sehr oft sexistische, ableistische, klassistische und rassistische Diskriminierung und können für viele Menschen verletzend sein. In der idealen Welt, meinen die beiden, bräuchte es Kollektive wie ihres nicht, um Inhalte professionell gegenzuchecken,[266] weil alle *weißen* Menschen sich ihres *Weiß*seins bewusst wären und entsprechend sensibel mit marginalisierten Menschen umgehen würden.

Dass diese Welt noch weit entfernt ist, sei auch im Klimadiskurs zu beobachten, dabei sei Klimagerechtigkeit nicht ohne soziale Gerechtigkeit zu haben. »Sobald soziale Gerechtigkeit aus dem Klimadiskurs genommen wird, ist er irrelevant«, meint David. »Ein Klimadiskurs kann nur stattfinden, wenn er global gesehen wird – und das funktioniert nur aus der Perspektive der sozialen Gerechtigkeit.«

Seggen und David nennen mir für intersektionales Klimahandeln die folgenden Tipps.

»Wir kämpfen mit euch zusammen gegen den Klimawandel – aber kämpft ihr danach auch mit uns?«

FÜR ORGANISATIONEN, MEDIEN, UNTERNEHMEN, INSTITUTIONEN:

KLIMA ALLEIN IST KEINE POLITIK

Es ist gut und wichtig, sich für das Klima einzusetzen – aber auch in einer Klimabewegung kann (und sollte) über andere Themen gesprochen werden. Die Klimakrise rückt deswegen nicht in den Hintergrund – Verbündete können gewonnen werden. »Das Klima ist natürlich für alle Menschen ein Thema – aber nicht für alle die erste Priorität. Das ist immer noch ein Privileg. Aber wenn ich anderen helfe, ihre Diskriminierungserfahrungen zu verringern, und die Strukturen verbessere, in denen sie gefangen sind, können sie mir wiederum dabei helfen, die Klimakrise einzudämmen.« Konkret kann das heißen, sich mit anderen Organisationen zu vernetzen, gemeinsam Aktionen, Workshops und Demos zu organisieren.

DAS »WIR« ÖFFNEN

Wie die Mitglieder von Locals United merken Seggen und David an, dass die Rede

davon, »unsere Zukunft« werde zerstört, ein sehr ichzentriertes und privilegiertes Narrativ sei: Die Zukunft vieler Menschen im globalen Süden sei seit 500 Jahren durch den Kolonialismus zerstört, aber davon werde wenig gesprochen. Es sei vollkommen verständlich, dass der individuelle Aktivismus da beginne, wo wir uns selbst als betroffen wahrnehmen, meint Seggen. Aber dabei sollte es nicht bleiben. »Wenn ich die Klimabewegung in Deutschland beobachte, frage ich mich: Wenn eure Emissionen in Deutschland runtergefahren sein werden - hört ihr dann auf zu kämpfen? Sind euch unsere Probleme auch wichtig? Wir kämpfen mit euch zusammen gegen den Klimawandel - aber kämpft ihr danach auch mit uns?«

VON ANFANG AN DIVERS STARTEN

Es reiche nicht, auf theoretischer Ebene zu wissen, dass sich verschiedene Diskriminierungsformen überschneiden können, und sich dessen bewusst zu sein, meinen die beiden Expert:innen. Das erkläre auch, warum viele BIPoC nicht »von sich aus« in mehrheitlich *weißen* Organisationen mitarbeiten möchten: Sie fühlen sich nicht angesprochen. »Angesprochen fühlt mensch sich durch Repräsentation«, sagt David. »Wenn ich fünf *weiße* alte Männer sehe und selbst eine Schwarze 16-jährige Frau bin, fühle ich mich in dieser Gruppe nicht repräsentiert.« Es müsse schon bei der Gründung eines neuen Vereins oder einer Organisation darauf geachtet werden, die Gruppe divers zu gestalten. »Das ist möglich. Es ist nicht so, dass es nur alte *weiße* Männer gibt.« Und wenn die Strukturen schon festgefahren sind? Dann werde es schwierig. »Wenn für marginalisierte Menschen so wenig Repräsentation vorhanden ist, fühlen diese sich natürlich überhaupt nicht adressiert. Deswegen ist es oft leichter, Gruppen einmal komplett zu schließen und neu zu starten.«

LOKAL DENKEN

Vor allem kleinere Vereine und Organisationen könnten sich zunächst im direkten Umfeld orientieren, meint Seggen: »In welchen Vierteln mache ich meine Veranstaltungen? Sind in diesen Vierteln viele diverse Menschen zu Hause? Oder wähle ich unbewusst nur Viertel mit einer bestimmten sozialen Demografie aus?« Wer Menschen erreichen wolle, die nicht so seien wie er:sie selbst, müsse dort hingehen, wo sich diese Menschen aufhielten. »Ich muss da suchen, wo ich nicht automatisch hingehe und mich vielleicht auch nicht immer wohlfühle.«

(SELBST-)KRITISCHE BERICHTERSTATTUNG

Greta Thunberg macht großartige und wichtige Arbeit - aber sie war nicht die erste Klimaaktivistin: Klimagerechtigkeitsaktivismus hat seine Wurzeln in Schwarzen und Indigenen Communitys auf der ganzen Welt, nicht in Europa. »Aber es brauchte erst eine *weiße*, privilegierte junge Frau, damit ihr in Deutschland und Europa aufgestanden seid. Was war davor?«, fragt Seggen. »Braucht es einen Menschen, der so aussieht wie ihr, damit ihr motiviert seid? Was hat euch an den anderen nicht gereicht?« David bestätigt: »›Es gibt keine diversen Stimmen‹, ist eine bequeme Ausrede: Es gibt sie, sie werden nur ausradiert. Nutzt Google. Ihr findet sie, die Leute sind da und sprechen überall.« Dazu gehöre auch, sich mit dem Bild, das vom globalen Süden gezeichnet werde, auseinanderzusetzen: »Die Berichterstattung über den globalen Süden ist immer sehr passiv - es wird selten gezeigt, was aktiv passiert«, erläutert Seggen. »In vielen Ländern gibt es klimaaktivistische Bewegungen, in Uganda beispielsweise. Ganz Subsahara-Afrika arbeitet zusammen, um mittels eines Baumwalls die weitere Ausbreitung der Sahara aufzuhalten.[267] Natürlich gibt es Überschwemmungen und Dürren. Aber es gibt auch die Community, die sich aufrafft, Geld sammelt und etwas Neues aufbaut. Diese Perspektive fehlt häufig in der Berichterstattung.«

KLAR KOMMUNIZIEREN

Wenn Gruppen sich als intersektional und divers verstehen, müssen sie das in jeder Struktur transparent machen, betonen die beiden Expert:innen. »Viele Leute vergessen, dass sich nicht alle Menschen automatisch von Stellenausschreibungen oder Vereinssatzungen angesprochen fühlen. So etwas muss explizit dazugeschrieben werden. Das bedeutet auch, deutlich zu machen, sich nicht nur dafür einzusetzen, dass der Klimawandel gestoppt wird - sondern auch für Klimagerechtigkeit und dafür, die Probleme anderer Menschen zu lösen. Dann werden Menschen mit genau diesen Problemen auf einen zukommen und ihre Bereitschaft zeigen mitzumachen.«

CREDIT GEBEN

Wenn wir den Rat von marginalisierten Gruppen in Anspruch nehmen oder von Menschen aus anderen Ländern lernen, sagen Seggen und David, sollten wir das auch so kommunizieren: »Nachhaltige Unternehmen arbeiten manchmal wie Kolumbus: Sie haben das Gefühl, etwas Neues entdeckt zu haben, und verkaufen das dann als ihre Idee, obwohl es das in anderen Kulturen teilweise schon jahrhundertelang gegeben hat.«

FAIRE BEZAHLUNG

Zur Wertschätzung gehören auch transparente und faire Lieferketten. Es müsse die Frage gestellt werden, was wirklich gerecht sei, meint Seggen. »Mit dem Fair-Trade-Label ist es nicht getan. Es kann sein, dass auch das Doppelte oder Dreifache des Mindestlohns in einem Land immer noch zu wenig ist, um würdevoll davon leben zu können. Was braucht ein Mensch wirklich für ein gutes Leben?«

WEITERBILDUNG

»Wenn eine Firma von sich sagt, sie sei *social*, dann muss sie das in allen Bereichen umsetzen - und in Deutschland für die Mitarbeiter:innen zum Beispiel Antidiskriminierungs-Workshops anbieten und sich klar bezüglich Rassismus, Klassismus und anderen Diskriminierungsformen positionieren.«

FÜR EINZELPERSONEN:

SICH INFORMIEREN

Nicht nur über die Klimakrise, sondern auch über das System, das diese Krise produziert hat: über Kapitalismus, Patriarchat, Klassismus, Rassismus, Ableismus. »Informationen sollen dich ermächtigen, dich für eine Sache einzusetzen«, meint Seggen. Kaufe dir Bücher (wenn du kannst), oder leihe sie dir aus. Vernetze dich auf Social Media mit Aktivist:innen, die genau diese Themen behandeln (s. Anhang dieses Buches). Du musst aktiv lernen wollen, bekräftigt sie. Der größte Fehler überhaupt sei zu glauben, jede:r könne sich einfach so als intersektionale:r Klimaaktivist:in bezeichnen, ohne etwas dafür getan zu haben. »Das ist, wie bei der Antirassismus-Arbeit, ein lebenslanger Prozess.«

KRITIK NICHT PERSÖNLICH NEHMEN

»Keine:r sagt: ›Du als *weiße:r* Klimaaktivist:in bist scheiße.‹ Es geht nicht um dich als Einzelperson, sondern um die Struktur - um das, was gesehen und nicht gesehen wird«, betont Seggen.

SICH NICHT AUF DEM EIGENEN KONSUM AUSRUHEN

»Wenn meine Schokolade Fair Trade ist, ist das gut«, erklärt Seggen. »Aber trotzdem greifen kapitalistische Strukturen: Es gibt in Afrika bisher erst eine einzige Schokoladenfabrik - und die wurde in diesem Jahr gebaut.[268] Viele Rohstoffe kommen aus den Ländern des globalen Südens, produziert

DISCHECK

Das Kollektiv DisCheck (DiskriminierungsCheck) berät und unterstützt Unternehmen, Organisationen und Individuen dabei, Medieninhalte wie Podcasts, Blogs und Bücher so intersektional und diskriminierungssensibel wie möglich zu gestalten. Mit ihrem Service gelten Ausreden wie »Wir wussten es einfach nicht besser« und »Wir haben ja nicht geahnt, wie diskriminierend das ist« nicht mehr.

wird aber woanders, und die Supermärkte bekommen den meisten Umsatz. Nur weil ich Fair Trade und bio kaufe, mache ich keinen riesigen Unterschied, was diese Strukturen betrifft.«

POWER-SHARING

»Die Menschen wollen sozial gerecht handeln und verschiedene Meinungen abbilden«, sagt David, »aber sie lassen diejenigen, die diese Meinung haben, nicht auf die Plattform.« Holt die Wissenschaftler:innen, die Aktivist:innen, die betroffenen Personen, die etwas zu sagen haben, auf die Bühne und schenkt ihnen eure Reichweite. »Das funktioniert auf der ganz kleinen Ebene bis hoch in Organisationen und Politik.« »Pass the mic«, bestätigt Seggen. Es werde oft gesagt, es müsse den Menschen *eine Stimme gegeben werden* - das sei falsch: »Sie haben sehr wohl eine Stimme - die meisten hören nur nicht hin.« Und weiter: »Wenn du mal aufhören würdest zu reden und das Mikro weitergeben würdest, könnten die Leute auch etwas sagen.«

Das Beste, was wir in diesem globalen Notstand tun könnten, sei, intersektional zu denken. »Den Systemwandel, den wir brauchen, bekommen wir erst hin, wenn genügend Menschen sich dahinter versammeln können.«

ALLES KÖNNTE AUCH GANZ ANDERS SEIN

Von Jennifer Hauwehde

Okay, okay. Wir wissen: Das waren jetzt sehr viele Themen in einem einzigen Buch. Wenn ihr überfordert seid, lasst euch sagen: Das ist normal. Wir sind auch überfordert. Alle Interviewpartner:innen, mit denen wir gesprochen haben, sind irgendwie überfordert. Die ganze Welt ist gerade überfordert. You get the point.

Wir haben euch (und uns) diesen Wust an Gedanken und Informationen trotzdem zugemutet. Warum? Weil wir glauben, es führt kein Weg daran vorbei, sich mit solchen Dingen auseinanderzusetzen, wenn wir die Sache mit der nachhaltigen und guten Welt für alle wirklich ernst meinen. Es reicht nicht, sich grün zu kaufen. Individueller Konsum ist ein möglicher Hebel, und natürlich betrifft er alle von uns: Wir müssen schon allein deswegen andauernd konsumieren, weil wir lebende Wesen sind. Konsumieren und verwerten gehört zu unserer Grundausstattung. Das Problem ist nun, dass die Sache ein bisschen aus dem Ruder gelaufen ist, euphemistisch gesprochen, und sich ein kleiner Teil der Menschheit gerade wie ein riesiger Aktenvernichter durch den Planeten fräst.

Das wird sich nicht ändern, wenn die einzige Antwort auf die Rettung unserer Spezies »Konsum, bloß in Grün« lautet. Wir haben aufgezeigt, dass individuelle Entscheidungen natürlich wichtig sind (brauchen wir 200 Quadratmeter zum Leben, muss es jeden Tag das Nackensteak sein, geht auch ein Flug weniger pro Jahr?), aber auch an ihre Grenzen stoßen. Mit diesem Buch wollen wir darauf aufmerksam machen, dass wir Menschen mehr sind als Subjekte, die Produkte in einen Einkaufswagen packen – und dass Lösungen größer sein müssen als der Klick auf »Bestellen«. Die Gründe, warum unser aktuelles System an allen Ecken wackelt und knirscht, sind es ja schließlich auch.

Uns würde bereits freuen, Teil einer Diskursverschiebung zu sein, indem wir zwei Dinge deutlich machen: Wir müssen gemeinsam arbeiten. Und wir müssen von der (Selbst-)Geißelung des Individuums wegkommen. Die hindert uns nämlich daran, effektiv an den Stellschrauben zu drehen, die wirklich wichtig sind: Wir brauchen strukturelle und tief greifende Veränderungen, um das System zu überwinden, das uns in die Klimakrise, in tiefe soziale Ungerechtigkeit und eine Gesellschaft gebracht hat, die wesentlich auf der Diskriminierung von allen, die nicht cis-männlich und *weiß* sind, aufbaut.

Diese Veränderungen passieren nicht von heute auf morgen – und vor allem passieren sie nicht von allein. Sie benötigen die ausdauernde Energie von vielen Engagierten, die in eine Richtung ziehen. Dabei muss niemand das Gewicht der ganzen Welt schultern: Kein Beitrag ist zu klein, kein Aktivismus zu wenig. Wir haben Ungeahntes zu gewinnen und fast alles zu verlieren.

»That's the way things are. That's the way things don't have to be.«

Zuher Jazmati/@xanax_attax

DANKE

JENNI SAGT DANKE

Ich danke allen, die dieses Buch möglich gemacht haben. Die sich in der Entstehungsphase, aber auch schon Monate und Jahre vorher Zeit genommen haben für Austausch und die Diskussionen, die bisweilen hitzig wurden, mich aber zu der Person geformt haben, die ich heute bin. Ich habe also vielen Menschen zu danken. Von einigen weiß ich die Namen nicht mehr, von anderen habe ich sie nie erfahren. Viele sind schon lange tot. Glücklicherweise leben viele andere von ihnen, um noch mehr Menschen mit ihrer Klugheit und ihrem Streben nach Gerechtigkeit zu inspirieren. Wir stehen nicht nur auf den Schultern von Ries:innen, wir tragen uns gegenseitig abwechselnd, wir halten uns und gehen gemeinsam vorwärts. Und ich glaube, das ist großartig.

Mein besonderer Dank gilt S., meinem Fels in der Brandung. Wenn ich intensiv schreibe, bin ich anstrengend, und du hast nicht nur ausgehalten, sondern aktiv mitgetragen, was wir später scherzhaft als Geburt bezeichneten. Ich brauche ein Zimmer und Ruhe, und ich bekomme so viel mehr.

MILENA SAGT DANKE

Eine meiner besten Freundin weint regelmäßig, wenn sie die Danksagungen in Büchern liest. Mich machen sie ähnlich emotional, auch beim Schreiben. Deshalb halte ich es kurz, aber nicht weniger herzlich: Ganz viel Liebe geht raus an die tollen Menschen in meinem Leben, die seit der ersten Mail von &Töchter mitgefiebert haben. Die sich meine Strapazen und Fortschritte geduldig angehört haben, mir geholfen haben, Ideen zu sortieren, Kapitel weiterzuschreiben, oder die auch einfach nur ein Sektchen zur richtigen Zeit geöffnet haben. Ihr wisst, wer gemeint ist, und ich umarme euch feste.

Mein Dank gilt auch allen Interviewten und Essayist:innen, die dieses Buch mit klugen Gedanken gefüllt haben. Diese Welt braucht Leute wie euch.

Danke Laura, Lydia, Elena, Sarah und Jessi fürs Anschreiben und Dranbleiben. Obwohl der Zeitpunkt für die ersten Buchveröffentlichungen bestimmt günstiger hätte sein können, bin ich froh und stolz, ein Teil davon zu sein. Von euch werden wir noch viel lesen.

Jenni, wie schön, dass uns der Zufall zusammengebracht hat. Ich hätte mir keine feinfühligere und bessere Schreibpartnerin vorstellen können. Apropos: Wir haben tatsächlich ein Buch geschrieben, wuaah!

Last but not least: Danke P., für alles und noch mehr.

UNTERSTÜTZER:INNEN

Der Verlag bedankt sich bei den großartigen Menschen, die durch ihre Unterstützung der Crowdfunding-Kampagne zur Realisierung dieses Buches beigetragen haben. Von 214 Unterstützer:innen dürfen wir 131 im Buch nennen.

Elisabeth Ailer
Sabine Appel
Ines Bammert
Nina Bauer
Karla Bauszus
Christina Beer
Sabrina Beurer
Stefanie Bock
Eva-Maria Boer
Lenia Böhm
Julia Borchmann
Kirstin Bostelmann
Kristof Bothe
Lea Bruhn
Sophia Charlotte
Janina Clever
Tanya Deporta
Renate Dertinger
Svenja von Döhlen
Johann Dullinger
Tim Eberhardt
Hannah Fergen
Marion Fischer
Nora Maria Fleckenstein
Alexandre Fliessbach
Daniel Flotzinger
Kati Folten
Linda Frantal
Sabrina Fuchs und
Bernd Hofmann
Kirsten Gensinger
Anne Gerahn
Nico Gerahn
Markus Getrost
Nikolai Gilliar
Kathrin Gleichauf
Bernhard Goch
Jochen Graf
Petra Graßhoff
Ralph Greenwood-Mahlo
Maria Grimm
Nina van gen Hassend
Tim Hellstern
Barbara Heumann
Silke Höfer
Lisa Maria Holleis
Jeannette Kado
Stephanie Keilholz
Isabelle Keimig
Kevin Kelichhaus
Florian Kienzle
Matthias Killiches
Mareike Kind
Sabine Kirstein
Martin Klauck
Aby Klauke
Konstantin Klur
Robert Klur
Laura Korfmann
Jan Langwald
Susann Lautenbach
Nina Lehnert
Birte Lesemann
Carina Letsch
Cornelia Letsch
Thomas Letsch
Inga Lienenlüke
Lara Limberger
Maria Lohmann
Mira Lou
Susanne Ludwig
David Lütticke
Sarah Lutz
Anika Maaß
Carolin Mache
Anja Markowski
Tamara Marksfeld
Magdalena Meier
Miriam Meier
Friederike Meinhof
Tina Meller
Laura Mitulla
Miriam Mlczoch
Carola Nerbel
Martin Nerbel
Vanessa Osthues
Thomas M. Paul
Annelie Petters und
David Grziwa
Peter Plappert
Elisa Plendl
Neele Prass
Andre Rauschenbach
Frank Rebmann
Julia Reger
Louisa Reschke
Antje Rockensüß
Katrin Rybacki
Martin Salfer
Julia Sandrock
Brigitte Schaaf
Franziska Schmid
Christine und Gerhard
Schmidt
Julia Schmidt
Bertram Schmidt-Friderichs
Kevin Schmitz
Rudolf Schumm
Mara Schütz
Patricia Schwab
Marianne Sellmaier
Thomas Sommer
Marion Stadler
Wiebke Steiman
Claudia Stelz
Anna-Lisa Sutter
Der Taubenkönig
Trixi Thorbecke
Olaf Ude
Julia Uhl
Dieter Wallentin
Andreas Weis
Madleen Wendt
Sarah Wetzel
Saskia Wilmes
Carina Wimmer
Bernhard Zechel
Philipp Zechel
Stephan Zeitler
Maria Zobernig
Laura Zöckler

WEITERFÜHRENDE ADRESSEN

Hier findet ihr ein paar Adressen zum Weiterlesen und -hören. Wir haben die Literaturliste bewusst kurz gehalten, da in den Literaturnachweisen bereits viele Anlaufstellen versammelt sind, und möchten den Platz hier vor allem für andere Medien(schaffende) öffnen. (Sicherlich werden wir wichtige Personen und Organisationen vergessen haben, und wir bitten, uns diese Lücken zu entschuldigen.)

Literatur

Braumüller, Jana u.a.: Fashion Changers. Wie wir mit fairer Mode die Welt verändern können. München: Knesebeck 2020.

Göpel, Maja: Unsere Welt neu denken. Eine Einladung. Berlin: Ullstein 2020.

Hartmann, Kathrin: Grüner wird's nicht. Warum wir mit der ökologischen Krise völlig falsch umgehen. München: Blessing 2020.

Krznaric, Roman: The Good Ancestor. How to Think Long Term in a Short-Term World. London: WH Allen 2020.

Neubauer, Luisa u. Repenning, Alexander: Vom Ende der Klimakrise. Eine Geschichte unserer Zukunft. Stuttgart: Tropen 2019.

Redecker, Eva von: Revolution für das Leben. Philosophie der neuen Protestformen. Frankfurt a. M.: S. Fischer 2020.

Safran Foer, Jonathan: Wir sind das Klima! Köln: Kiepenheuer & Witsch 2019.

Steffens, Dirk u. Habekuss, Fritz: Über Leben. Zukunftsfrage Artensterben: Wie wir die Ökokrise überwinden. München: Penguin 2020.

Zeiler, Waldemar u. Hörtmann Ciobotaru, Katharina: Unfuck the Economy. Eine neue Wirtschaft und ein besseres Leben für alle. München: Goldmann 2020.

Filme

Chasing Coral
Cowspiracy
Die grüne Lüge
Dominion
Eine unbequeme Wahrheit
Forks Over Knifes
How to Change the World
More Than Honey
Plastic Planet
The True Cost
Tomorrow

Bücherquellen

Bibliobox
Büchergilde
genialokal
Medimops (Secondhand-Bücher)
Mojoreads
She Said Books
The Gentle Bookshop

Newsletter

Flip - Newsletter für eine bessere Wirtschaft
The Guardian »Green Light« Newsletter

Magazine und Online-Medien

DADDY Magazin
Enorm Magazin
klimareporter°
Krautreporter
Literarische Diverse
Neue Deutsche Medienmacher*innen
Neue Narrative
Perspective Daily
renk. Magazin
RosaMag
Utopia.de
Veto Magazin
ZEIT-Serie »Wende zum Weniger«: https://www.zeit.de/serie/wende-zum-weniger

Podcasts

1,5 Grad - der Klima-Podcast mit Luisa Neubauer
BBQ - der Black Brown Queere Podcast
Danke, gut.
Darf sie das?
Der Lila Podcast
Diaspora Orientate
Ende Gelände - der Podcast
Fairquatscht
Feuer und Brot
Future Changers
Geil Montag
Generation Klima
Green Vibes
Große Töchter
Hart Unfair
Kanackische Welle
klima update°
Klimawende - der Greenpeace Podcast
Klimazentrale
Mit freundlichen Grüßen
Pissy - der Missy Magazine Podcast
Primamuslima
Realitäter*innen
Rice and Shine
SWR Umweltnews
tupodcast
Über Frauen
Wakandische Welle
We care!
ZEIT für Klima
ze.tt Podcast: Forschen fürs Klima

Engagement

AVAAZ
change.org
DEMOCRACY (App)
Participedia

Instagram

Feminismus
@fraeulein_tessa
@fraufrasl
@ihartericka
@mareicares
@stimmrechtgegenunrecht
@wellshesassy

Gesellschaft
@blairimani
@claim_allianz
@coyotl_
@discheck_
@erklaermirmal
@ffabae
@groschenphilosophin
@hamidala_

@herzkater
@josephine.apraku
@laylafsaad
@linus_giese
@m_amjahid
@marga_owski
@mariebeech
@max_czollek
@minaandherchaos
@natasha.a.kelly
@nhile_de
@now_you_see_me_moria
@raulkrauthausen
@ronyaothmann
@saymyname_bpb
@tesfu_tarik
@thishashtag
@tupoka.o
@wirmuesstenmalreden
@workin_germany
@xanax_attax

Nachhaltiges Leben
@ajabarber
@aniahimsa
@earthrise.studio
@greenandwhales
@greengirlleah
@fashionchangers
@heylilahey
@justinekeptcalmandwentvegan
@klima.taz
@larytales
@marielle.elizabeth
@milenskaya
@nachhaltigkeit.warum.nicht
@nachhaltig.kritisch
@naturlandkind
@pattiegonia
@phoenomenal_com
@realbaopham
@rebeccanmyr
@sloris_
@todayis_de
@vanillaholica
@zerowastedeutschland

Politik
@berfin.marx
@brandnewbundestag
@ceremoniaslofasavage
@democ.de
@franziskagrillmeier
@jiggyjules
@jntknnrt
@jugendrat
@klassegegenklasse
@linketheorie
@localsunited.de
@nicole.schoen
@radikalklima
@riseandrevolt

BILDQUELLEN

Alle Bilder, sofern nicht anders genannt:	Jennifer Hauwehde Milena Zwerenz
S. 29	Stephanie Füssenich
S. 64, 68	Megan Vada Hoeder
S. 80, 85	Zoe Opratko
S. 88/89	annikahuskamp.com
S. 96–115	Katie Mähler
S. 124/125	Emilie Elizabeth
S. 130, 131	Fashion Changers
S. 145, 147	privat
S. 162/163	Lauren McKnown
S. 170/171, 173, 176	Rainer Kraus
S. 190/191, 196	privat
S. 199	Robert Zbawiony
S. 202 rechts, 203, 204/205, 208	einhorn products
S. 224	Victoria Kämpfe
S. 231, 236	Pierre Horn
S. 249 links	Seggen Mikael
S. 249 rechts	privat

ENDNOTEN

1 dpa: Globaler Klimastreik geht in die zweite Runde. https://www.faz.net/aktuell/politik/ausland/klimastreik-globale-fridays-for-future-demos-gehen-weiter-16406182.html (11.12.2020).

2 Umweltbundesamt: Umweltbewusstsein und Umweltverhalten. https://www.umweltbundesamt.de/daten/private-haushalte-konsum/umweltbewusstsein-umweltverhalten#stellenwert-des-umwelt-und-klimaschutzes (11.11.2020).

3 Neubauer, Luisa u. Repenning, Alexander: Vom Ende der Klimakrise. Eine Geschichte unserer Zukunft. Stuttgart: Tropen 2019. S. 91.

4 Koglin, Ilona: Und jetzt retten wir die Welt. Wie du die Veränderung wirst, die du dir wünschst. https://www.medimops.de/ilona-koglin-und-jetzt-retten-wir-die-welt-wie-du-die-veraenderung-wirst-die-du-dir-wuenschst-taschenbuch-M03440151891.html?variant=UsedVeryGood&creative=Shopping&sitelink=&gclid=Cj0KCQjws536BRDTARIsANeUZ59juEfViyrc9nhRK1UJJ-4_IdJz02mYzkNh0v4nW6_wgyhpUtDa8E8aAgbxEALw_wcB (11.11.2020).

5 Oatly: Über Oatly. https://www.oatly.com/de/about-oatly u. Veränderung ist nicht einfach. https://www.oatly.com/de/veränderung-ist-nicht-einfach (11.11.2020).

6 Bundesministerium für Umwelt, Naturschutz und nukleare Sicherheit (BMU) u. Umweltbundesamt (UBA): Umweltbewusstsein in Deutschland 2018. Ergebnisse einer repräsentativen Bevölkerungsumfrage. https://www.umweltbundesamt.de/sites/default/files/medien/1410/publikationen/ubs2018_-_m_3.3_basisdatenbroschuere_barrierefrei-02_cps_bf.pdf (11.11.2020).

7 Brigitte Be Green: »Mehl als Shampoo? Ernsthaft, jetzt?!«. https://www.brigitte.de/nachhaltigkeit/be-green-der-brigtte-podcast-ueber-nachhaltigkeit-12198660.html (11.11.2020).

8 Mallett, Robyn K.: Eco-Guilt Motivates Eco-Friendly Behavior. https://www.researchgate.net/publication/270835955_Eco-Guilt_Motivates_Eco-Friendly_Behavior (12.12.2020).

9 Sheeran, Paschal u. Webb, Thomas L.: The Intention-Behavior Gap. https://www.researchgate.net/publication/307857321_The_Intention-Behavior_Gap (11.11.2020).

10 Scholz, David u. Kott, Leonie: Intention-Behaviour-Gap und Intention Implementations nach Sheeran & Webb (2016). https://www.psychologistsforfuture.org/psychologie-der-klimakrise/sozialpsychologie/intentions-verhaltens-luecke-implementationsintentionen/ (11.11.2020).

11 Schwartz; Barry: Das Paradoxon der Wahlmöglichkeiten. https://www.ted.com/talks/barry_schwartz_the_paradox_of_choice (4.11.2020).

12 Reutskaja, Elena u. Hogarth, Robin M.: Satisfaction in Choice as a Function of the Number of Alternatives: When Goods Satiate But Bads Escalate. https://papers.ssrn.com/sol3/papers.cfm?abstract_id=1001648 (15.11.2020).

13 Bigalke, Silke: Wenn Besitz zur Last wird. https://www.sueddeutsche.de/leben/moderne-sammelwut-wenn-besitz-zur-last-wird-1.1089089 (12.12.2020).

14 An der Umfrage nahmen je mindestens 1000 Menschen zwischen 20 und 45 Jahren aus China, Hongkong, Taiwan, Italien und Deutschland teil. Greenpeace: After the Binge, the Hangover. International Fashion Consumption Survey Insights into the Minds of Clothing Consumers. https://www.greenpeace.de/sites/www.greenpeace.de/files/publications/2017-05-08-greenpeace-konsum-umfrage-mode.pdf (15.11.2020).

15 Marx, Karl: Zur Kritik der Politischen Ökonomie. In: MEW 13. Berlin: Dietz 1961. S. 9.

16 Folkers, Manfred u. Paech, Niko: All you need is less. Eine Kultur des Genug aus ökonomischer und buddhistischer Sicht. München: oekom 2020. S. 98.

17 Heuser, Uwe Jean: Die Wende zum Weniger. https://www.zeit.de/2020/29/konsumkultur-nachhaltigkeit-oekonomie-corona-krise/komplettansicht (11.11.2020).

18 Zacharakis, Zacharias: Große Mehrheit der Bundesbürger für Lieferkettengesetz. https://www.zeit.de/wirtschaft/2020-09/umfrage-lieferkettengesetz-einhaltung-menschenrechte-unternehmen-cdu-peter-altmaier?utm_referrer=https%3A%2F%2Fwww.google.de (12.1.2021).

19 checked4you. Verbraucherzentrale Nordrhein-Westfalen: Wer verdient an deinem Turnschuh? https://www.checked4you.de/trends-shopping/kleidung/wer-verdient-an-deinem-turnschuh-170104 (12.12.2020).

20 Reh, Werner (BUND AK Verkehr); Runkel, Matthias u. Paoli, Lea: Regionalflughäfen. Ökonomisch und klimapolitisch unverantwortliche Subventionen. Hrsg. von Forum Ökologisch-Soziale Marktwirtschaft (FÖS). https://www.bund.net/fileadmin/user_upload_bund/publikationen/mobilitaet/mobilitaet_regionalflughaefen_studie.pdf (12.12.2020).

21 Dudenredaktion: »Klassismus«. https://www.duden.de/node/288470/revision/292794 (7.9.2020).

22 Statistisches Bundesamt: Lohnspreizung: Abstand zwischen Gering- und Besserverdienenden nimmt ab. https://www.destatis.de/DE/Presse/Pressemitteilungen/2020/09/PD20_354_623.html;jsessionid=15345E5745F14AE8288465A206E5B3B4.internet8712 (4.1.2021).

23 Schröder, Carsten; Bartels, Charlotte u.a.: MillionärInnen unter dem Mikroskop: Datenlücke bei sehr hohen Vermögen geschlossen – Konzentration höher als bisher ausgewiesen. In: DIW Wochenbericht 29/2020. https://www.diw.de/de/diw_01.c.793802.de/publikationen/wochenberichte/2020_29_1/millionaerinnen_unter_dem_mikroskop__datenluecke_bei_sehr_ho__geschlossen___konzentration_hoeher_als_bisher_ausge wiesen.html (4.1.2021).

24 Statistisches Bundesamt: Knapp zwei Millionen Jobs profitieren von Mindestlohnerhöhung 2019. https://www.destatis.de/DE/Presse/Pressemitteilungen/2020/06/PD20_238_623.html (28.9.2020).

25 Bundesagentur für Arbeit: Erwerbstätige erwerbsfähige Leistungsberechtige - Deutschland, West/Ost, Länder und Kreise (Monats- und Jahreszahlen). https://statistik.arbeitsagentur.de/SiteGlobals/Forms/Suche/Einzelheftsuche_Formular.html?nn=1460284&topic_f=einkommen (4.1.2021).

26 Diese Aussage machte Bundeswirtschaftsminister Peter Altmaier während der coronageprägten Adventszeit 2020. Reichelt, Julian; Schäfer, Jan W.: »Einkaufen ist eine patriotische Aufgabe«. https://www.bild.de/bild-plus/politik/inland/politik-inland/minister-peter-altmaier-einkaufen-ist-eine-patriotische-aufgabe-74139776,view=conversionToLogin.bild.html (4.1.2021).

27 Das ergab eine Studie des Deutschen Instituts für Wirtschaftsforschung (DIW) im Sommer 2020. Damit liegt der Anteil des Gesamtvermögens, das den oberen zehn Prozent der Bevölkerung gehört, deutlich höher als bisher angenommen. Schröder, Carsten; Bartels, Charlotte u.a.: MillionärInnen unter dem Mikroskop: Datenlücke bei sehr hohen Vermögen geschlossen - Konzentration höher als bisher ausgewiesen. In: DIW Wochenbericht 29/2020. https://www.diw.de/documents/publikationen/73/diw_01.c.793783.de/20-29.pdf (11.9.2020).

28 In dem für 2020 gültigen Höchstsatz für Hartz IV/Arbeitslosengeld II von 432 Euro waren 37,84 Euro für Bekleidung, Schuhe und 150,60 Euro für Lebensmittel, alkoholfreie Getränke vorgesehen - das entspricht 8,76 Prozent beziehungsweise 34,86 Prozent des errechneten Regelbedarfs. Landeszentrale für politische Bildung Baden-Württemberg: https://www.lpb-bw.de/regelsatz-hartziv/ (7.9.2020).

Am 1.9.2020 veröffentlichte der Paritätische Wohlfahrtsverband e.V. als Reaktion auf den Gesetzesentwurf für das Jahr 2021 eine Studie, in der die Regelbedarfe für Hartz IV (14 Euro mehr als 2020) und tatsächliche Lebenshaltungskosten verglichen werden. Der Verband stellt fest: 5 Euro pro Tag blieben Hartz-IV-Empfänger:innen mit dem Satz von 2020 für Essen und Trinken. Nicht genug für eine »empfohlene Ernährung«- der Begriff für diese Verhältnisse lautet »Ernährungsarmut«. Aust, Andreas: Arm, abgehängt, ausgegrenzt. Eine Untersuchung zu Mangellagen eines Lebens mit Hartz IV. https://www.der-paritaetische.de/fileadmin/user_upload/Publikationen/doc/expertise-armutsfest-bedarfsgerecht_2020_web.pdf (7.9.2020).

29 Diskriminierung und Stereotypisierung von Menschen mit Behinderungen, bei denen eine normative Vorstellung davon, was Menschen körperlich und mental leisten können müssen, als Maßstab gesetzt wird.

30 Angemerkt werden muss hier, dass Online-Bestellungen ökologischer sind als ihr Ruf - solange nichts per Retoure zurückgesandt wird. Weideli, Dimitri: Environmental Analysis of US Online Shopping. https://ctl.mit.edu/sites/ctl.mit.edu/files/library/public/Dimitri-Weideli-Environmental-Analysis-of-US-Online-Shopping_0.pdf (5.11.2020).

31 Lifestyle of Health and Sustainability. LOHAS verfügen über ein überdurchschnittliches Einkommen, verstehen und leben Nachhaltigkeit vor allem in Form von grünem Konsum. Der Begriff wird von Vertreter:innen traditioneller Umweltbewegungen kritisiert, die hochwertigen Konsum nicht mit Nachhaltigkeit vereinbar sehen - andere allerdings befürworten das gestiegene Bewusstsein der Konsument:innen für nachhaltige Alternativen.

32 Statistisches Bundesamt: Armutsgefährdungsschwelle nach Haushalttypen und Bundesländern. https://www.destatis.de/DE/Themen/Gesellschaft-Umwelt/Soziales/Sozialberichterstattung/Tabellen/liste-armutsgefaehrungs-schwelle.html (11.9.2020).

Armut im Verhältnis zur Umgebung eines Menschen wird als »relative Armut« bezeichnet. Liegt das Einkommen trotz Erwerbsarbeit unterhalb der Armutsgrenze, spricht man auch von »Einkommensarmut«. Diese Grenzen sind allerdings umstritten, denn der gesellschaftliche Status wird auch von sozialem Netzwerk und Bildungsstand beeinflusst - beides Faktoren, die sich in dieser Zahl nicht wiederfinden. Kann sich ein Mensch langfristig die Befriedigung seiner Grundbedürfnisse nicht leisten, wird von »absoluter Armut« gesprochen. Die Grenze, die die Weltbank dafür global festgelegt hat, liegt bei 1,90 Euro pro Tag: Wer weniger zur Verfügung hat, gilt als »arm«. Auch dieser Wert wird hart kritisiert: Als realistisch gilt laut Oxfam eine Armutsgrenze von 5,50 Euro pro Tag. Oxfam: Confronting Carbon Inequality. Putting climate justice at the heart of COVID-19 recovery. https://www.oxfam.de/system/files/documents/20200921-confronting-carbon-inequality.pdf (23.9.2020).

33 Statistisches Bundesamt: Armutsgefährdungsquote gemessen am Bundesmedian nach dem Erwerbsstatus. https://www.destatis.de/DE/Themen/Gesellschaft-Umwelt/Soziales/Sozialberichterstattung/Tabellen/05agq-zvbm-erwerbsst.html (11.9.2020).

In Deutschland waren 2019 insgesamt rund 16 Prozent der Bevölkerung armutsgefährdet. Statistisches Bundesamt: Armutsgefährdungsquote - gemessen am Bundesmedian und am Landesmedian. https://www.destatis.de/DE/Themen/Gesellschaft-Umwelt/Soziales/Sozialberichterstattung/Tabellen/liste-armutsgefaehrungsquote-bundeslaender.html (11.9.2020).

34 Bundesministerium für Arbeit und Soziales: Armuts- und Reichtumsbericht. Materielle Deprivation. https://www.armuts-und-reichtumsbericht.de/DE/Indikatoren/Armut/Materielle-Deprivation/materielle-deprivation.html (11.9.2020).

35 Statistisches Bundesamt: Armut oder soziale Ausgrenzung AROPE-Indikator nach Geschlecht und Alter in Deutschland. https://www.destatis.de/DE/Themen/Gesellschaft-Umwelt/Einkommen-Konsum-Lebensbedingungen/Lebensbedingungen-Armutsgefaehrdung/Tabellen/eurostat-armut-sozialeausgrenzung-silc.html (11.9.2020).

36 Mayr, Anna: Die Elenden. Warum unsere Gesellschaft Arbeitslose verachtet und sie dennoch braucht. München: Hanser Berlin 2020. S. 71-78.

37 Umweltbundesamt: Konsumausgaben privater Haushalte nach dem monatlichen Haushaltsnettoeinkom-

men 2018. https://www.umweltbundesamt.de/sites/default/files/medien/384/bilder/dateien/3_abb_konsumausgaben-phh_2020-09-22.pdf (11.9.2020).

38 Kohlrausch, Bettina: Abstiegsängste in Deutschland: Ausmaß und Ursachen in Zeiten des erstarkenden Rechtspopulismus. Working Paper Forschungsförderung 58. Düsseldorf: Hans-Böckler-Stiftung 2018. https://www.econstor.eu/handle/10419/215988 (30.9.2020).

39 Credit Suisse: Global Wealth Report 2019. https://www.credit-suisse.com/media/assets/corporate/docs/about-us/research/publications/global-wealth-report-2019-en.pdf (23.9.2020).

40 Forbes: The World's Real Time Billionaires. https://www.forbes.com/real-time-billionaires/#7185de4c3d78 (23.9.2020).

41 Mayr, Anna: Die Elenden. Warum unsere Gesellschaft Arbeitslose verachtet und sie dennoch braucht. München: Hanser Berlin 2020. S. 34.

42 Das eigene Einkommen kann man über das Berechnungstool »How rich am I?« in ein globales Verhältnis setzen lassen. https://howrichami.givingwhatwe can.org/how-rich-am-i.

43 Gesellschaft für Konsumforschung: Kaufkraft Europa 2019. https://cdn2.hubspot.net/hubfs/2405078/cms-pdfs/fileadmin/user_upload/dyna_content/de/documents/press_releases/2019/20191021_pm_gfk_kaufkraft_europa_dfin.pdf (11.9.2020) und Dustmann, Christian; Fitzenberger, Bernd u. Zimmermann, Markus: Housing Expenditures and Income Inequality. ZEW Discussion Paper No. 18-048. http://ftp.zew.de/pub/zew-docs/dp/dp18048.pdf (11.9.2020).

44 Baldenius, Till; Kohl, Sebastian u. Schularick, Moritz: Die neue Wohnungsfrage. Gewinner und Verlierer des deutschen Immobilienbooms. https://www.boeckler.de/data/Boeckler-Impuls_2019_12_6-7.pdf (28.9.2020).

45 Lerner, Jennifer S. u. Keltner, Dacher: Fear, Anger and Risk. In: Journal of Personality and Social Psychology 81 (2001). S. 146-159.

46 Mayr, Anna: Die Elenden. München: Hanser Berlin 2020. S. 181f.

47 Oxfam: Confronting Carbon Inequality. Putting Climate Justice at the Heart of the COVID-19 Recovery. https://www.oxfam.de/system/files/documents/20200921-confronting-carbon-inequality.pdf (23.9.2020).

48 Oxfam: Das reichste ein Prozent schädigt das Klima doppelt so stark wie die ärmere Hälfte der Welt. https://www.oxfam.de/ueber-uns/aktuelles/klimawandel-ungleichheit-reichste-1-prozent-schaedigt-klima-doppelt-so-stark (23.9.2020).

49 Bandura, Albert: Self-efficacy: Toward a Unifiying Theory of Behavioral Change. In: Psychological Review 84 (1977). S. 191-215.

50 Der Wert variiert je nach Berechnungsgrundlage und -methodik. Hier verwendet: Mercator Research Institute on Global Commons and Climate Change (MCC) gGmbH: The Carbon Clock is ticking. https://www.mcc-berlin.net/fileadmin/data/clock/carbon_clock.htm (4.1.2021).

51 Oxfam: Das reichste ein Prozent schädigt das Klima doppelt so stark wie die ärmere Hälfte der Welt. https://www.oxfam.de/ueber-uns/aktuelles/klimawandel-ungleichheit-reichste-1-prozent-schaedigt-klima-doppelt-so-stark (23.9.2020).

52 Laut Forbes: https://www.forbes.com/forbes-400/ (5.10.2020).

53 Laut Forbes Österreich: https://www.forbes.at/artikel/die-reichsten-deutschen-2020.html (5.10.2020).

54 Der Ökonom Thomas Piketty meint: Die Erzählung von der Leistungsgesellschaft ist ein Märchen: Wir leben nicht in einer Leistungsgesellschaft - die Chancen für eine Teilhabe sind viel zu ungerecht verteilt. Chancengleichheit ist aber eine unbedingte Voraussetzung für Leistungsgerechtigkeit (sonst kann man Leistungen nicht miteinander vergleichen). Piketty, Thomas: Capital in the Twenty-First Century. Cambridge: Harvard University Press 2014. S. 14.

55 Maniates, Michael F.: Plant a Tree, Buy a Bike, Safe the World? https://medium.com/@mitpress/individualization-plant-a-tree-buy-a-bike-save-the-world-ecb916df95e4 (10.11.2020).

56 Güldenpenning, Nina: Die symbolische Dimension des nachhaltigen Konsums - Implikationen für das Nachhaltigkeitsmarketing. Bachelorarbeit: Technische Universität Berlin 2020. S. 40f. https://www.aloenk.tu-berlin.de/fileadmin/fg165/Lehre/Bachelorarbeit_symbolischer_Nachhaltigkeitskonsum_Überarbeitung-17-04-20.pdf (11.9.2020).

57 Tagesschau: Greta Thunbergs ganze Rede beim UN-Klimagipfel. https://www.youtube.com/watch?v=SfCUcDAISKk (7.1.2021).

58 Umweltbundesamt: Umweltbewusstsein und Umweltverhalten. https://www.umweltbundesamt.de/daten/private-haushalte-konsum/umweltbewusstsein-umweltverhalten#stellenwert-des-umwelt-und-klimaschutzes (23.10.2020).

59 Ebd.

60 Einsehbar unter https://www.generationenmanifest.de (9.11.2020).

61 Weissenburger, Peter: Vanessa Nakate und das Foto der AP. Davos, eurozentriert. https://taz.de/Vanessa-Nakate-und-das-Foto-der-AP/!5656696/ (15.12.2020).

62 Nowshin, Tonny: We Need to Talk about Racism in the Climate Movement. https://www.climatechangenews.com/2020/06/30/need-talk-racism-climate-movement/ (15.12.2020).

63 Nowshin, Tonny: Die Klimabewegung hat ein Rassismusproblem. https://www.klimareporter.de/protest/die-klimabewegung-hat-ein-rassismusproblem (15.12.2020).

64 ipb: Fridays for Future. Profil, Entstehung und Perspektiven der Protestbewegung in Deutschland. https://protestinstitut.eu/wp-content/uploads/2019/08/ipb-working-paper_FFF_final_online.pdf (10.12.2020).

65 Umweltbundesamt: Umweltgerechtigkeit - Umwelt, Gesundheit und soziale Lage. https://www.umwelt-

bundesamt.de/themen/gesundheit/umwelteinflu esse-auf-den-menschen/umweltgerechtigkeit-um welt-gesundheit-soziale-lage (15.12.2020).

66 Nowshin, Tonny: Grüner Rassismus. https://taz.de/Klimabewegung-und-Diskriminierung/!5689986/ (15.12.2020).

67 Heinrich, Sebastian: Bewegung reagiert: Das Rassismus-Problem von Fridays for Future. https://www.watson.de/deutschland/exklusiv/682978121-rassis mus-problem-bei-fridays-for-future-bewegung-rea giert-auf-foto-kritik (15.12.2020).

68 Liu, Zhu; Ciais, Philippe u.a.: Near-Real-Time Monitoring of Global CO2 Emissions Reveals the Effects of the COVID-19 Pandemic. In: Nature Communications 11 (2020). https://www.nature.com/articles/s41467-020-18922-7#citeas (9.11.2020).

69 Igges, Hans-Hermann: Clemens Tönnies sorgt beim Tag des Handwerks für Kopfschütteln. https://www.nw.de/lokal/kreis_paderborn/paderborn/22523960_Clemens-Toennies-sorgt-beim-Tag-des-Handwerks-fuer-Kopfschuetteln.html (21.10.2020).

70 von Redecker, Eva: Revolution für das Leben. Philosophie der neuen Protestformen. Frankfurt am Main: Fischer 2020. S. 107.

71 Koester, Elsa: Die Allzuvielen. Rechte Ideologen entdecken den Klimaschutz für sich. Das ist keine gute Nachricht. https://www.freitag.de/autoren/elsa-koester/die-allzuvielen (21.10.2020).

72 Brandner, Stephan: Brandner im Bundestag. https://www.brandner-im-budestag.de/berlin/brand ner-afd-co2-ausstoss-allein-durch-atemluft-der-menschheit-betraegt-das-dreifache-aller-de.html (21.10.2020).

73 Lekan, Thomas Michael: Imagining the Nation in Nature: Landscape Preservation and German Identity, 1890-1945. Madison: University of Wisconsin-Madison 1999. S. 3-7. https://search.proquest.com/doc view/304538547?pq-origsite=primo (19.10.2020).

74 Nielsen, Phillip: »Blut und Boden«. Jüdische Deutsche zwischen Heimat und Deutschtum 1892-1932. In: Geschichte und Gesellschaft 39 (2013). S. 35-68. Nielsen: »Insbesondere im Kaiserreich, aber auch noch während der Weimarer Republik war diese Bewegung vielerorts stärker durch Sprach-, Geschlechts-, stellenweise innerkirchliche Konfessions- und insbesondere Klassengegensätze geprägt als durch einen jüdisch-deutschen Antagonismus.« (S. 37).

75 Wettengel, Michael: Staat und Naturschutz 1906-1945. Zur Geschichte der Staatlichen Stelle für Naturdenkmalpflege in Preußen und der Reichsstelle für Naturschutz. In: Historische Zeitschrift 257 (1993). S. 373.

76 Ebd., S. 355-399.

77 Ebd., S. 14 u. 23. Ausnahmen bilden kleine sozialdemokratische Naturschutzvereine, die genau dieses Problem erkannten und einen inklusiveren, klassenübergreifenden Naturschutzansatz umzusetzen versuchten - beispielsweise die Naturfreunde, die ihre Hochphase in den 1920ern erlebten. Auch Jugendorganisationen wie die Wandervögel, die vor allem eine spirituelle Beziehung zur Natur pflegten, stellten alternative Identifikationsangebote zur Verfügung (S. 38).

78 Wettengel, Michael: Staat und Naturschutz 1906-1945. Zur Geschichte der Staatlichen Stelle für Naturdenkmalpflege in Preußen und der Reichsstelle für Naturschutz. In: Historische Zeitschrift 257 (1993). S. 379.

79 Anzumerken ist hier, dass nicht alle Nationalsozialisten diese Auffassung teilten. Besonders in der Gestapo hatte man wegen der esoterischen Elemente viele Vorbehalte gegen biodynamischen Landbau - er sei Quacksalberei und diene nur dazu, eine Intrige gegen das Deutsche Reich »von innen heraus« zu organisieren. Staudenmaier, Peter: Organic Farming in Nazi Germany: The Politics of Biodynamic Agriculture, 1933-1945. In: Environmental History 18 (2013). S. 391.

80 Ebd. S. 388.

81 Correctiv: Kein Filter für Rechts. https://correctiv.org/top-stories/2020/10/06/kein-filter-fuer-rechts-insta gram-rechtsextremismus-frauen-der-rechten-szene/ (21.10.2020).

82 Urban, Jörg: Vita - Jörg Urban: https://www.joerg-urban.de/vita (21.10.2020).

83 Grüne Liga: Pressemitteilung vom 5. Februar 2018. https://grueneliga.de/index.php/de/29-aktuell/pressemitteilung/681-erklaerung-der-gruenen-liga (21.10.2020).

84 Götze, Susanne u. Joeres, Annika: Die Klimaschmutzlobby. Wie Politiker und Wirtschaftslenker die Zukunft unseres Planeten verkaufen. München: Piper 2020. S. 61.

85 Alternative für Deutschland: Programm für Deutschland. Das Grundsatzprogramm der Alternative für Deutschland. Beschlossen auf dem Bundesparteitag in Stuttgart 2016. Natur- und Umweltschutz, Land- und Forstwirtschaft. S. 86.

86 Ebd., S. 79.

87 Wochenbotschaft von Rapunzel-Gründer Joseph Wilhelm zum 20. April 2020: https://web.archive.org/web/20200517090229/https://www.rapunzel.de/wochenbotschaft-joseph-wilhelm-02.html sowie Wochenbotschaft von Joseph Wilhelm zum 8. Mai 2020: https://web.archive.orgweb/20200513045434/https://www.rapunzel.de/wochenbotschaft-joseph-wilhelm-05.html und persönliche Stellungnahme zu den »Wochenbotschaften«: https://www.rapunzel.de/stellungnahme-zu-wochenbotschaften.html (21.10.2020).

88 Brand, Ulrich u. Wissen, Markus: Imperiale Lebensweisen. Zur Ausbeutung von Mensch und Natur im globalen Kapitalismus. München: Oekom 2017. S. 43-47.

89 Reiley, Laura: The Fastest-Growing Vegan Demographic is African Americans. Wu-Tang Clan and Other Hip-Hop Acts Paved the Way. https://www.washing tonpost.com/business/2020/01/24/fastest-growing-vegan-demographic-is-african-americans-wu-tang-clan-other-hip-hop-acts-paved-way/ (14.10.2020).

90 Fellner, Jamie u. Compa, Lance: Immigrant Wor-

kers in the United States Meat and Poultry Industry. https://www2.ohchr.org/english/bodies/cmw/docs/hrw.doc (13.10.2020).

91 Nagesh, Ashitha: The Harrowing Psychological Toll of Slaughterhouse Work. https://metro.co.uk/2017/12/31/how-killing-animals-everyday-leaves-slaughterhouse-workers-traumatised-7175087/ (13.10.2020).

92 Methicillin resistenter Staphylococcus aureus. Beim MRSA-Keim handelt es sich um Bakterien, die gegen bestimmte Antibiotika resistent sind und somit auch lebensbedrohlich werden können. Symptome sind Hautinfektionen oder Mittelohr-, Nasennebenhöhlen-, Hirnhaut-, Lungen- oder Brustdrüsenentzündungen.

93 Mehr zu den Schweinesprühfeldern und den Erzählungen der Schwarzen Community im Dokumentationsfilm »What The Health« auf Netflix.

94 Elvers, Horst-Dietrich: Umweltgerechtigkeit. In: Umweltsoziologie. Hrsg. von Matthias Groß. Wiesbaden: VS Verlag 2011. S. 465-476.

95 Ebd.

96 Dudenredaktion: »Intersektionalität«. https://www.duden.de/node/288443/revision/292767 (23.10.2020).

97 »Cis« ist die Abkürzung für »Cisgender«. Damit werden Personen bezeichnet, deren Geschlechtsidentität mit dem Geschlecht übereinstimmt, das ihnen bei ihrer Geburt zugewiesen wird.

98 BUNDjugend: Locals United. Gemeinsam schaffen wir eine gerechte und vielfältige Stadt für alle! https://www.bundjugend.de/projekte/locals-united/ (23.10.2020).

99 Nord Stream 2 als »europäische Pipeline« soll die Energiesicherheit Deutschlands und anderer europäischer Staaten verbessern. Nach Fertigstellung sollen bis zu 55 Millionen Kubikmeter Gas pro Jahr aus Russland nach Deutschland geleitet werden. Seit Baubeginn steht das Projekt unter anderem wegen der Nähe zum russischen Staat und dessen Gaskonzern Gazprom in der Kritik. Gazprom ist Eigentümer von Nord Stream 2. https://www.tagesschau.de/wirtschaft/nord-stream-2-hintergrund-101.html (4.1.2021).

100 Frei übersetzt: »Das Amazonasgebiet befindet sich am Kipppunkt vom Regenwald zur Savanne«. Harvey, Fiona: Amazon Near Tipping Point of Switching from Rainforest to Savannah - Study. https://www.theguardian.com/environment/2020/oct/05/amazon-near-tipping-point-of-switching-from-rainforest-to-savannah-study (24.10.2020).

101 International Union for Conservation of Nature and Natural Resources: The IUCN Red List of Threatened Species. https://www.iucnredlist.org (24.10.2020).

102 CO_2-Senken sind natürliche Speicher für Kohlenstoff. Sie haben eine große Bedeutung für das Klima, da sie CO_2 aus der Atmosphäre aufnehmen und damit den Treibhauseffekt abschwächen. Zu den CO_2-Senken zählen unter anderem Ozeane, Moore und Wälder.

103 Brando, P.M.; Soares-Filho, B. u.a.: The Gathering firestorm in southern Amazonia. In: Science Advances 6 (2020). https://advances.sciencemag.org/content/6/2/eaay1632. Und Silva Junior, Celso; Aragão, Luiz u.a.: Persistent collaps of biomass in Amazonian forest edges following deforestation leads to unaccounted carbon losses. In: Science Advances 6 (2020). https://advances.sciencemag.org/content/6/40/eaaz8360 (25.10.2020). Und Amigo, Ignacio: When will the Amazon hit a tipping point? https://www.nature.com/articles/d41586-020-00508-4#ref-CR6 (25.10.2020). Ein Problem ist vor allem, dass es zu wenige Daten gibt, um genau sagen zu können, wie der Amazonas-Regenwald auf höhere CO_2-Werte in der Atmosphäre reagieren wird, meinen einige Wissenschaftler:innen.

104 In diesem Buch schreiben wir »Indigen« konsequent groß - auch wenn es sich um den adjektivischen Gebrauch des Wortes handelt. Wir beziehen uns damit auf die antirassistische Sprache, die betont: Schwarz oder Indigen zu sein ist keine Frage der Hautfarbe, sondern eine gesellschaftliche Kategorie - und die hat vor allem mit Macht zu tun. Für einen ersten Einblick vgl. Petrosyan, Tigran: Schwarz ist keine Farbe. https://taz.de/Antirassistische-Sprache/!5702930/ (2.11.2020).

105 Tauli-Corpuz, Victoria; Alcorn, Janis u.a.: Cornered by Protected Areas. https://www.corneredbypas.com/brief (25.10.2020).

106 Hierbei handelt es sich um ein rassistisches Konzept, dass die Vorstellung ausdrückt, Menschen, die »ursprünglich« in der Natur lebten, seien von Grund auf gut und würden Konzepte wie das Böse, Gier, Neid und Brutalität nicht kennen. Das Konzept war besonders in der Romantik populär, hält sich allerdings bis heute - nicht selten auch in der Naturschutz- und Klimabewegung. Bewernitz, Thorsten: Das Klischee des edlen Wilden. https://www.grin.com/document/104729 (25.10.2020).

107 Im 14. Jahrhundert rodeten Indigene in Neuseeland für Ackerbau beinahe den gesamten Wald auf der Insel. Weber, Christian: Die Mär vom edlen Wilden. https://www.sueddeutsche.de/wissen/ethnologie-die-maer-vom-edlen-wilden-1.3205238 (25.10.2020).

108 Nenquimo, Nemonte: This is my message to the western world - your civilization is killing life on Earth. https://www.theguardian.com/commentisfree/2020/oct/12/western-worldyour-civilisation-killing-life-on-earth-indigenous-amazon-planet (4.11.2020).

109 https://www.katiemaehler.de (26.10.2020).

110 Viele leben wegen dieser Umstände mit schweren psychischen Problemen - unter Indigenen ist die Depressions- und Selbstmordrate besonders hoch. So liegt beispielsweise die Suizidrate der Guaraní 34-mal über dem nationalen Durchschnitt Brasiliens. Survival: Tag der seelischen Gesundheit: Selbstmorde zermürben Guarani. https://www.survivalinternational.de/nachrichten/9633 (25.10.2020).

111 Käufer, Tobias: Zwei Jahre Bolsonaro. Ein Desaster für den Amazonas. https://www.zdf.de/nachrichten/politik/bolsonaro-brasilien-corona-amazonas-100.html (2.11.2020).

112 Hauwehde, Jennifer: Der Amazonas brennt. Was du darüber wissen musst. https://mehralsgruenzeug.com/der-amazonas-brennt-was-du-darueber-wissen-musst/ (26.10.2020).

113 Eine aktuelle Übersicht der Daten findet sich auf https://covid19.socioambiental.org (2.11.2020).

114 dpa: Neuseeland: Ardern stellt Kabinett vor. https://www.zeit.de/news/2020-11/02/neuseeland-ardern-stellt-kabinett-vor (2.11.2020).

115 Eine Auflistung der rassistischen Aussagen Bolsonaros gegenüber den Indigenen Gemeinschaften findet sich hier: Survival: Was Brasiliens neuer Präsident, Jair Bolsonaro, über indigene Völker gesagt hat. https://www.survivalinternational.de/artikel/3542-bolsonaro (14.11.2020).

116 Wallace, Scott: Coronavirus gets dangerously close to isolated »Arrow People« in Amazon. https://www.nationalgeographic.co.uk/history-and-civilisation/2020/08/coronavirus-gets-dangerously-close-to-isolated-arrow-people-in (2.11.2020).

117 Im Portugiesischen bedeutet dieser Term, dass *weiße* Menschen Platz machen und marginalisierte Personen sprechen und Raum einnehmen lassen. Katie, die dieses Interview übersetzt hat, meinte: »Eigentlich müssten wir im Deutschen auch schon längst eine Bezeichnung dafür haben - warum ist das nicht so?«

118 IPCC: Klimawandel und Landsysteme. Zusammenfassung für politische Entscheidungsträger. https://www.de-ipcc.de/media/content/SRCCL-SPM_de_barrierefrei.pdf (8.1.2021).

119 Es handelt sich um die Juristin Joênia Batista.

120 Das ist exakt die Aussage, die auch Eva von Redecker in *Revolution für das Leben* im Hinblick auf die Kämpfe der Indigenen Frauen trifft und die zwei wesentliche Aspekte miteinander vereint: der Kampf für das (Über-)Leben und der Fokus auf eine Zukunft, die über die eigene Existenzspanne hinausgeht.

121 Verfahren zur Reduzierung von CO_2-Emissionen in der Atmosphäre durch technische Abspaltung am Kraftwerk und Einlagerung in unterirdischen Lagerstätten (Carbon Capture and Storage oder CSS).

122 Ding, Helen; Veit, Peter G. u.a.: Climate Benefits, Tenure Costs. The Economic Case For Securing Indigenious Land Rigths in the Amazon. https://globalalliance.me/wp-content/uploads//2017/09/Climate_Benefits_Tenure_Costs.pdf (3.11.2020).

123 Nature Needs Half: https://natureneedshalf.org (3.11.2020).

124 Dinerstein, E.; Joshi, A.R. u.a.: A »Global Safety Net« to reverse biodiversity loss and stabilize Earth's climate. In: Science Advances 6 (2020). https://advances.sciencemag.org/content/advances/6/36/eabb2824.full.pdf (3.11.2020).

125 Baker, Brianna: The cheapest climate solution? Return half of the planet to nature, this scientist says. https://grist.org/fix/the-cheapest-climate-solution-return-half-of-the-planet-to-nature-this-scientist-says/ (3.11.2020).

126 Dinerstein, E.; Joshi, A.R. u.a.: A »Global Safety Net« to Reverse Biodiversity Loss and Stabilize Earth's Climate. In: Science Advances 6 (2020). https://advances.sciencemag.org/content/advances/6/36/eabb2824.full.pdf (3.11.2020).

127 Cassim, Ziyad; Handjiski, Borko u.a.: The $10 Trillion Rescue: How Governments Can Deliver Impact. https://www.mckinsey.com/industries/public-and-social-sector/our-insights/the-10-trillion-dollar-rescue-how-governments-can-deliver-impact# (4.11.2020).

128 Stevens, Caleb; Winterbottom, Robert u.a.: Securing Rights, Combating Climate Change. How Strengthening Community Forest Rights Migitates Climate Change. https://files.wri.org/s3fs-public/securing-rights-full-report-english.pdf (3.11.2020).

129 Im internationalen Durchschnitt lag der Frauenanteil bei den Demos von Fridays for Future im September 2019 bei knapp 60 Prozent. Bei unter 19-jährigen Teilnehmer:innen identifizierten sich sogar 72 Prozent als weiblich. In Deutschland verzeichnete sich gegen den internationalen Trend von März bis September eine Kehrtwende: Hier wurde ein Anstieg des Männeranteils auf 51 Prozent beobachtet. De Moor, Joost; Uba, Katrin u.a.: Protest for a future II. Composition, mobilization and motives of the participants of the Fridays for Future climate protests of 20-27 September, 2019, in 19 cities around the world. https://mfr.de-1.osf.io/render?url=https://osf.io/3hcxs/?direct%26mode=render%26action=download%26mode=render (11.11.2020).

130 Waechter, Christina: Frauen bekommen erst dann Macht, wenn der Karren im Dreck steckt. https://www.jetzt.de/politik/in-der-krise-wird-andrea-nahles-maechtigste-frau-der-spd (11.11.2020).

131 Haslam, Alexander S. u. Ryan, Michelle K.: The Road to the Glass Cliff: Differences in the Perceived Sustainability of Men and Women for Leadership Positions in Succeeding and Failing Organizations. In: The Leadership Quaterly 19 (2008). S. 530–546.

132 Ryan, Michelle K.; Haslam, Alexander S. u. Hersby, Mette D.: Think Crisis - Think Female. The Glass Cliff and Contextual Variation in the Think Manager - Think Male Stereotype. In: Journal of Applied Psychology 96 (2011). S. 481.

133 Niess, Franziska: Wirtschaften Frauen nachhaltiger als Männer? https://www.sueddeutsche.de/wirtschaft/klimaschutz-wirtschaften-frauen-nachhaltiger-als-maenner-1.5019551 (11.11.2020).

134 Die entsprechenden Studien wurden allerdings auch stark kritisiert - mit dem Hinweis, dass zum einen das Bild einer besonders verletzlichen Frau im globalen Süden und zum anderen das einer informierten, bewussten Konsumentin im globalen Norden reproduziert würde. Außerdem würde man sich nicht aus der Mann-Frau-Dichotomie lösen. Viele Studien (und Entscheidungen in der Politik) verfolgen diesen binären Mann-Frau- und Norden-Süden-Ansatz. Es gibt allerdings auch Ideen, die sich stärker auf die zugrunde liegenden Machtstrukturen und die intersektionalen Verschränkungen fokussieren, etwa den »Human Security«-Ansatz, der die grundlegenden Bedürfnisse von Menschen in den Mittelpunkt stellt. So können Geschlechterungerechtigkeiten ebenso

wie beispielsweise soziale Diskriminierung besser sichtbar gemacht werden. Röhr, Ulrike; Alber, Gotelind u. Göldner, Lisa: Gendergerechtigkeit als Beitrag zu einer erfolgreichen Klimapolitik: Forschungsreview, Analyse internationaler Vereinbarungen, Portfolioanalyse. Zwischenbericht. Im Auftrag des Umweltbundesamtes 2017. https://www.umweltbun desamt.de/sites/default/files/medien/1410/publika tionen/2018-03-15_texte_23-2018_gender-klima.pdf (11.11.2020).

135 The Eco Gender Gap: 71 % Women Try to Live More Ethically, Compared to 59 % of Men. https://www.mintel.com/press-centre/social-and-lifestyle/the-eco-gender-gap-71-of-women-try-to-live-more-et hically-compared-to-59-of-men (11.11.2020).

136 Seppälä, Emma: Are Women Really More Compassionate? https://www.psychologytoday.com/gb/blog/feeling-it/201306/are-women-really-more-compass ionate (11.11.2020).

137 Jacob, Klaus u. Wolff, Franziska: Veröffentlichung des 6. globalen Umweltberichts (GEO-6) 2019: Analyse der Implikationen für Deutschland. Im Auftrag des Umweltbundesamts. https://www.umweltbundesamt .de/sites/default/files/medien/1410/publikationen/texte_24-2019_geo-6_hintergrund_final.pdf (11.11.2020).

138 Habtezion, Senay: Overview of Linkages between Gender and Climate Change. Global Gender and Climate Alliance/United Nations Development Programme (UNDP) 2016. S. 5.

139 Plan International: Because I am a Girl: The State of the World's Girls 2013. In Double Jeopardy: Adolescent Girls and Disasters. S. 27. https://plan-interna tional.org/publications/state-worlds-girls-2013-adolescent-girls-and-disasters (11.11.2020).

140 Sorensen, Cecilia; Murray, Virginia u.a.: Climate Change and Women's Health: Impacts and Policy Directions. In: Plos Medicine 7 (2018). https://www.ncbi.nlm.nih.gov/pmc/articles/PMC6038986/ (11.11.2020).

141 Röhr, Ulrike; Alber, Gotelind u. Göldner, Lisa: Gendergerechtigkeit als Beitrag zu einer erfolgreichen Klimapolitik: Forschungsreview, Analyse internationaler Vereinbarungen, Portfolioanalyse. Zwischenbericht. Im Auftrag des Umweltbundesamtes 2017. https://www.umweltbundesamt.de/sites/default/files/medien/1410/publikationen/2018-03-15_tex te_23-2018_gender-klima.pdf (11.11.2020).

142 Ebd.

143 Ebd.

144 Das Umweltbundesamt hält fest: »Für die Mitgliedsstaaten der EU wurde die geschlechtsspezifische Repräsentanz in den für Klimaschutz wichtigsten Politikfeldern (Energie, Verkehr, Umwelt) in den jeweils obersten Entscheidungspositionen erhoben. Im Schnitt lag der Frauenanteil bei 25,6 Prozent, Deutschland rangierte auf dem zweitletzten Platz. Deutlich wurde dabei, dass Umwelt in aller Regel das Politikfeld mit dem höchsten Frauenanteil ist, während Energie im Schnitt den geringsten Frauenanteil in den oberen Führungsebenen aufweist, der allerdings hochgradig zwischen den Mitgliedsstaaten variiert (EIGE 2012).« Röhr, Ulrike; Alber, Gotelind u. Göldner, Lisa: Gendergerechtigkeit als Beitrag zu einer erfolgreichen Klimapolitik: Forschungsreview, Analyse internationaler Vereinbarungen, Portfolioanalyse. Zwischenbericht. Im Auftrag des Umweltbundesamtes 2017. https://www.umweltbundesamt.de/sites/de fault/files/medien/1410/publikationen/2018-03-15_texte_23-2018_gender-klima.pdf (11.11.2020).

145 Und es Sozialisationsformen gibt, welche die Geschlechter kulturell bedingt anders prägen können.

146 Brough, Aaron; Wilkie, James E.B. u.a.: Is Eco-Friendly Unmanly? The Green-Feminine Stereotype and Its Effect on Sustainable Consumption. In: Journal of Consumer Research 43 (2016). S. 567-582. Und: Swim, Janet K.; Gillis, Ashley J. u. Hamaty, Kaitlynn J.: Gender Bending and Gender Conformity: The Social Consequences of Engaging in Feminine and Masculine Pro-Environmental Behaviors. In: Sex Roles 82 (2020). S. 363-385. https://link.springer.com/article/10.1007/s11199-019-01061-9#citeas (11.11.2020).

147 Für eine umfassende Literatur-Review zu dem Thema: Röhr, Ulrike; Alber, Gotelind u. Göldner, Lisa: Gendergerechtigkeit als Beitrag zu einer erfolgreichen Klimapolitik: Forschungsreview, Analyse internationaler Vereinbarungen, Portfolioanalyse. Zwischenbericht. Im Auftrag des Umweltbundesamtes 2017. https://www.umweltbundesamt.de/sites/de fault/files/medien/1410/publikationen/2018-03-15_texte_23-2018_gender-klima.pdf (11.11.2020).

148 Gottschlich, Daniela: Nachhaltiges Wirtschaften: Zum Verhältnis von Care und Green Economy. https://www.genanet.de/fileadmin/user_upload/doku mente/Infopool_Publikationen/Hintergrundpapier_Care_de.pdf (11.11.2020).

149 Corsi, Marcella: Ist Nachhaltigkeit frauenfeindlich? https://debate.energy/i/ist-nachhaltigkeit-frauenfeindlich/ (11.11.2020).

150 Cohen, Maeve u. MacGregor, Sherilyn: Towards a Feminist Green New Deal for the UK. A Paper for the WBG Comission on a Gender-Equal Economy. https://wbg.org.uk/wp-content/uploads/2020/05/Feminist-Green-New-Deal.pdf (11.11.2020).

151 IWL Rutgers: Care Work is Climate Work. A Series on the Green New Deal. https://www.youtube.com/watch?v=SdQPyGxLLUA (11.11.2020).

152 In der Wissenschaft wird das »System Justification« genannt: Je stärker mein individuelles Gefühl ist, dass ein System fair und gerecht funktioniert, desto eher werde ich es unterstützen und bewahren wollen. Röhr, Ulrike; Alber, Gotelind u. Göldner, Lisa: Gendergerechtigkeit als Beitrag zu einer erfolgreichen Klimapolitik: Forschungsreview, Analyse internationaler Vereinbarungen, Portfolioanalyse. Zwischenbericht. Im Auftrag des Umweltbundesamtes 2017.https://www.umweltbundesamt.de/sites/default/files/medien/1410/publikationen/2018-03-15_tex te_23-2018_gender-klima.pdf (11.11.2020).

153 Zur gendersensiblen und nachhaltigen Stadtplanung: Women for Climate Justice: Gender and Urban Climate Policy. Gender-Sensitive Policies Make a Difference. https://www.gendercc.net/fileadmin/

inhalte/dokumente/8_Resources/Publications/Guidebook_Gender_and_Urban_Climate_Policy_June_2015.pdf (11.11.2020).

154 Halle, Silja; Kellogg, Molly u.a.: Gender, Climate and Security: Sustaining Inclusive Peace on the Frontlines of Climate Change. United Nations Environment Programme/UN Women 2020. https://www.unwomen.de/fileadmin/user_upload/SDGs/Gender_Climate_and_Security.pdf (11.11.2020).

155 Röhr, Ulrike; Alber, Gotelind u. Göldner, Lisa: Gendergerechtigkeit als Beitrag zu einer erfolgreichen Klimapolitik: Forschungsreview, Analyse internationaler Vereinbarungen, Portfolioanalyse. Zwischenbericht. Im Auftrag des Umweltbundesamtes 2017. https://www.umweltbundesamt.de/sites/default/files/medien/1410/publikationen/2018-03-15_texte_23-2018_gender-klima.pdf (11.11.2020).

156 Eigentlich wollte ich noch eine lange Abhandlung darüber schreiben, dass diese Theorien nicht nur aus den Schreibstuben von Intellektuellen aus dem globalen Norden stammen, sondern wesentlich von Frauenrechtsbewegungen und ökofeministischen Ansätzen von intersektional marginalisierten Frauen* beeinflusst wurden - aber dafür haben wir hier leider nicht den Platz. Als Einstieg in diese Themen können folgende Artikel hilfreich sein: Klemmer, Carry L. u. McNamara, Kathleen A.: Deep Ecology and Ecofeminism: Social Work to Address Global Environmental Crisis. In: Journal of Women and Social Work 35 (2020). S. 503-515. Und: Greve-Volpp, Christa: Ökofeminismus und Material Turn. In: Ecocriticism. Eine Einführung. Hrsg. von Gabriele Dürbeck u. Urte Stobbe. Wien/Köln/Weimar: Böhlau 2015. S. 44-56.

157 Korbik, Julia: Stand Up. Feminismus für Anfänger und Fortgeschrittene. Berlin: Rogner & Bernhard 2014. S. 27.

158 Den Appell von der Unternehmerin Lisa Jaspers gibt es hier zum Unterzeichnen: https://www.change.org/p/unternehmerische-sorgfaltspflicht-per-gesetz-fairbylaw-ranaplaza .

159 Als able-bodied werden Menschen bezeichnet, deren körperliche und mentale Fähigkeiten als »normal« gelten und die daher nicht durch die Gesellschaft in ihrem alltäglichen Leben behindert werden.

160 Plastics Industry Association im Brief an das US Department of Health and Human Services am 18. März 2020. https://www.politico.com/states/f/?id=00000171-0d87-d270-a773-6fdfcc4d0000 (11.10.2020).

161 Alcorn, Chauncy: You Can't Get Your Own Mug Filled at Starbucks Anymore Because of Coronavirus. https://edition.cnn.com/2020/03/04/business/starbucks-coronavirus/index.html? (10.1.2021).

162 European Plastics Converters: Open Letter. https://fd0ea2e2-fecf-4f82-8b1b-9e5e1ebec6a0.filesusr.com/ugd/2eb778_9d8ec284e39b4c7d84e774f0da14f2e8.pdf (11.10.2020).

163 UpStream: Plastics Industry Exploits Coronavirus to Prop Up Single-Use Plastics. https://upstreamsolutions.org/blog/plastics-industry-exploits-coronavirus-to-prop-up-single-use-plastic?rq=Plastics%20Industry (11.10.2020).

164 The New England Journal of Medicine: Aerosol and Surface Stability of SARS-CoV-2 as Compared with SARS-CoV-1. https://www.nejm.org/doi/10.1056/NEJMc2004973 (11.10.2020).

165 Sinclair, Ryan G.; Gerba, Charles G. u.a.: Efficacy of Treatment of Reusable Grocery Bags with Antimicrobial Silver to Reduce Enteric Bacteria. In: Food Protection Trends 31 (8). S. 508-513. https://www.researchgate.net/publication/230760262_Assessment_of_the_Potential_for_Cross_Contamination_of_Food_Products_by_Reusable_Shopping_Bags (11.10.2020).

166 Muncke, Jane; Andersson, Anna-Maria u.a.: Impacts of Food Contact Chemicals on Human Health: a Consensus Statement. https://uploads-ssl.webflow.com/5e5989de7d8ff17dd9d726c9/5e5ec3f0181cf6cf9a71db88_Impacts%20of%20food%20contact%20chemicals%20on%20human%20health-%20a%20consensus%20statement.pdf (11.10.2020).

167 Simon, Frédéric: EU Dismisses Industry Calls to Lift Ban on Single-use Plastics. https://www.euractiv.com/section/circular-economy/news/eu-dismisses-industry-calls-to-lift-ban-on-single-use-plastics/ (11.10.2020).

168 Neuhäuser, Christian: Wie reich darf man sein? Über Gier, Neid und Gerechtigkeit. Ditzingen: Reclam 2019.

169 Ebd., S. 36.

170 Götze, Susanne u. Joeres, Annika: Die Klimaschmutzlobby. Wie Politiker und Wirtschaftslenker die Zukunft unseres Planeten verkaufen. München: Piper 2020. S. 122f.

171 Neuhäuser, Christian: Wie reich darf man sein? Über Gier, Neid und Gerechtigkeit. Stuttgart: Reclam 2019. S. 43.

172 RWE AG: Energy for a Sustainable Life. Geschäftsbericht 2019. S. 51. https://www.rwe.com/-/media/RWE/documents/05-investor-relations/2019-Q4/20-03-12-RWE-Geschaeftsbericht-2019.pdf (11.10.2020).

173 Kaufman, Mark: Carbon Footprint Sham. https://mashable.com/feature/carbon-footprint-pr-campaign-sham/?europe=true (23.10.2020).

174 Brasileiro, Ariana: »Invisible Oil« from Deepwater Horizon Spill May Have Reached the Florida Keys. https://www.miamiherald.com/news/local/community/florida-keys/article240263391.html (23.10.2020).

175 BP International Ltd.: Our Business Model. https://www.bp.com/en/global/corporate/what-we-do/our-business-model.html (10.1.2021).

176 @bp_plc: https://twitter.com/bp_plc/status/1186645440621531136 (23.10.2020).

177 Reuters Graphics: Figure 69: Disclosed Low-Carbon Investment as a Proportion of Total CAPEX (2010 - Q3 2018). https://fingfx.thomsonreuters.com/gfx/ce/7/1800/1799/Pasted%20Image.jpg (23.10.2020).

178 Chandler, David: Leaving our Mark. MIT Class Tracks Carbon Footprint of Different Lifestyles; Finds Even the Smallest U.S. Footprints Are Relatively Large. https://news.mit.edu/2008/footprint-tt0416 (23.10.2020).

179 Mulvey, Kathy u. Shulman, Seth: The Climate Deception Dossiers. Internal Fossil Fuel Industry Memos Reveal Decades of Corporate Disinformation. https://www.ucsusa.org/sites/default/files/attach/2015/07/The-Climate-Deception-Dossiers.pdf (23.10.2020).

180 Herrmann, Ulrike: Kein Kapitalismus ist auch keine Lösung - Die Krise der heutigen Ökonomie. Frankfurt: Westend 2016. S. 15.

181 Zweifellos gehören zum modernen Kapitalismus, so wie wir ihn kennen, noch eine ganze Menge mehr dazu, wie zum Beispiel das Banken- und Zinswesen sowie die internationalen Kapitalmärkte.

182 Das ist natürlich eine sehr eurozentrische Sichtweise, zu der Zeit war noch viel mehr los auf der Welt.

183 Der Umwelthistoriker Prof. John R. McNeill hielt 2016 einen beeindruckenden Vortrag für die Heinrich-Böll-Stiftung. https://www.boell.de/de/2016/02/26/umwelt-geschichte-industrielle-revolution (07.12.2020).

184 Bei Arbeiter:innen, Tagelöhner:innen und der dienenden Klasse lag die durchschnittliche Lebenserwartung in Liverpool tatsächlich nur bei 15 Jahren. Besser verdienende Geschäftsleute wurden durchschnittlich 22 bis 35 Jahre alt. Marx, Karl u. Engels, Friedrich: Werke. Band 2. Berlin: Dietz 1974. S. 336.

185 Vielhaus, Chris: Wie dieser Mann die Psychologie dazu nutzte, dir buchstäblich alles zu verkaufen. https://perspective-daily.de/article/1143/F3WPJBX9 (7.12.2020).

186 Vielhaus, Chris: Wie aus einer radikalen Idee die einflussreichste Ideologie unserer Zeit wurde. https://perspective-daily.de/article/1313/probiere. Teil 2: Wie die neoliberale Ideologie zum Mainstream wurde. https://perspective-daily.de/article/1324/probiere. Teil 3: Neoliberale Politik hat die Demokratie unterwandert. Wie es jetzt anders werden kann. https://perspective-daily.de/article/1367/probiere. Teil 4: Mit dieser Strategie konnten Neoliberale die Welt erobern. https://perspective-daily.de/article/1403/probiere (7.12.2020).

187 Willner, Anja: Leben wir auf Kosten der Dritten Welt? Was jeder wissen sollte. https://www.focus.de/perspektiven/gesellschaft-gestalten/globale-ungleichheit-leben-wir-auf-kosten-der-dritten-welt-was-jeder-wissen-sollte_id_10922099.html (7.12.2020).

188 Alston, Philip: Covid-19 Has Revealed a Pre-Existing Pandemic of Poverty That Benefits the Rich. https://www.theguardian.com/global-development/2020/jul/11/covid-19-has-revealed-a-pre-existing-pandemic-of-poverty-that-benefits-the-rich (4.12.2020).

189 Vielhaus, Chris: Wie 2 Brüder jahrzehntelang die US-Politik manipulierten und Klimaskeptiker mit Millionen finanzierten. https://perspective-daily.de/article/938/gq6sAZtE (4.12.2020).

190 Müller-Hansen, Sören: Klima vor dem Kippen. https://www.sueddeutsche.de/wissen/klimawandel-erderwaermung-kipppunkte-1.4701472 (4.12.2020).

191 Milton Friedman: Capitalism and Freedom. Fortieth Anniversary Edition. Chicago: University of Chicago Press 2002. S. XIV.

192 bpp: Armut. http://www.oecdbetterlifeindex.org/de/countries/germany-de/ https://www.bpb.de/nachschlagen/zahlen-und-fakten/globalisierung/52680/armut#:~:text=1981%20galt%20dies%20noch%20f%C3%BCr,betroffen%20%E2%80%93%20rund%20700%20Millionen%20Menschen.&text=Gleichzeitig%20fiel%20der%20Anteil%20der,6%20auf%207%2C2%20Prozent (11.11.2020).

193 Better Life Index: Deutschland. http://www.oecdbetterlifeindex.org/de/countries/germany-de/#:~:text=Deutschland%20schneidet%20im%20Vergleich%20zu,Messgr%C3%B6%C3%9Fen%20der%20Lebensqualit%C3%A4t%20gut%20ab.&text=Etwa%2075%25%20der%2015%2D%20bis,den%20Frauen%20sind%20es%2072%25 (11.11.2020).

194 Gross National Happiness Commission: https://www.gnhc.gov.bt/en/ (11.11.2020).

195 35 OECD-Mitgliedsländer, die als entwickelt gelten, außerdem Brasilien, Russland und Südafrika. Mehr zum Index: oecdbetterlifeindex.org (11.11.2020).

196 Heuser, Uwe Jean u. Pletter, Roman: Maßloser Wohlstand. https://www.zeit.de/2020/34/wirtschaftswachstum-bip-oekonomie-forschung-klimaschutz-oekologie/komplettansicht (11.11.2020).

197 Earth Overshoot Day: Der diesjährige Earth Overshoot Day fällt auf den 29. Juli, das früheste Datum in der Geschichte der Menschheit. https://www.overshootday.org/newsroom/press-release-june-2019-german/ (4.11.2020).

198 Renault, Jean-François; Schwietring, Thomas u.a.: Übergang in eine Green Economy: Notwendige strukturelle Veränderungen und Erfolgsbedingungen für deren tragfähige Umsetzung in Deutschland Teilvorhaben: Internationale Bestandsaufnahme des Übergangs in eine Green Economy. https://www.umweltbundesamt.de/sites/default/files/medien/1/publikationen/9-1qendige_strukturelle_vere4nderungen_u_nd_erfolgsbedingungen_fur_deren_tragfahige_umsetzung_in_deutschland.pdf (11.11.2020).

199 Santarius, Tilman: Der Rebound-Effekt. Über die unerwünschten Folgen der erwünschten Energieeffizienz. Wuppertal: Wuppertal Institut für Klima, Umwelt, Energie GmbH 2012. https://epub.wupperinst.org/frontdoor/deliver/index/docId/4219/file/ImpW5.pdf (11.11.2020).

200 Kopatz, Michael: Ökoroutine. Damit wir tun, was wir für richtig halten. 2. Auflage. München: oekom 2019. S. 54.

201 Steinmann, Myriam u.a.: Grüne Produkte in Deutschland 2017. Marktbeobachtungen für die Umweltpolitik. https://www.umweltbundesamt.de/sites/default/files/medien/1410/publikationen/171206_uba_fb_gruneprodukte_bf_low.pdf (11.11.2020).

202 Die gemeinnützige Organisation Club of Rome setzt sich seit 1968 für eine nachhaltige Zukunft ein. Für ihre weltweit aufsehenerregende Studie »Die Grenzen des Wachstums«, erschienen 1972, hatten die Autor:innen Donella und Dennis Meadows Zukunftsszenarien bis zum Jahr 2100 durchgerechnet und festgestellt, dass »materielles Wachstum, Bevölkerungswachstum, anhaltendes Wachstum der materiellen Lebensstandards in einer Welt, die endliche

Grenzen hat« nicht durch das Lösen der Grundprobleme, nämlich Klimawandel und Energiemangel, gelöst werden würden. Meadows, Donella u. Dennis: Die Grenzen des Wachstums. Bericht des Club of Rome zur Lage der Menschheit. zit. nach Seitz, Norbert: Die Grenzen des Wachstums 1972. https://www.deutschlandfunk.de/appelle-des-20-jahrhunderts-3-die-grenzen-des-wachstums-1972.724.de.html?dram:article_id=418360 (4.11.2020).

203 Degrowth: Was ist degrowth? https://www.degrowth.info/de/was-ist-degrowth/ (11.11.2020).

204 Siehe dazu auch: Schröder, Martin: Warum es uns noch nie so gut ging und wir trotzdem ständig von Krisen reden. Salzburg: Benevento Verlag, 2018.

205 Im Chiemgau kann man beispielsweise auch mit dem Chiemgauer Regiogeld bezahlen (der Jahresumsatz liegt bei etwa 7,5 Millionen Euro). Regionalwährungen unterstützen die Wirtschaft vor Ort und stärken die lokale Identität.

206 Paech, Niko: Grundzüge einer Postwachstumsökonomie (2009). http://www.postwachstumsoekonomie.de/material/grundzuege/#:~:text=Als%20%E2%80%9EPostwachstums%C3%B6konomie%E2%80%9C%20wird%20eine%20Wirtschaft,reduzierten%20Konsumniveau%20einhergehende%20Versorgungsstrukturen%20verf%C3%BCgt. (4.11.2020)

207 Umweltbundesamt: Treibhausgas-Emissionen in der Europäischen Union. https://www.umweltbundesamt.de/daten/klima/treibhausgas-emissionen-in-der-europaeischen-union#pro-kopf-emissionen (29.11.2020).

208 Zeit Online: Schluss mit WachstumWachstumWachstum. https://www.zeit.de/wirtschaft/2018-09/postwachstumsoekonomie-wirtschaftswachstum-ressourcen-eu-lebensqualiteat-offener-brief/komplettansicht (11.11.2020).

209 Kate Raworth: Die Donut-Ökonomie. Endlich ein Wirtschaftsmodell, das den Planeten nicht zerstört. München: Carl Hanser Verlag 2018. S. 42.

210 »Das Buch wirkt – noch mehr als ähnliche Titel in den vergangenen Jahren – aus der Zeit gefallen.« Fromm, Thomas: Kate Raworth »Die Donut-Ökonomie« https://www.deutschlandfunk.de/kate-raworth-die-donut-oekonomie.1310.de.html?dram:article id=414833 (12.12.2020).

211 Hahn, Norbert: Noch viel Kinderarbeit in der Schokolade. https://www.tagesschau.de/ausland/kinder-arbeit-kakao-101.html (12.1.2021).

212 Doughnut Economics Action Lab (DEAL): The Amsterdam City Doughnut. A Tool for Transformative Action. https://www.kateraworth.com/wp/wp-content/uploads/2020/04/20200406-AMS-portrait-EN-Single-page-web-420x210mm.pdf (4.11.2020).

213 Boffey, Daniel: Amsterdam to embrace »doughnut« model to mend post-coronavirus economy. https://www.theguardian.com/world/2020/apr/08/amsterdam-doughnut-model-mend-post-coronavirus-economy (4.11.2020).

214 Muntschick, Verena; Papasabbas, Lena u.a.: Neo-Ökologie. Der wichtigste Megatrend unserer Zeit. Frankfurt am Main: Zukunftsinstitut GmbH 2019. (12.12.2020).

215 https://www.gugler.at/home.html (28.10.2020).

216 Zu finden unter https://c2c.ngo (28.10.2020).

217 Hier findet sich ein Interview mit den Gründer:innen: Ehrenhauser, Astrid: »Wir schaffen Werte, nicht Schadstoffe«. https://enorm-magazin.de/wirtschaft/kreislaufwirtschaft/cradle-to-cradle/cradle-to-cradle-wir-schaffen-werte-nicht-schadstoffe (28.10.2020).

218 Cradle to Cradle NGO: Zum globalen Klimastreik am 25.9.2020: Zeit für eine neue Wirtschaft nach Cradle to Cradle. https://c2c.ngo/wp-content/uploads/2020/09/Zum-weltweiten-Klimastreik-am-25.9.-Zeit-fuer-eine-neue-Wirtschaft-nach-Cradle-to-Cradle.pdf (28.10.2020).

219 Griefahn, Nora Sophie u. Janßen, Tim: Ein ökosystemrelevantes Update ist verfügbar. https://c2c-ev.de/wp-content/uploads/2020/05/Gastkommentar_Cradle-to-Cradle-NGO.pdf (28.10.2020).

220 Ebd.

221 Yunus Social Business GmbH: About Us. https://www.yunussb.com/about-us (12.12.2020).

222 Täubner, Mischa: Die Krux mit der Moral. https://www.brandeins.de/magazine/brand-eins-wirtschaftsmagazin/2015/ziele/die-krux-mit-der-moral (10.11.2020).

223 Ebd.

224 Tischer, Simon: Helfer oder Selbstdarsteller – Wie sozial sind Social Startups? https://www.munich-startup.de/55418/kommentar-social-startups/ (10.11.2020).

225 Hartmann, Kathrin: Die Grüne Lüge. Weltrettung als profitables Geschäftsmodell. 3. Auflage. München: Random House 2018. S. 15.

226 Welter, Patrick: »Wer Afrika helfen will, darf kein Geld geben«. https://www.faz.net/aktuell/wirtschaft/konjunktur/interview-mit-james-shikwati-wer-afrika-helfen-will-darf-kein-geld-geben-1437005.html (11.1.2021).

227 Endres, Alexandra: Kann Konsum die Welt retten? https://www.zeit.de/wirtschaft/unternehmen/2018-03/start-up-share-loesung-welthunger-geschaeft/komplettansicht (14.11.2020).

228 Hartmann, Kathrin: Die Grüne Lüge. Weltrettung als profitables Geschäftsmodell. 3. Auflage. München: Random House 2018. S. 71.

229 Purpose Economy. https://purpose-economy.org/en/ (12.11.2020).

230 Robert Bosch Stiftung GmbH: Profil. https://www.bosch-stiftung.de/sites/default/files/publications/pdf/2018-05/RBS_Profil_2018_WEB-ES.pdf (11.11.2020).

231 einhorn products GmbH: https://einhorn.my (5.11.2020).

232 Die beiden Aktivistinnen erwarben die Rechte an der Petition ihrerseits von Penelope Kemekenidou, die 2014 als erste Aktivistin gegen die Tamponsteuer vorging. 2018 wollten Roloff und Kotra mit einhorn kooperieren, das Unternehmen sagte jedoch damals ab und startete im darauffolgenden Jahr eine

eigene Petition in Kooperation mit der Zeitschrift *Neon* – wodurch viele Medien das Berliner Unternehmen als allein für die Steuersenkung verantwortlich darstellten. Dafür, dies an der Stelle nicht klarer kommuniziert zu haben, hat sich das Unternehmen mittlerweile öffentlich entschuldigt. Trippo, Julia: Versöhnung im Streit um Tampon-Petition. https://www.neues-deutschland.de/artikel/1141393.tamponsteuer-versoehnung-im-streit-um-tampon-petition.html (12.1.21).

233 Zeiler, Waldemar u. Höftmann Ciobotaru, Katharina: Unfuck the Economy. Eine neue Wirtschaft und ein besseres Leben für alle. München: Goldmann Verlag 2020. S. 45.

234 Shareholder:innen sind alle Personen, denen das Unternehmen gehört oder die als Anteilseigner mit Eigenkapital am Unternehmen beteiligt sind. Sie sind in der Regel vor allem am monetären Erfolg interessiert.

235 radikal:klima: https://www.radikalklima.de (28.10.2020).

236 Das ist nur ein Auszug. Das vollständige Grundsatzprogramm findet sich hier: https://www.radikalklima.de/wp-content/uploads/2020/08/Grundsatzprogramm_radikalklima_09.08.2020.pdf (1.11.2020).

237 Dazu sagt er: »In meiner Zeit als Klimaaktivist habe ich zwei wichtige Dinge gelernt: Wir werden die Klimakrise niemals ohne den Druck von der Straße lösen können. Genauso wenig werden wir die nötigen Veränderungen aber erreichen, wenn nicht auch in den Parlamenten radikale Klimaschützer*innen für soziale, für intergenerationale und für globale Gerechtigkeit kämpfen.« Blasel, Jakob: Das bin ich! http://jakobblasel.com/ueber-mich (1.11.2020).

238 ver.di: Bessere Arbeitsbedingungen im ÖPNV für eine klimagerechte Verkehrswende. https://www.verdi.de/themen/geld-tarif/++co++ada6f620-cc27-11ea-88bd-525400b665de (1.11.2020).

239 Folkdays GbR: https://folkdays.com (10.11.2020).

240 Bundesministerium für Arbeit und Soziales: »Jetzt greift der Koalitionsvertrag für ein Lieferketten-Gesetz. Ziel ist ein Abschluss noch in dieser Legislaturperiode«. https://www.bmas.de/DE/Presse/Pressemitteilungen/2020/bundesminister-heil-mueller-koalitionsvertrag-fuer-lieferketten-gesetz.html. Und: Emundts, Corinna: Wer haftet für verletzte Menschenrechte? https://www.tagesschau.de/inland/lieferkettengesetz-streit-ueEmundts,%20Corinna:%20Wer%20haftet%20für%20verletzte%20Menschenrechte/?ber-eckpunkte-103.html (12.1.2021).

241 Mary Annaïse Heglar ist »Climate Justice Writer« und beschäftigt sich mit intersektionaler Klimagerechtigkeit. Unter anderem auf Twitter – wo wir diese Statusmeldung gefunden haben. @MaryHeglar: https://twitter.com/maryheglar/status/1248306300821307394 (11.11.2020).

242 Giugni, Marco: Social Protest and Policy Change. Ecology, Antinuclear, and Peace Movements in Comparative Perspective. Rowman & Littlefield: Lanham 2004. S. 220.

243 Harris, Jamie: How Tractable Is Changing the Course of History? Sentience Institute 2019. https://www.sentienceinstitute.org/blog/how-tractable-is-changing-the-course-of-history (11.11.2020).

244 Blumenau, Jack: Online Activism and Dyadic Representation. Evidence from the UK E-Petition System. In: Legislative Studies Quarterly. Wiley Periodicals LLC, Juli 2020. https://onlinelibrary.wiley.com/doi/pdf/10.1111/lsq.12291 (11.11.2020).

245 Am Weltfrauentag am 8. März 2018 stellten die beiden Frauen eine Petition auf der Plattform change.org ins Netz, die die Abschaffung der »Tamponsteuer« forderte: Bisher waren Menstruationshygieneartikel mit 19 Prozent Mehrwertsteuer besteuert worden – und fielen damit in die Kategorie der Luxusgüter. Die Petition »Die Periode ist kein Luxus« erhielt internationale Aufmerksamkeit und war erfolgreich: Seit dem 1. Januar 2020 gilt auf Menstruationsprodukte der Mehrwertsteuersatz von 7 Prozent. Mehr Informationen gibt es hier: https://www.brandeins.de/magazine/brand-eins-wirtschaftsmagazin/2020/kommunikation/tamponsteuer-symbol-der-gerechtigkeit (11.11.2020).

246 Statt, Nick: Facebook reportedly ignored its own research showing algorithms divided users. https://www.theverge.com/2020/5/26/21270659/facebook-division-news-feed-algorithms (11.11.2020).

247 Bundesministerium für Justiz und Verbraucherschutz; Bundesamt für Justiz: Gesetz zur Verbesserung der Rechtsdurchsetzung in sozialen Netzwerken. https://www.gesetze-im-internet.de/netzdg/BJNR335210017.html (10.1.2021).

248 Festinger, Leon; Riecken, Henry W. u. a.: When Prophecy Fails. A Social and Psychological Study of a Modern Group that Predicted the Destruction of the World. University of Minnesota Press 1956. Oder Anderson, Craig A.; Lepper, Mark et al: Perseverance of Social Theories. The Role of Explanation in the Persistence of Discredited Information, in: Journal of Personality and Social Psychology, 39(6), 1980.

249 Suler, John: The Online Disinhibition Effect. In: CyberPsychology & Behavior 7(3), 2004. https://www.researchgate.net/publication/8451443_The_Online_Disinhibition_Effect (11.11.2020).

250 TODAY: Charlie Sheen: I'm HIV Positive, Paid Many Who Threatened To Expose Me. https://www.youtube.com/watch?v=ng5WSbZ9M08 (10.1.2021).

251 Chmielewski, Fabian: Die Verleugnung der Apokalypse – der Umgang mit der Klimakrise aus der Perspektive der Existenziellen Psychotherapie. In: Psychotherapeutenjournal 3 (2019). S. 253–260. https://www.psychotherapeutenjournal.de/blaetterkatalog/PTJ-3-2019/22/index.html (11.11.2020).

252 Ebd.

253 Amel, Elise; Manning, Christie u.a.: Beyond the Roots of Human Inaction: Fostering Collective Effort toward Ecosystem Conservation. In: Science 356 (2017). S. 275–279. https://science.sciencemag.org/content/356/6335/275/tab-pdf (11.11.2020).

254 Lenarz, Jan: Klima-Angst: Definition, Symptome, Behandlung. https://klima-angst.de/klimaangst-definition/ (11.11.2020).

255 Ecological Grief ist daher unter anderem ver-

wandt mit dem Konzept der Solastalgia: dem Gefühl, die Heimat zu vermissen, obwohl man zu Hause ist, beziehungsweise die Trauer über den Verlust eines gesunden Ortes und intakten Ökosystems. Albrecht, Glenn; Sartore, Gina-Maree u.a.: Solastalgia: the distress caused by environmental change. In: Australasian Psychology 15 (2007). S. 95–98. https://journals.sagepub.com/doi/pdf/10.1080/10398560701701288 (14.11.2020).

256 Rund 65 Prozent der befragten Jugendlichen zwischen zwölf und 25 Jahren gaben im Jahr 2019 an, dass der Klimawandel ihnen Angst mache. Albert, Mathias; Hurrelmann, Klaus u.a.: 18. Shell Jugendstudie. Jugend 2019. Eine Generation meldet sich zu Wort. https://www.shell.de/ueber-uns/shell-jugend studie/_jcr_content/par/toptasks.stream/157070834 1213/4a002dff58a7a9540cb9e83ee0a37a0ed8a 0fd55/shell-youth-study-summary-2019-de.pdf (11.11.2020).

257 Psychologists for Future: Klimaangst - Anmerkungen zu einem aktuellen Schlagwort der Klimakrise. https://www.psychologistsforfuture.org/psychologie-der-klimakrise/klimaangst-anmerkungen-zu-einem-aktuellen-schlagwort-der-klimakrise/ (11.11.2020).

258 Das sagt Ashlee Consolo, Direktorin des Labrador Institute of Memorial University in Kanada auf die Frage des britischen Magazins *The Guardian*, welchen Rat sie anderen Menschen gebe, um mit Ecological Grief umzugehen. https://www.theguardian.com/sci ence/2020/jan/12/how-scientists-are-coping-with-environmental-grief (14.11.2020).

259 Das wird in der Psychologie als »erlernte Hilflosigkeit« bezeichnet: Bekommen wir in den Medien immer wieder gezeigt, wie ausweglos Situationen sind, empfinden wir selbst irgendwann das Gefühl von Hilflosigkeit: Wir können doch sowieso nichts ändern. Es kann Depressionen und andere psychische Krankheiten begünstigen und dazu führen, dass wir uns weniger aktiv in die Gesellschaft einbringen. Urner, Maren: Schluss mit dem täglichen Weltuntergang. München: Droemer 2019. S. 47.

260 Ebd. S. 41.

261 Hätten wir vor zehn Jahren angefangen, unsere Emissionen zu verringern, hätten wir übrigens nur 3,3 Prozent pro Jahr einsparen müssen. Jetzt sind es 7,6 Prozent Ab dem Jahr 2025 werden wir pro Jahr 15,5 Prozent der jährlichen Emissionen vermeiden müssen. Je länger wir warten, desto schwieriger, härter und teurer wird es. UNEP: 10 Things to Know About the Emissions Gap 2019. https://www.unen vironment.org/news-and-stories/story/10-things-know-about-emissions-gap-2019 (11.11.2020).

262 Haberkorn, Tobias: Die Sintflut kommt. https://www.zeit.de/kultur/2018-10/klimawandel-schuld-aner kennung-klimakrieg-weltklimakonferenz/komplett ansicht (14.11.2020), mit Verweis auf einen Text gegen Klimapessimismus: Solnit, Rebecca: Don't Despair: The Climate Fight Is Only Over If You Think It Is. https://www.theguardian.com/commentisfree/2018/oct/14/climate-change-taking-action-rebecca-solnit (14.11.2020).

263 Die Ärzte, natürlich.

264 Sanson, Ann V.; Van Hoorn, Judith u.a.: Responding to the Impact of Climate Crisis on Children and Youth. In: Child Development Perspectives 13 (2019). S. 201-207. https://srcd.onlinelibrary.wiley.com/doi/epdf/10.1111/cdep.12342 (11.11.2020).

265 Psychologists for Future: Klimaangst - Anmerkungen zu einem aktuellen Schlagwort der Klimakrise. https://www.psychologistsforfuture.org/psychologie-der-klimakrise/klimaangst-anmerkungen-zu-einem-aktuellen-schlagwort-der-klimakrise/ (11.11.2020).

266 Die Arbeit machen die aktuell sechs Mitarbeitenden natürlich nicht gratis - ihre Expertise soll wertgeschätzt werden, betonen sie. »Wichtig ist uns, dass man unsere Arbeit als Leistung wertet und nicht im Nachhinein immer wieder Aktivist:innen die kostenlose Bildungsarbeit für etwas machen müssen, das Unternehmen oder Medien versäumt haben«, sagt Seggen. »Vorsorge statt Nachsorge«, lautet der Claim des Kollektivs.

267 Das Projekt wird als Great Green Wall bezeichnet: Über 8000 Kilometer, in der gesamten Breite Afrikas, sollen Bäume als natürliche Mauer gegen die sich ausbreitende Sahara gepflanzt werden. Dafür arbeiten mittlerweile 20 afrikanische Länder zusammen. Wenn sie fertiggestellt ist, wird die Mauer die größte lebende Struktur auf dem Planeten bilden. Bis 2030 sollen durch die Great Green Wall 100 Millionen Hektar derzeit degradiertes Land wiederhergestellt, 250 Millionen Tonnen Kohlenstoff gebunden und zehn Millionen Arbeitsplätze in ländlichen Gebieten geschaffen werden. https://www.greatgreenwall.org (14.11.2020).

268 Hierbei handelt es sich um die solarbetriebene Fabrik der Bioschokoladenmarke fairafric. https://fair afric.com (14.11.2020). Die Fabrik wird komplett von Ghanaer:innen geführt. Insgesamt stammen rund 71 Prozent des weltweit gehandelten Kakaos aus Afrika - unter ein Prozent der Schokolade wird auf dem Kontinent produziert.